Erwartungen an Interessenvertretungen

Forschung aus der Hans-Böckler-Stiftung 126

Herausgegeben von der Hans-Böckler-Stiftung, Düsseldorf

Uwe Wilkesmann
Maximiliane Wilkesmann
Alfredo Virgillito
Tobias Bröcker

Erwartungen an Interessenvertretungen

Analysen anhand repräsentativer Umfragedaten

edition sigma

Bibliografische Information der Deutschen Nationalbibliothek

Die Deutsche Nationalbibliothek verzeichnet diese
Publikation in der Deutschen Nationalbibliografie;
detaillierte bibliografische Daten sind im Internet
über http://dnb.d-nb.de abrufbar.

ISBN 978-3-8360-8726-1

Umschlaggestaltung: Gaby Sylvester, Düsseldorf. Umschlaggrafik: artSILENSEcom – Fotolia.com.

Druck: Rosch-Buch, Scheßlitz Printed in Germany

Inhalt

Vorwort

In Deutschland sind die industriellen Beziehungen vielfältig untersucht worden. Mit welchen Problemen Interessenvertretungen kämpfen und welche Beziehungsmuster zwischen Interessenvertretungen und Geschäftsleitungen vorliegen, dazu gibt es jede Menge Literatur. Bisher unerforscht ist aber die Sichtweise der abhängig Beschäftigten. Was erwarten diese von ihren Interessenvertretungen? Gibt es verschiedene soziale Gruppen (Milieus) von abhängig Beschäftigten, die unterschiedliche Erwartungen haben? Diese Fragen werden in diesem Buch mit Hilfe einer repräsentativen Befragung von abhängig Beschäftigten in Deutschland beantwortet und damit die oben beschriebene Forschungslücke gefüllt. Die hier gegebenen Antworten stellen zum einen ein Stück Grundlagenforschung dar, sind aber zum anderen auch Hilfestellungen für Interessenvertretungen und Gewerkschaften, um die Frage zu beantworten: Wie können wir auf die Erwartungen unserer (potenziellen) Klientel reagieren? Diese Frage ist nämlich nur zu beantworten, wenn bekannt ist, wer was erwartet.

Das vorliegende Buch ist das Ergebnis eines von der Hans-Böckler-Stiftung geförderten Projektes. Die Arbeit ist von einem Beirat begleitet worden, der uns hilfreiche Anregungen gegeben hat. Deshalb möchten wir uns bei den Beiratsmitgliedern bedanken und zwar bei *Petra Adolph,* Prof. *Dr. Ingrid Artus, Peter Ellguth, Ralf-Peter Hayen, Ingo Klötzer,* Prof. *Dr. Stefan Liebig*, Prof. *Dr. Werner Nienhüser* und *Klaus Weiß*. Außerdem hat in der Anfangsphase des Projektes noch *Anne Rubens-Laarmann* mitgearbeitet, der auch unser Dank gebührt. Ebenso möchten wir uns bei der Hans-Böckler-Stiftung bedanken, besonders bei *Dr. Karsten Schneider* für die konstruktive Zusammenarbeit und Unterstützung. Natürlich sind wir als Autoren für alle verbleibenden inhaltlichen Probleme verantwortlich. Wir hoffen, dass Sie als Leser genauso viel Spaß bei der Lektüre haben wie wir bei dem Projekt.

Dortmund, Dezember 2010

Einleitung

In Deutschland hat die Mitbestimmung eine besondere Tradition, die auch gesetzlich entsprechend gesichert und ausgezeichnet ist. Die duale Struktur der kollektiven Interessenvertretung bildet den Kern des deutschen Modells der industriellen Beziehungen (Müller-Jentsch 1997). Diese duale Struktur gliedert sich einerseits in die überbetrieblich agierenden Gewerkschaften (z.B. im Rahmen der Tarifautonomie) und andererseits in die betriebliche Regulierung durch Betriebsräte bzw. Personalräte. Aufgrund der Rechtsgrundlage des Betriebsverfassungsgesetzes (BetrVG) bzw. der Personalvertretungsgesetze des Bundes und der Länder wird in Deutschland die betriebliche Mitbestimmung durch Betriebsräte bzw. im öffentlichen Dienst durch Personalräte gesichert. Das BetrVG enthält ein weites Spektrum von Beteiligungsrechten in wirtschaftlichen, sozialen und personellen Angelegenheiten. Die Beteiligungsrechte reichen von reinen Informationsrechten bis zu Mitbestimmungsrechten, die im Streitfall vor eine Einigungsstelle oder das Arbeitsgericht gebracht werden können. Zusätzlich zur deutschen Form der Mitbestimmung gibt es in privatwirtschaftlichen Unternehmen, die in mehreren Ländern der Europäischen Union tätig sind, die Institution des Europäischen Betriebsrates, wobei dieser lediglich Informationsrechte und keine Mitbestimmungsrechte besitzt.

Auf der überbetrieblichen Ebene von Interessenvertretungen sind in den letzten Jahrzehnten verschiedene Veränderungsprozesse zu beobachten. Nicht nur in Deutschland (Fitzenberger et al. 2006) leiden Gewerkschaften zum einen darunter, dass ihr Stammklientel, insbesondere Facharbeiterinnen[1] und Facharbeiter, sich weniger gewerkschaftlich organisieren bzw. ganze Berufszweige in klassischen Industriebranchen aussterben. Zum anderen konnten bislang keine neuen Arbeitnehmerschichten erfolgreich rekrutiert werden. Explizit werden dabei hoch qualifizierte, hochgradig mobile und weibliche Arbeitnehmerinnen genannt (Zimmer 2002: 138). Gerade im Hinblick oder genauer im Rückblick auf den IT-Boom und das darauf folgende Platzen der dotcom-Blase zeigen sich erste Risse im zweiten Standbein des dualen Systems deutscher Interessenvertretung. Hinzu kommt, dass auch die Homogenität der Klientelinteressen aufbricht, z.B. Alte versus Junge oder High-Performer versus prekär Beschäftigte. Gewerkschaften haben es daher mit einer zunehmend heterogenen Klientelstruktur zu tun.

Doch nicht nur auf überbetrieblicher Ebene vollzieht sich ein Wandel. Seit geraumer Zeit sind ebenfalls Veränderungen in den betrieblichen Arbeitsbezie-

1 Nachfolgend wird ausschließlich das männliche Geschlecht genannt. Gemeint sind immer sowohl die männlichen, als auch die weiblichen Personen. Der Verzicht auf die weibliche Form soll lediglich grammatikalische Verkomplizierungen vermeiden.

hungen zu beobachten. Angefangen von der zunehmenden Entgrenzung von Organisationen durch Dezentralisierungs- und Globalisierungsaktivitäten über den Einsatz neuer Steuerungsmodelle, beispielsweise in Form von Gruppenarbeit (Müller-Jentsch/Seitz 1998), bis hin zu einer stärkeren Flexibilisierung und Subjektivierung der Arbeit (Moldaschl/Voß 2002; Kratzer/Sauer 2003), wächst der Regulierungsbedarf in Unternehmen, der auch an betriebliche Mitbestimmungsorgane adressiert wird (Müller-Jentsch 2007, 2008; Tietel 2006). Zwar basiert die Einschaltung von Interessenvertretungen meistens auf der Grundlage von rechtlich fixierten Informations- und Beteiligungsrechten, allerdings werden diese immer im sozialen Austausch konkretisiert und variiert (Behrens/Kädtler 2008).

> „In vielen Unternehmen waren und werden die Betriebsräte maßgeblich an den Rationalisierungs- und Restrukturierungsprozessen des Managements beteiligt. Häufig werden Betriebsräte an Entscheidungen über technische oder organisatorische Veränderungen in einer Form beteiligt, die über gesetzliche Mitbestimmungsrechte hinausgehen." (Müller-Jentsch 2007: 98)

Die Beziehung zwischen Betriebsräten und Geschäftsführung ist in der Vergangenheit vielfältig untersucht worden (z.B. Kotthoff 1981, 1994; Bosch et al. 1999; Artus et al. 2001; Nienhüser/Hoßfeld 2010). Die Sichtweise der abhängig Beschäftigten und ihre Erwartungen an Interessenvertretungen hingegen wurden bislang kaum systematisch erfasst und empirisch erforscht. Dies scheint aber gerade mit der viel diskutierten Erosion des Normalarbeitsverhältnisses und der neuen Bedeutung atypischer Beschäftigungsverhältnisse (Keller/Seifert 2007) immer wichtiger. Prekär und oftmals in Teilzeit beschäftigte Frauen mit erheblichen familiären Belastungen haben vermutlich andere Erwartungen an Interessenvertretungen als Industriearbeiter oder Akademiker. Die zu vertretende Belegschaft wird immer vielfältiger in ihren Bedürfnissen und damit vermutlich auch in ihren Erwartungen. Damit Interessenvertretungen auf diese veränderten Gegebenheiten mit passenden Angeboten reagieren können, muss man die Erwartungsstrukturen verschiedener Beschäftigtenmilieus erfassen. Während die aktuelle Lage der Interessenvertretungen und die Wirksamkeit alternativer Vertretungskonzepte noch ‚heiß'[2] diskutiert werden (Artus et al. 2010; Trinczek 2006; Kotthoff 2006; Müller-Jentsch 2006; Keller 2006), fehlen andererseits oftmals theoretisch überzeugende und empirisch fundierte Argumente. Forschungsbedarf existiert an diesem Punkt daher in zweifacher Weise: Zum einen gibt es bisher keine theoretisch-begriffliche Fundierung der Erwartung an Interessenvertretungen. Zum anderen ist dies bisher noch nicht mit einer quantitativ empirischen Studie erforscht worden. Neben der theoretischen Fundierung des Erwartungsbegriffs, stellen wir uns drei zentrale Forschungsfragen:

---

2 Und andere wiederum beklagen, dass gar nicht mehr ‚heiß', sondern nur mehr pragmatisch und phantasielos diskutiert wird (z.B. Kotthoff 2006).

(1) Welche Erwartungen haben abhängig Beschäftigte an Interessenvertretungen,
(2) wie lassen sich diese Erwartungen anhand bestimmter sozialer Milieus klassifizieren und
(3) wovon hängen diese Erwartungen ab?

Wir schließen diese Forschungslücke, indem wir Erwartungsmuster an Interessenvertretungen im Kontext sozialer Milieus anhand einer qualitativen Erhebung und einer repräsentativen Befragung von abhängig Beschäftigten in Deutschland vorstellen. Zusätzlich liefert unsere qualitativ und quantitativ angelegte Studie eine sehr wichtige Grundlage für strategische Entscheidungen von Interessenvertretungen in Deutschland. Empirische Ergebnisse sind insofern wichtig, als Interessenvertretungen in ihrem Handeln auf dieses Erwartungsspektrum aufsetzen können. Wir sprechen hier bewusst von Interessenvertretungen. Diese werden umgangssprachlich oftmals mit dem Begriff Betriebsrat gleichgesetzt, sodass der Begriff Betriebsrat als Oberkategorie und Synonym für Interessenvertretungen benutzt wird. Wir beziehen uns in dieser Studie meistens auf die Oberkategorie aller Interessenvertretungsformen und nennen sie Interessenvertretungen. In der multivariaten Auswertung unterscheiden wir allerdings explizit zwischen Betriebsräten und Personalräten[3], um mögliche Differenzen zwischen öffentlichem Dienst und nicht-öffentlichem Dienst auf die Erwartungen analysieren zu können. Bevor wir der Frage nachgehen, welche Erwartungen Beschäftigte an Interessenvertretungen formulieren, geben wir kurz den Stand der aktuellen Forschung zu Interessenvertretungen wieder.

---

3 Diese Gruppe von Interessenvertretungen wurden – von wenigen Ausnahmen abgesehen (z.B. Keller 2007; Keller/Schnell 2005; Keller/Schnell 2003; Schneider 2002; Dorsch-Schweitzer/Schulten 2001; Keller/Hennenberger 1993; Kippels 1990) – bislang relativ stiefmütterlich erforscht.

Theorie

1. Betriebliche Interessenvertretungen

Betriebliche Interessenvertretungen als eine Form der Mitbestimmung in Deutschland haben vor allem den Zweck, die demokratische Teilhabe von Arbeitnehmerinnen und Arbeitnehmern in Unternehmen zu gewährleisten. Neben der betrieblichen Interessenvertretung gibt es als weitere Mitbestimmungsformen noch die Tarifautonomie und gewerkschaftliche Vertretungen in wirtschaftspolitischen Gremien, wie beispielsweise das von 1998 bis 2002 existierende ‚Bündnis für Arbeit' (Schneider 2002). Im Gegensatz zur betrieblichen Mitbestimmung in privatwirtschaftlichen Unternehmen, die durch das Betriebsverfassungsgesetz 1952 eingeführt wurde, wurde die Mitbestimmung im öffentlichen Dienst erst nachträglich im Personalvertretungsgesetz festgeschrieben. Die Besonderheit, dass der Staat im öffentlichen Dienst gleichzeitig als Arbeitgeber fungiert und somit auch selbst an Kollektivverhandlungen und betriebliche Aushandlungsprozesse involviert ist, führte zu dieser Verzögerung. Eine weitere Besonderheit im öffentlichen Dienst ist, dass sich die Belegschaft aus drei Statusgruppen zusammensetzt, nämlich Arbeitern, Angestellten und Beamten, was zu einer stärkeren Verrechtlichung der Arbeitsbeziehungen geführt hat (Schneider 2002). Da im § 12 Abs. 1 BPersVG die unabdingbare Pflicht zur Bildung von Personalvertretungen vorgegeben wird, liegt – im Gegensatz zur Privatwirtschaft – ein sehr hoher Deckungsgrad betrieblicher Interessenvertretungen im öffentlichen Dienst vor. Laut der Betriebsrätebefragung von Schäfer et al. (2008) gibt es 330.000 Betriebsräte und 225.000 Personalräte in Deutschland. Ebenso sind alternative Formen kollektiver Interessenvertretung im Betrieb in den letzten Jahren verstärkt empirisch erforscht worden (z.B. Artus et al. 2010; Hauser-Ditz et al. 2008, 2006a, 2006b; Ellguth 2006; Schlömer et al. 2007; Pries et al. 2006; Stettes 2008). Dem IW-Zukunfts-Panel aus dem Jahr 2007 ist zu entnehmen, dass mit steigendem Alter des Betriebs und mit steigender Betriebsgröße die Verbreitung von Interessenvertretungen auf Basis des Betriebsverfassungsgesetzes kontinuierlich zunimmt. Alternative Formen der Interessenvertretung, in denen Arbeitgeber und Mitarbeiter gemeinsam beraten und Entscheidungen treffen, finden sich vor allem in Unternehmen mit bis zu 100 Beschäftigten. In Unternehmen mit 101 bis 199 Mitarbeitern existieren hingegen häufig Belegschaftssprecher, Mitarbeiterausschüsse und sonstige Vertretungsformen von Arbeitnehmerseite (Stettes 2008).

Der wissenschaftliche Diskurs zu industriellen Beziehungen, insbesondere der Diskurs zur betrieblichen Mitbestimmung, hat heute seinen festen Platz in den Geistes- und Sozialwissenschaften. Der Diskurs ist nicht nur durch eine Vielzahl von Lehrbüchern (z.B. Müller-Jentsch 1997; Keller 2008), sondern auch durch entsprechende Journals (z.B. Industrielle Beziehungen) und Fachgesellschaften (z.B. IIRA) institutionalisiert worden. Mittlerweile existiert eine Reihe an Forschung zu industriellen Beziehungen, beispielsweise zum Verhältnis zwischen Geschäftsleitung und Betriebsrat, zum Verhältnis zwischen Betriebsrat und Gewerkschaften oder zum Verhältnis zwischen Gewerkschaften und Arbeitgeberverbänden.

Ein genauerer Blick in die Literatur zu industriellen Beziehungen zeigt, dass bislang überwiegend Betriebsräte selbst das Objekt der Forschung waren. Bis in die 1980er-Jahre waren Forschungsarbeiten über die betriebliche Ebene in der BRD eher selten. Im Fokus des Forschungsinteresses stand die stark verrechtlichte überbetriebliche Ebene mit den Gewerkschaften und der Tarifautonomie (Trinczek 2010). Ausnahmen sind hier die heute noch häufig zitierte Analyse Fürstenbergs (1958) des Betriebsrates als Grenzinstitution und die von der Hans-Böckler-Stiftung in Auftrag gegebene Studie zu den Normen und der Wirklichkeit der Betriebsverfassung (Blume 1964). Seit Beginn der 1980er-Jahre ist der Wandel der betrieblichen Interessenpolitik auf der Interaktionsebene zwischen Betriebsräten und Geschäftsführung in zahlreichen Untersuchungen erforscht worden.[1] Herauskristallisiert haben sich Betriebsratstypologien, die sich über verschiedene Regionen und Branchen hinweg unterschiedlich abbilden (z.B. Kotthoff 1981, 1994; Müller-Jentsch et al. 1998; Bosch et al. 1999; Artus et al. 2001; Nienhüser 2005; Minssen/Riese 2005). Empirisch untersucht wurde dieses Thema beispielsweise von Müller-Jentsch et al. (1998), Nienhüser (2005) sowie von Minssen und Riese (2005). Auch Niedenhoff (1999) hat das Organ Betriebsrat aus Arbeitgeber- und Betriebsratssicht untersucht und kommt zu dem Schluss, dass Betriebsräte durch ihre Mitwirkungs- und Mitbestimmungsrechte ein Produktionsfaktor sind und dazu beitragen, „das Betriebsklima zu verbessern und den Betriebsfrieden zu erhalten“ (Niedenhoff 1999: 24).

> „Inhaltlich wird die Debatte über betriebliche Arbeitsbeziehungen seit den 1990er-Jahren wesentlich von der Frage dominiert, inwieweit sich die erheblich veränderten Rahmenbedingungen – als Stichworte mögen hier Globalisierung, Shareholder Value, Arbeitsmarktkrise, Ende des fordistischen Arrangements hinreichen – auf die Arbeit betrieblicher Interessenvertretungen ausgewirkt haben.“ (Trinczek 2010: 860)

Insgesamt liegt der Wandel der betrieblichen Interessenregulierung vor allem darin, dass Betriebsräte neben den klassischen Schutzaktivitäten verstärkt gestalterische Aufgaben (Minssen/Riese 2005) wahrnehmen können bzw. müssen. Schon Mitte der 1990er-Jahre vermutete Baethge (1994) im Zuge des Wandels industrieller Beziehungen nicht nur steigende Anforderungen an Gewerkschaf-

1 Z.B. Kotthoff 1981, 1994; Müller-Jentsch/Seitz 1998; Bosch et al. 1999; Artus et al. 2001; Piorr/Wehling 2002; Schumann 2004; Weitbrecht/Braun 1999.

ten, sondern auch steigende Anforderungen an Betriebsräte: Neben Anforderungen an kommunikative Kompetenzen werden „die Anforderungen an detaillierte konkrete Informationen in der Verbindung von allgemeinen Regelungen (insbesondere im Tarif- und Betriebsverfassungsrecht) sowie deren betriebsspezifischer Umsetzung" (Baethge 1994: 724) steigen. Auch Wassermann (2002: 59) stellt fest, dass spätestens mit Beginn der 1980er-Jahre „immer mehr Regelungsbereiche von der überbetrieblich-tariflichen auf die einzelbetriebliche Ebene verlagert" wurden und neue Aufgabenbereiche übernommen wurden, wie etwa die Einführung neuer Technologien, Arbeitsgestaltung, Umstrukturierung und Standortsicherung. Ebenso kommt Müller-Jentsch (2007) zu dem Schluss, dass Betriebsräte stetig ihre Kompetenzen und Aufgaben erweitert haben und dies insgesamt ein Zugewinn sei, „der das Selbstbewusstsein gestärkt hat, aber nicht von wenigen auch als Last empfunden wird" (Müller-Jentsch 2007: 107). Im Zuge der Aufgabenerweiterung von Interessenvertretungen wurde Mitte der 1990er-Jahre der Begriff des so genannten ‚Co-Managements' geprägt (Müller-Jentsch/Seitz 1998). Unter diesem Begriff versteht man, dass Betriebsräte in unternehmenspolitische Entscheidungen mit einbezogen werden und „mit am Tisch der Spitzenmanager" (Wassermann 2002: 60) sitzen. Minssen und Riese (2007: 51) definieren einen Co-Manager folgendermaßen:

> „... ein Co-Manager ist [...] ein Betriebsrat, der sich stärker als seine Kollegen schon im Vorfeld von Entscheidungen ‚einmischt' und auf die Gestaltung der Unternehmenspolitik Einfluss zu nehmen sucht."

Typischerweise werden Interessenvertretungen als Co-Manager vor allem im Zuge von Umstrukturierungen mit einbezogen und können somit personal- und sozialpolitische Folgen frühzeitig erkennen und gegebenenfalls lenken (vgl. Kotthoff 1995: 443; Kommission Mitbestimmung 1998: 77f.). In ihrer Betriebsrats- und Interaktionstypologie haben Artus et al. (2001) den Betriebsratstyp Co-Manager in Ostdeutschland in den Jahren 1993/1994 vorgefunden. In dem ungefähr drei Jahre vorher durchgeführten Pendant gab es den ‚Co-Manager' in den untersuchten westdeutschen Betrieben nicht (Bosch et al. 1999). Zudem wurde die Betriebsratsseite in zahlreichen Projekten empirisch erforscht, beispielsweise in der Bochumer Studie zur betrieblichen Interessenregulierung in Deutschland (u.a. Hauser-Dietz et al. 2008). Forschungsgegenstand war auch die Zusammensetzung von Betriebsräten im Vergleich zur Belegschaft (Behrens 2009), das Zusammenspiel von Betriebsrat und Geschäftsführung in Innovationsprozessen (Schwarz-Kocher et al. 2010) oder etwa die Schnittmenge von Tarifbindung, Betriebsräten und gesellschaftlicher Verantwortung (Groß 2009). Einzelne aktuelle Studien widmen sich der Frage nach der betrieblichen Interessenregulierung im Bereich der so bezeichneten ‚prekären Dienstleistungsarbeit' und den mittlerweile auch medial präsenten Repressionsmustern gegenüber Interessenvertretungen bzw. der Verhinderung der Gründung solcher (Bormann 2007; Artus 2008). Addison et al. (2003), Franz (2005), Frick (2005, 2008), Jirjahn (2003a, 2006), Schnabel (2008) und Wagner (2005) haben mit Hilfe ökonometrischer Analysen Erträge und Kosten von Interessenvertretungen gegenübergestellt. Im Fokus steht hier nicht die Effizienz der reinen Interessendurchsetzung für Arbeitnehmerinnen und Arbeitnehmer, sondern die betrieblichen Renten, d.h. der Effekt auf das betriebliche Leistungsvermögen. Unternehmerische Erträge sind z.B. eine Steigerung des Humankapitals und eine niedrigere Personalfluktuation, hervorgerufen durch die von Interessenvertretungen durchgesetzten und kontrollierten Schutzrechte (Frick 2008). Kosten entstehen unter anderem in Form von Personal- und Materialkosten (Franz 2005). Die einen betonen hierbei, dass die Kosten der Mitbestimmung immens und die Erträge niedriger oder nicht bezifferbar seien (Franz 2005). Andere wiederum konstatieren positive Renten, allerdings zum Teil in Abhängigkeit von bestimmten Faktoren, wie etwa Betriebsgröße oder Tarifbindung (Jirjahn 2003a).

Wie diese kurze Zusammenschau zeigt, wurde im Diskurs zu industriellen Beziehungen bisher kaum das Verhältnis von Arbeitnehmerinnen sowie Arbeitnehmern und Mitgliedern von Interessenvertretungen empirisch erforscht. Genau dieses Verhältnis interessiert uns, allerdings aus der Sicht der abhängig Beschäftigten. Es steht dabei die Frage im Vordergrund, welche Erwartungen Beschäftigte an ihre betrieblichen Interessenvertretungen richten. Differenzieren sich diese Erwartungen nach bestimmten Gruppen von Beschäftigten? Wenn ja, worauf lassen sich die Erwartungen zurückführen? Wir möchten mit diesem Buch die aufgezeigte Forschungslücke schließen. Bevor wir diese eben genannten Forschungsfragen nachgehen, insbesondere welche Erwartungen Beschäftigte an Interessenvertretungen formulieren, werden wir zunächst theoretisch begründen, was überhaupt unter dem Begriff Erwartung zu verstehen ist.

2. Erwartungen

Zwar werden im Alltag Erwartungen gerne formuliert, in wissenschaftlichen Studien wurde bislang allerdings selten der Versuch unternommen (z.B. Becke 2008), genauer zu definieren, wie überhaupt Erwartungen an individuelle und kollektive Akteure zustande kommen. Darüber hinaus ist der Erwartungsbegriff kurz vom konkurrierenden Begriff der ‚Einstellung' abzugrenzen. Einstellungen stellen im Gegensatz zu Erwartungen einen tiefer liegenden und nur schwer veränderbaren Bereich einer Person dar (Stroebe 2002).

Hinsichtlich des Erwartungsbegriffs lassen sich in der Literatur drei Forschungsrichtungen klassifizieren, die sich damit theoretisch auseinandergesetzt haben:

- *lern- und motivationspsychologische Ansätze* (Tolman 1932; Lewin 1936; Bandura 1986;Vroom 1964; Lawler/Porter 1967a; Heckhausen 1989),
- *soziologische Ansätze* (Dahrendorf 1966; Luhmann 1984; Scott 1994, 2001; Esser 2000) und
- *betriebswirtschaftliche Ansätze* (Bruhn 2000; Richter 2005; Bruhn et al. 2006; Lieber 1995).

2.1 Lern- und motivationspsychologische Ansätze zum Erwartungsbegriff

Erste Ansätze der Forschung zur Erwartung lassen sich auf Tolmans verhaltenspsychologische Konzeption (1932) und Lewins Feldtheorie (1963) zurückführen. Tolman befasste sich im Rahmen von Tierexperimenten mit der Zielgerichtetheit von Organismen und gilt als Wegbereiter kognitivistischer Lerntheorien, weil er im Gegensatz zu behavioristischen Überlegungen erkannte, dass Organismen in der Lage sind, ihr Verhalten antizipierend auf die zu erwartenden Konsequenzen auszurichten. Tolman versteht unter Erwartung eine sukzessive Neigung, auf bestimmte Reize so zu reagieren, als seien diese Reize Zeichen für das spätere Auftreten anderer Reize. Die Erwartung spielt in der Lerntheorie vor allem eine wichtige Rolle in Bezug auf die Leistungsmotivation. Kurzum: Leistungsmotivation wird gestärkt, wenn Erfolg erwartet wird. Bei erwartetem Misserfolg wird sie geschwächt und kann zu Fehlleistungen führen. In den lerntheoretischen Überlegungen Banduras (1986), die sozial-kognitiv ausgerichtet sind, geht es darum, dass Menschen durch die Kombination von Beobachtung eines Modells und der beobachteten Verstärkung dessen lernen. Banduras Ansatz bezieht sich auf Lernen, welches in einen sozialen Kontext eingebettet ist und somit innere Maßstäbe über die Erwartung der Verstärkung von anderen bzw. von einem selbst setzt. Gelernt werden nach Bandura Erwartungen und deren zukünftig erwarteten Verhaltenskonsequenzen. Bandura (1982) untersuchte auch den Zusammenhang von Selbstwirksamkeit (self-efficacy), d.h. die subjektive Erfolgserwartung und Ergebniserwartung (outcome-expectation). Seiner Meinung nach begünstigen Erfahrungen die Erwartung, ein bestimmtes Verhalten erfolgreich ausführen zu können, und daher auch das Ausführen einer Handlung. Zwar beziehen sich hier Erwartungen auf das eigene Handeln, diese werden aber durch Beobachtungen anderer Akteure gelernt. Erwartungen sind also das Ergebnis eines sozialen Lernprozesses.

Motivationspsychologische Theorien betrachten Erwartung als eine subjektive Wahrscheinlichkeit. Gemeint ist damit, dass die Wahl einer Aktivität umso wahrscheinlicher ist, je höher die Erwartung des Individuums ist, bei dieser Aktivität ein bestimmtes Ziel zu erreichen. Bekannteste Vertreter dieser Theorierichtung sind Vroom (1964) und Heckhausen (1989). Vroom definiert Erwartung (expectancy) folgendermaßen:

> „... an expectancy is defined as a momentary belief concerning the likelihood that a particular act will be followed by a particular outcome ... Expectancy is an action-outcome association.“ (Vroom 1964: 20)

Lawler und Porter (1967b) und Hackman und Porter (1968) haben die gewonnenen Erkenntnisse der psychologisch geprägten Erwartungstheorie empirisch überprüft und vor allem den Zusammenhang zwischen Erfolgserwartung und Arbeitseffektivität in Organisationen untersucht.

In der Erwartungs-mal-Wert-Theorie (Heckhausen 1989) bezieht sich der Erwartungsbegriff auf die persönlich erwartete Eintrittswahrscheinlichkeit eines Ereignisses und den persönlichen Wert, den ein Akteur diesem Ergebnis im Sinne eines Nutzenwertes beimisst. Heckhausen geht davon aus, dass

> „Wert und Erwartung die beiden Grundvariablen sind, aus denen resultierende Motivationstendenzen hervorgehen, die das zur Wahl stellen, was wir schließlich tun oder lassen.“ (Heckhausen 1989: 181)

Für den hier gewählten Zusammenhang haben die lern- und motivationspsychologische Konzepte zwei Schwächen: Erstens wird nur unzulänglich bestimmt, woher Erwartungen kommen und wie sie gebildet werden – obwohl Erwartungen einen Grundbegriff darstellen. Zweitens beziehen sich die Erwartungen immer auf die Eintrittswahrscheinlichkeit bestimmter Zustände, die für das *eigene* Handeln relevant sind. Dieser Erwartungsbegriff bezieht sich demnach in erster Linie nicht auf das Handeln anderer Akteure. Für das hier im Mittelpunkt stehende Forschungsinteresse der Erwartungen an Interessenvertretungen muss der Erwartungsbegriff daher erweitert werden, da er sich nicht nur auf das eigene Handeln, sondern primär auf das Handeln anderer Akteure (Interessenvertretungen) beziehen soll. Aus den Erwartungskonzepten der Lern- und Motivationspsychologie kann zusammenfassend festgehalten werden, dass Erwartungen subjektive Konstrukte sind, die das eigene Handeln lenken, aber im Rahmen sozialer Interaktion gelernt werden.

2.2 Soziologische Ansätze zum Erwartungsbegriff

Die soziologischen Begriffe der Rollenerwartung (z.B. Dahrendorf 1966) und der institutionellen Erwartung (z.B. Esser 2000; Scott 1994, 2001; Walgenbach 2001; Walgenbach/Meyer 2008) bieten sich an, um näher zu analysieren, was von einer Interessenvertretung als Rollenträger zu erwarten ist. Bei der Rollenerwartung geht es letztlich um die Erwartung an ein rollenkonformes Verhalten des Rollenträgers. Dabei differenziert Dahrendorf (1966) zwischen *Kann-Erwartungen,* deren Erfüllung positive soziale Sanktionen zur Folge haben, *Soll-Erwartungen,* die den Kern der Pflichten einer Rolle beschreiben und die bei Nichterfüllung negative soziale Sanktionen nach sich ziehen sowie *Muss-Erwartungen,* d.h. Pflichten eines Rollenträgers, die rechtlich festgelegt und rechtlich sanktionierbar sind. Wenn zwei Akteure wechselseitige Erwartungen über das Einhalten bestimmter Rollen oder Regeln haben, dann handelt es sich dabei um institutionell geleitete Erwartungen (Esser 2000).

Im Neoinstitutionalismus kommt den institutionellen Erwartungen, die von außen an Organisationen gerichtet werden, eine zentrale strukturbildende Funktion zu: Relativ stabile (Handlungs-)Muster sind das Ergebnis von Strukturen und Institutionen, welche den Akteuren eine gewisse Erwartungs- und Handlungssicherheit geben. Die Regelhaftigkeit und ihre Verbindlichkeit sind jedoch von ihrem Strukturierungsgrad und von der jeweiligen Situation abhängig. Strukturen und Institutionen werden von den Akteuren als taken-for-granted, d.h. als selbstverständlich angesehen, und werden daher meist nicht hinterfragt. Eine besonders entscheidende Funktion kommt dabei normativen Regeln zu. Normative Regeln verleihen Institutionen eine vorschreibende, bewertende und verpflichtende Dimension, und zwar in Form von Erwartungen, wie Akteure sich verhalten sollen (vgl. Esser 2000: 2; Walgenbach 2001: 341). Scott (1994, 2001) definiert normative Regeln als solche, „that stipulate expectations for behavior that are both internalized by actors and reinforced by the beliefs and actions of those with whom they interact“ (Scott 1994: 67). Normative Regeln werden internalisiert und daher überwiegend unbewusst in bestimmten Rollen oder organisationalen Routinen befolgt. Darüber hinaus ermöglichen normative Regeln wechselseitige Erwartungssicherheiten und stabilisieren auf diese Weise das Handeln zwischen Akteuren (vgl. Hasse/Krücken 2005: 15; Walgenbach/Meyer 2008: 24).

2.3 Betriebswirtschaftliche Ansätze zum Erwartungsbegriff

Neben den soeben aufgezeigten lerntheoretischen, motivationspsychologischen und soziologischen Forschungssträngen finden sich vor allem in der betriebswirtschaftlichen Literatur Ansätze, die Erwartungen in Form von Kunden- und Mitarbeitererwartungen an ein Produkt oder an ein Unternehmen operationalisieren (Lieber 1995). Eine Systematisierung von Erwartungstypen findet sich beispielsweise bei Bruhn (2000) sowie bei Richter (2005) und Bruhn et al. (2006). Die Autoren unterscheiden zunächst prädiktive und normative Erwartungen als Grundtypen. Prädiktive Erwartungen erfassen bei der Leistungsbeurteilung den möglichen Standard, normative Erwartungen hingegen den erwünschten Standard (‚Welche Leistung wird wahrscheinlich erbracht?' gegenüber ‚Welche Leistung sollte erbracht werden?'). Normative Erwartungen der Kunden werden vor allem durch deren eigene Bedürfnisse beeinflusst. Die Qualitätsindikatoren des Anbieters legen in der Regel auch das angemessene Leistungsniveau fest, also das Niveau, das der Kunde gerade noch realistischerweise akzeptiert (Zeithaml et al. 1993). Die prädiktiven Erwartungen basieren ebenfalls auf den Qualitätsindikatoren des Anbieters, außerdem auf den Erfahrungen der Kunden und Empfehlungen von Dritten. Es wird insgesamt davon ausgegangen, dass sich normative Erwartungen durch die Inanspruchnahme einer Leistung nicht verändern, d.h. es erfolgt keine Anpassung. Hohe normative Erwartungen haben in der Regel einen negativen Einfluss auf die Leistungsbeurteilung. Prädiktive Erwartungen werden hingegen häufig angepasst, wenn eine Erfahrung mit der Leistung gemacht wurde. Sowohl prädiktive als auch normative Erwartungen wurden lange ausschließlich kognitiv interpretiert. Es ist allerdings fraglich, ob nicht auch emotionale Aspekte – im Sinne von affektiven Erwartungen – von Bedeutung sind. Bruhn et al. (2006) stellen hierzu für Dienstleistungen fest, die Relevanz der affektiven Erwartungen im Dienstleistungsbereich lasse sich u.a. damit begründen, dass die Dienstleistungen in engem Kontakt mit den Mitarbeiterinnen und Mitarbeitern des Anbieters entstehen und somit interpersonale Emotionen von Bedeutung sind. Als affektive Erwartung kann eine Vorhersage über erwartete Gefühlszustände in bestimmten Situationen verstanden werden. Im Vorfeld der Inanspruchnahme einer Leistung sind die kognitiven Erwartungen an eine Leistung von höherer Bedeutung. Im Verlauf der Inanspruchnahme jedoch gewinnen affektive Erwartungen an eine Leistung an Bedeutung. Im Rahmen der hier durchgeführten empirischen Untersuchung werden zwar keine ‚echte' Kunden-Lieferanten-Beziehung betrachtet, es ist jedoch nicht auszuschließen, dass Beschäftigte die Interessenvertretung ihres Betriebs als Dienstleister wahrnehmen und Erwartungen an diese auch affektiv aufgeladen sein können. Die Determinanten der Erwartung lassen sich daher folgendermaßen übertragen:

- Welche Erwartungen haben die Beschäftigten überhaupt?
- Wie stellt die Interessenvertretung ihre Leistungsfähigkeit dar?
- Gibt es eigene Erfahrungen mit der Interessenvertretung?

2.4 Definition von Erwartungen für den gewählten Forschungskontext

Aus allen bisher referierten Ansätzen wird an dieser Stelle ein Erwartungsbegriff begründet, der Erwartungen als eine sozial gelernte subjektiv wahrscheinliche Annahme über das eigene Handeln und das Handeln anderer Akteure aufgrund von verbindlichen Regeln, Normen und geteilten Sinnzusammenhängen definiert (siehe Tab. 1). Erwartungen beziehen sich dabei sowohl auf die prädiktiven und normativen Zielvorstellungen als auch auf ihre affektiven Aufladungen.

Tab. 1: Übersicht zu den Diskursen zum Erwartungsbegriff

Forschungsansatz	Erwartungen
Lern- und Motivationspsychologie (z.B. Tolman 1932; Lewin 1936; Bandura 1986; Vroom 1964; Heckhausen 1989)	... sind eine sukzessive Neigung, auf bestimmte Reize so zu reagieren, als seien diese Reize Zeichen für das spätere Auftreten anderer Reize. ... bestehen im Lernen und Antizipieren von zukünftigen Verhaltenskonsequenzen. ... stellen eine subjektive Wahrscheinlichkeit dar, d.h. dass die Wahl einer Aktivität umso wahrscheinlicher ist, je höher die Erwartung des Individuums ist, bei dieser Aktivität ein bestimmtes Ziel zu erreichen.
Soziologie (z.B. Dahrendorf 1966; Scott 1994, 2001; Esser 2000)	... lassen sich in Kann-Erwartung, Soll-Erwartung und Muss-Erwartung unterscheiden. ... geben Handlungssicherheit in Bezug auf das eigene Handeln und das Handeln anderer Akteure aufgrund von verbindlichen Regeln, Normen und geteilten Sinnzusammenhängen.
Betriebswirtschaft (z.B. Bruhn 2000; Richter 2005; Bruhn et al. 2006; Lieber 1995)	... beinhalten prädiktive, normative und affektive Erwartungen als Grundtypen. ... können sich auch in Form von affektiv-prädiktiven bzw. affektiv-normativen Erwartungen zeigen.

Eigene Darstellung

Die prädiktiven Zielvorstellungen stellen dabei eine Einschätzung über Gegebenheiten dar, d.h. sie schätzen den Ist-Zustand ein, während die normativen Zielvorstellungen den Idealwert, d.h. den Soll-Zustand einschätzen. Stehen beide Einschätzungen nicht im Einklang, d.h. sie erzeugen einen Widerspruch, dann kann das Individuum daraus lernen und seine Erwartungen verändern.

Erwartungen können auf der normativen und prädiktiven Ebene durchaus unrealistisch sein. Aufgrund eigener oder vermittelter Erfahrungen können sich Erwartungen durchaus verändern. Der Erwartungsbegriff sagt demnach nichts über die Angemessenheit der Erwartung in einer sozialen Situation aus. Erwartungen können immer dann enttäuscht werden, wenn andere sie nicht teilen. Damit unterliegen soziale Erwartungen auch dem Problem der doppelten Kontingenz (Luhmann 1984). Der hier vorgestellte Erwartungsbegriff ist somit eine Ausweitung des Erwartungsbegriffs aus der Erwartungs-mal-Wert-Theorie: Es sind weiterhin persönliche Erwartungen, die mit einer persönlichen Nutzenzuweisung versehen sind, sich aber auch auf das Handeln anderer Akteure beziehen können.

Für den hier gewählten Forschungszusammenhang ergibt sich insofern eine Einschränkung, als nur Erwartungen untersucht werden sollen, die sich auf betriebliche Interessenvertretungsorgane beziehen. Daher ziehen wir nachfolgend die Konzepte der beruflichen Erwartung und der Erwartung an Interessenvertretungen hinzu, die sich keiner der bereits genannten Forschungsdisziplinen direkt zuordnen lassen.

2.5 Das Konzept der beruflichen Erwartungen

Die Literatur zum Themenbereich Erwartungen, speziell zu Erwartungen im Arbeitskontext, zeigt zwar eine Reihe von interdisziplinären Veröffentlichungen, die jedoch das Konstrukt der Erwartung kaum konkretisieren. So sind z.B. punktuelle Studien zur Erwartung von Verdienstmöglichkeiten (Moog/Backes-Gellner 2005), auch bezogen auf Verdienstmöglichkeiten aufgrund des Geschlechts (Chevalier 2004; Filippin/Ichino 2003), Erwartungen an Institutionen der Berufsberatung (Egger-Subotitsch 2006) oder zu erwarteter Diskriminierung am Arbeitsplatz (Filippin 2003) zu finden. Allerdings existieren kaum Daten in größerem Umfang, auf die zurückgegriffen werden könnte. Dies erstaunt insofern, als in der ökonomischen Verhaltensforschung das Konstrukt der Erwartung eine wichtige Rolle spielt. So werden regelmäßig Konsumenten und leitende betriebliche Akteure zu ihren ökonomischen Erwartungen befragt (z.B. im Rahmen des Konsumklimaindex oder des Geschäftsklimaindex). Berufliche Erwartungen werden darüber hinaus auch im Sozioökonomischen Panel (SOEP) abgefragt. Allerdings werden diese nur mit Hilfe weniger Variablen und zudem in unregelmäßigen Abständen erhoben. Schramm (1999) untersucht auf Basis des SOEP die Forschungsfrage, inwiefern sich die Entwicklungen auf dem Arbeitsmarkt auf Erwartungen, Einstellungen und Verhalten der Arbeitnehmer auswirken. Er konzipiert ein Modell, wonach berufliche Erwartungen Konsequenzen auf Präferenzen, Befindlichkeiten und Verhaltensabsichten bzw. Verhalten haben. Als

Konsequenzen der beruflichen Erwartungen nennt Schramm vor allem die Arbeitszufriedenheit und die Fluktuationsneigung. Der Erwartungsbegriff bleibt jedoch relativ vage.

2.6 Erwartungen an Interessenvertretungen

Die Erwartungen an Interessenvertretungen im Allgemeinen lassen sich oberflächlich betrachtet relativ einfach benennen: Abhängig Beschäftigte erwarten, dass die Interessenvertretung ihre Interessen vertreten. Problematisch ist die genauere inhaltliche Festlegung der ‚Interessen'. Wenn man ganz allgemein Erwartungen zu Interessenvertretungen von Arbeitnehmern abfragt, zeigt sich, dass erstens verschiedene Gruppen von Arbeitnehmern verschiedene Interessen zum Ausdruck bringen, und zweitens, dass diese Erwartungen sich in ihrer Intensität unterscheiden.

Die allererste wissenschaftliche Arbeitnehmerbefragung zum Thema ‚Betriebsräte' wurde unter der Leitung von Otto Blume Anfang der 1960er Jahre durchgeführt. „Rund zwei Drittel der Befragten bewerteten die Wirksamkeit der Betriebsratsarbeit positiv bzw. sehr positiv" (Blume 1964, zitiert nach Wassermann 2002: 35). Nahezu alle (92%) Arbeitnehmer waren der Meinung, dass man auf den Betriebsrat in ihrem Betrieb nicht verzichten könne (Wassermann 2002: 35). In dieser Studie wurde zwar die Zufriedenheit mit den Betriebsräten behandelt, Erwartungen spielten jedoch keine Rolle. Auch Bertl et al. (1989) fragen in ihrer Studie zum Arbeitnehmerbewusstsein nach der Bedeutung und Bewertung betrieblicher Interessenvertretungen sowie nach der Rolle von Betriebsräten bei Auseinandersetzungen.

Einen ersten Einblick in die ‚Erwartungshaltungen' von Belegschaften an ihre betriebliche Interessenvertretung bietet Schardt (1979) in seiner Fallstudie, für die er 315 männliche Arbeiter und Tarifangestellte befragt hat. In erster Linie konzentriert sich Schardt hierbei auf Wahrnehmungen und Beurteilungen vonseiten der Befragten und führt im Zuge dessen auch ‚Erwartungshaltungen' auf. Diese sind jedoch eklektizistisch gewählt. So werden lediglich die zwei Erwartungen „daß der Betriebsrat vor dem Beginn von Verhandlungen die anstehenden Probleme mit der Belegschaft bespricht und deren Willen und Beschlüsse [...] vertreten soll" und „daß im Falle von gegensätzlichen Interessen der Betriebsrat in erster Linie vom Wohl der Arbeitnehmer ausgehen und erst in zweiter Linie das Wohl des Betriebes berücksichtigen soll" (Schardt 1979: 162) aufgeführt. In besagter Studie erwarten über 90% den ersten und ca. 80% den zweiten Aspekt.

Konkretere Hinweise auf die Perspektive von Erwartungen liefert die Studie zu Ansprüchen von Beschäftigten an Arbeit und Interessenvertretung von Holtrup (2005, 2008). Im Fokus seiner Untersuchung stehen die Interessen der Arbeitnehmer an ihre Arbeits- und Beschäftigungssituation. In dieser explorativen Studie werden drei Perspektiven von Ansprüchen unterschieden: die Arbeitskraftperspektive, die Subjektperspektive und prospektive Ansprüche. Die erste Perspektive umfasst folgende Ansprüche an Erwerbsarbeit: Sicherheit des Arbeitsplatzes, Vergütung, Arbeitszeit/Vereinbarkeit von Beruf und Privatleben. Die zweite Perspektive beinhaltet die Dimension, die mit den Begriffen Spaß bei der Arbeit, selbst bestimmtes Arbeiten, individuelle Mitsprachemöglichkeiten umrissen wird, und die dritte Perspektive beinhaltet den Aspekt von Weiterbildung und Karriere. An diese Ansprüche an Erwerbsarbeit sind jeweils Erwartungen an die Interessenvertretungen geknüpft. Interessenvertretungen und andere Interessenorganisationen sollten die abhängig Beschäftigten bei der Durchsetzung dieser Erwartungshaltungen an ihre Erwerbsarbeit unterstützen. Neben der Erwartung der Unterstützung bei Problemen der Arbeitsregulierung können auch noch andere Erwartungen auftreten, wie z.B. allgemeines soziales bzw. politisches Engagement (Klönne/Reese 1989), sozialer Frieden oder verschiedene Dienstleistungen. Weiterhin wird deutlich, dass sich nicht alle Erwartungen an Interessenvertretungen nur auf einen festgelegten Bereich beziehen, gerade die Gewerkschaften beziehen oftmals, medial wirksam, Stellung zu Themen, die außerhalb der Arbeitssphäre liegen, wie z.B. generelle Fragen der Sozial- und Bildungspolitik (Müller 1997).

Holtrup (2008) untersucht im Kontext seiner explorativen Studie unter anderem auch die subjektive Bedeutung des Betriebsrates. Im Rahmen der qualitativen Studie von Holtrup wurden Beschäftigte in Betrieben, in denen ein Betriebsrat existiert, gefragt:

(1) Ob die Befragten Kontakt und Bezug zu ihrem Betriebsrat haben, und wenn ja, wie dieser aussieht;
(2) welchen Stellenwert sie ihrem Betriebsrat zumessen oder ob sie ihn für wichtig oder eventuell für überflüssig halten (Holtrup 2008: 71, 131).

Die Ergebnisse zeigen, dass Beschäftigte ihren Betriebsräten unterschiedliche Funktionen zubilligen und daher auch die Relevanz der Betriebsräte bei den Befragten variiert. Insgesamt benennt er vier unterschiedliche Funktionstypen:

- advokatorische Funktion,
- Informationsfunktion des Betriebsrates,
- der Betriebsrat als Ordnungs- und Partizipationsinstanz sowie als
- Tarifakteur.

Der Betriebsrat ist häufig die „Hintergrundinstitution des Arbeitsplatzes“ (Holtrup 2008: 145), so lautet das Fazit. Da in der Studie primär Ansprüche an Arbeit und Ansprüche an Betriebsräte und weniger Erwartungen an Interessenvertretungen thematisiert werden, bleibt das Konstrukt der ‚Erwartung‘ undefiniert, dennoch liefern die Funktionstypen erste, wichtige Hinweise auf damit verknüpfte Erwartungen.

Tab. 2: Funktionstypen des Betriebsrates

Funktion	Erwartung der Beschäftigten
Advokatorische Funktion	Hilfe bei der Lösung individueller Probleme am Arbeitsplatz (wenig in Anspruch genommen, individuelle Problemlösung wird bevorzugt; Betriebsrat wird eher als taktisches Instrument in Notfällen vorgehalten).
Informationsfunktion	Top-down-Information: Weitergabe von Informationen aus der Geschäftsleitung (auch zur Vermeidung einer Gerüchteküche) oder gezielte Forderung nach Informationen durch die Geschäftsleitung.
Ordnungs- und Partizipationsinstanz	Repräsentation und Sprachrohr der kollektiven Interessen der Beschäftigten, Teilhabe an innerbetrieblichen Entscheidungsprozessen (Co-Manager). Erwartungen je nach Unternehmenskontext: Betriebsrat als Teil der organisatorischen Infrastruktur (größere Betriebe) oder als strukturierender Ordnungsfaktor (kleinere Betriebe). Betriebsrat als Moderator (für Bottom-up-Kommunikation, im Gegensatz zur Informationsfunktion).
Tarifakteur	Erwartung, der Betriebsrat fungiere als nachgelagerter oder ersatzweise (für die Gewerkschaften) als Tarifpartner.

Eigene Darstellung in Anlehnung an Holtrup (2008)

Für die USA existiert eine Studie von Freeman und Rogers (1999), in der die Autoren u.a. untersuchen, welche demografischen und beruflichen Kriterien die Haltung der Beschäftigten zu Gewerkschaften beeinflussen. Erwartungen werden jedoch auch hier nicht explizit abgefragt und darüber hinaus sind die Ergebnisse auf deutsche Verhältnisse kaum übertragbar. Bis auf diese beiden ersten Hinweise stellen sich Erwartungen an Interessenvertretungen tatsächlich als ein blinder Fleck in der Erforschung industrieller Beziehungen dar. Unsere Studie hat daher zunächst einen explorativen Charakter, was sich im gewählten Forschungsdesign (siehe Kap. 5) widerspiegelt. Neben der zentralen Frage, die im Rahmen der Studie beantwortet werden soll, welche Erwartungen vonseiten der abhängig Beschäftigten an Interessenvertretungen gestellt werden, geht es auch darum zu erforschen, wovon diese Erwartungen abhängen. Mögliche Einflussfaktoren werden daher im nächsten Kapitel thematisiert.

3. Einflussfaktoren auf die Erwartungen an Interessenvertretungen

Laut unserer Definition des Erwartungsbegriffs werden Erwartungen gelernt. Da diese Erwartungen nicht im luftleeren Raum, sondern in konkreten Lebenssituationen existieren, die wiederum Veränderungen ausgesetzt sind, kann man davon ausgehen, dass sich auch Erwartungen mit der Zeit ändern oder über die Zeit hinweg jeweils angepasst werden. Für die Änderung von Werteinstellungen zeigt dies die Forschergruppe um Lesthaeghe (2002). Unser Ausgangspunkt ist, dass Erwartungen gelernt und dann je nach Situation angepasst werden. Unser Erklärungsmodell besteht zudem aus zwei Dimensionen: Die (gemachten) Erfahrungen aus der persönlichen Biografie (private Einbettung) und die jeweils aktuelle betriebsbezogene Situation (situationale Einbettung). Unter der privaten Einbettung verstehen wir die verschiedenen Lebensphasen, man könnte auch von biografischen Bausteinen sprechen (Birg 1991), die gerade durchlaufen werden. Die in der persönlichen Sphäre liegenden Einflüsse, wie eventuell vorhandene Kinder (Holtrup 2005), können die Erwartungen von Beschäftigten an ihre Interessenvertretung ändern. Gerade die Familiengründung kann zu einer eher konservativ orientierten Wertestruktur führen. Die in Deutschland vorherrschende ‚Norm der verantworteten Elternschaft' (Schneider 2002; Beck/Beck-Gernsheim 1990) sieht vor, dass man alles für das Kind tut. Berufliche Risiken werden in dieser Situation eher vermieden und die Erwartungen an berufliche Interessenvertretungen werden entsprechend angepasst. In verschiedenen Lebensphasen gewinnen somit jeweils andere Aspekte des (Berufs-)Lebens an Bedeutung. Während zu Beginn einer (erfolgreichen) Karriere oft Freiheiten und Möglichkeiten wichtig sind, gewinnen in späteren Jahren oftmals Sicherheitsaspekte an Bedeutung. Auch bei ‚verhandlungsstarken' Individuen ist dann ein Wandel der Erwartungshaltung zu Sicherungsaspekten zu vermuten.

Nachfolgend werden wir detailliert auf persönliche sowie betriebliche und überbetriebliche Einflussfaktoren eingehen.

3.1 Persönliche Einflussfaktoren

Die persönlichen Einflussfaktoren umfassen, neben dem bereits dargestellten Faktor Lebensphase/Familie, die wahrgenommene Selbstaushandlungsfähigkeit, verschiedene Formen der Berufstätigkeit in Kombination mit dem Geschlecht, eigene Erfahrungen mit Interessenvertretungen, soziale Herkunft, Werte und Einstellungen, politische Präferenzen oder aber die Mitbestimmungsaffinität (z.B. Gewerkschaftsnähe und generelle Einstellungen zur Mitbestimmung).

3.1.1 Selbstaushandlungsfähigkeit

Die Fähigkeit zur Selbstaushandlung ist in unserem Forschungskontext besonders wichtig (Vester/Teiws-Kügel 2007; Holtrup 2005). Die Überzeugung der Selbstvertretungswirksamkeit (Rotter 1966; Osnabrügge et al. 1985; Bandura 1982) beschreibt, inwieweit eine Person der Meinung ist, eine ausreichend starke Verhandlungsposition zu besitzen, um direkt mit dem Arbeitgeber die Bedingungen der Beschäftigung zu verhandeln und dabei in der Lage ist bessere Bedingungen auszuhandeln, als Kollektivorgane das könnten. Je eher man die eigene Verhandlungsposition als stark genug ansieht, desto weniger erwartet man eine ‚typische' Interessenvertretung. Der Fokus der Erwartungen wird sich dabei von der Erwartung nach persönlicher Unterstützung und Arbeitsplatzsicherheit weg, hin zu einer positiven Beeinflussung des Arbeitsumfeldes und einer guten Informationspolitik verschieben. Rotter (1966) geht davon aus, dass diese Kontrollüberzeugungen generalisierte Erwartungen sind, die in neuen Situationen, zu denen keine Informationen verfügbar sind, herangezogen werden, um zu einer Einschätzung zu kommen. Sie wirken also kontingenzreduzierend. Da kaum eine Situation vorstellbar ist, zu der keine Informationen vorliegen, gehen wir davon aus, dass diese generellen Erwartungen schon prospektiv an die Situation angeglichen wurden. Zudem kann die Interessenvertretung eine stellvertretende Kontrolle übernehmen, d.h. wenn ich selbst keine Kontrolle über die Situation habe, so erwarte ich aber von meiner Interessenvertretung, dass sie für mich die Kontrolle über die Situation erlangt.

Die Stärke der Verhandlungsposition steht in einem direkten Zusammenhang zum sozialen Milieu aus dem eine Person stammt (Vester/Teiwes-Kügel 2007). Dabei hängt die Stärke der Verhandlungsposition besonders vom Qualifikationsniveau (Lengfeld 2003), insbesondere im Vergleich zur restlichen Belegschaft, dem Einkommen (Lengfeld 2003; Lengfeld/Liebig 2000, 2002; Liebig 2002; Holtrup 2005), der beruflichen Stellung und Mobilitätserfahrungen auf dem Arbeitsmarkt (Holtrup 2005) ab. Darüber hinaus können Faktoren wie die Befristung des Arbeitsvertrages sowie die hierarchische Position im Betrieb (Holtrup 2005) einen Einfluss auf die Überzeugung der Selbstvertretungswirksamkeit ausüben.

Ebenso können die Arbeitsplatzmerkmale direkter Partizipation die Selbstwirksamkeitsüberzeugung und damit die Erwartungen an Interessenvertretungen verändern. Studien zu Arbeitsplatzmerkmalen (z.B. Klippert et al. 2007; Blume/Gerstlberger 2007; Holtrup 2005; Minssen 1999; Freeman/Rogers 1999) zeigen, dass der Wunsch nach individueller bzw. kollektiver Interessenvertretung auch von den Themenbereichen abhängig ist, die für die eigene Arbeit von Bedeutung sind. Klippert et al. (2007) konnten beispielsweise im Rahmen ihrer zuvor schon erwähnten Betriebsrätebefragung einen positiven Zusammenhang zwischen einem kooperativen Betriebsrat, beteiligungsorientierten Arbeitsformen und erfolgreichem Wissensmanagement nachweisen. Darüber hinaus konnten Blume und Gerstlberger (2007) zeigen, dass der Unternehmenserfolg, gemessen in Produktinnovationen in den letzten drei Jahren, von partizipativen Arbeitsformen und beteiligungsorientiertem Wissensmanagement positiv beeinflusst wird. Der Zusammenhang von Employability und Unternehmenserfolg beeinflusst dabei die Selbstwahrnehmung und die Erwartung an Kollektivorgane.

3.1.2 Formen der Berufstätigkeit in Kombination mit dem Geschlecht

Frerichs et al. (1989) haben in ihrer Studie, die der Arbeiterbewusstseinsforschung zuzuordnen ist, Fraueninteressen im Betrieb herausgearbeitet. Sie kommen zu dem Schluss, dass „das Kriterium Geschlechtszugehörigkeit solange kaum eine Rolle zu spielen scheint, wie sich Arbeiterinnen durch männliche Betriebsräte gut bis sehr gut vertreten sehen" (Frerichs et al. 1989: 209). Wird die Vertretung jedoch negativ beurteilt, so wünschen sich viele Arbeiterinnen weibliche Interessenvertreterinnen. Auch wenn sich Frerichs et al. (1989) ausschließlich auf Arbeiterinnen im Akkord beziehen und die Studie schon in die Jahre gekommen ist, scheint es dennoch angebracht, den Einfluss des Geschlechts auf die Erwartungen zu untersuchen.

Hierbei reicht es jedoch nicht aus, nur das Verhältnis von Frauen und Männern in der Arbeitswelt zu berücksichtigen. Vielmehr muss auch die ungleiche Verteilung auf Voll- und Teilzeitarbeitsplätzen beachtet werden. Die Verbindung zwischen geleisteter Arbeitszeit und Geschlecht ist schief. Es arbeiten viel mehr Frauen in Teilzeitbeschäftigungsverhältnissen als Männer (Bothfeld et al. 2005; Achatz et al. 2004; Strengmann-Kuhn/Seel 2004; Ollmann 1989; Losseff-Tillmanns 1989). Hakim (2000) weist ebenfalls darauf hin, dass dies auch ein Indikator für die Lebensausrichtung von Frauen ist, der durch das Geschlecht oder die Wochenstundenzahl allein nur unzureichend dargelegt werden kann.

3.1.3 Eigene Erfahrungen mit Interessenvertretungen

Da wir davon ausgehen, dass Erwartungen gelernt werden und sich daher auch ändern können, spielen die gemachten Erfahrungen mit Interessenvertretungen eine wichtige Rolle in unserem Forschungskontext. Das Erwartungskonzept der Motivationspsychologie geht davon aus, dass Erfahrungen die Erwartung, ein bestimmtes Verhalten erfolgreich ausführen zu können und daher auch das Ausführen einer Handlung begünstigen. Die Erfahrungen müssen dabei nicht unbedingt aus der persönlichen Biografie resultieren, sie können auch stellvertretend angeeignet werden, indem auf gemachte Erfahrungen von Dritten zurückgegriffen wird. Dies deckt sich mit dem Ansatz des Lernens am Modell von Bandura

(1982). Demzufolge können Erfahrungen sowohl auf eigenen Erlebnissen als auch auf der Erfahrung anderer beruhen, die ihre Erfahrungen beispielsweise durch Erzählungen in Gesprächen oder durch Medienberichte weitergeben. Besonders relevant sind die Erfahrungen von näher stehenden Bekannten oder Verwandten, die über positive oder negative Erfahrungen mit ihrer Interessenvertretung berichten (Erfahrungsaustausch), wodurch sich auch die individuellen Erwartungen ändern können. Nach den Untersuchungen von Kohn (1981) werden beispielsweise Erfahrungen der Eltern am Arbeitsplatz an ihre Kinder weitergegeben. Dies leitet zum nächsten Einflussfaktor, der sozialen Herkunft über.

3.1.4 Herkunft

Die soziale Herkunft bestimmt nach Bourdieu (1982) den Habitus einer Person, da diese in ein bestimmtes Milieu hineingeboren wird. Im Kapitel 4 wird noch näher auf verschiedene Milieuansätze im Sinne der Sozialstruktur eingegangen. An dieser Stelle ist aber wichtig festzuhalten, dass die soziale Herkunft die individuellen Wertsysteme und Einstellungen beeinflusst. Besteht etwa eine Mitgliedschaft eines Elternteils in der Interessenvertretung oder in anderen Interessenvertretungsorganisationen, wie Gewerkschaften oder Fachverbänden, so hat dies einen Einfluss auf die Wertorientierungen der Kinder. Auf die Konstrukte der Wertorientierungen und Einstellungen wird in den nachfolgenden Abschnitten ebenfalls detailliert eingegangen.

3.1.5 Werte

Werte sind in der sozialwissenschaftlichen Forschung unterschiedlich definiert. Darüber hinaus existieren verschiedene Begriffskombinationen (Werthaltungen, Werteinstellungen oder Wertorientierungen), die mehr oder weniger synonym verwendet werden (vgl. Maag 1991: 21). Auch die Abgrenzung zu anderen Begriffen, wie Einstellungen oder Normen, erweist sich teilweise als schwierig. Eine weitgehend anerkannte Definition von Werten ist die als Vorstellungen vom gesellschaftlich Wünschenswerten (Kluckhohn 1951). Damit bieten Werte relativ stabile Lebensleitbilder. Einstellungen sind im Vergleich dazu stärker objektbezogen (Hansen/Bode 1999: 177), Normen haben im Gegensatz zu Werten Verpflichtungscharakter, ihre Nichtbefolgung ist sanktionierbar (Maag 1991: 22). Werte sind handlungsleitend, was auch ihre hohe Bedeutung in der (empirischen) Sozialforschung begründet. Die Definition von Kluckhohn bezieht sich allerdings lediglich auf gesellschaftliche bzw. kollektive Werthaltungen, während in der empirischen Wertforschung auch individuelle Werte (z.B. Heller et al. 2002) erhoben werden. Es ist somit zu unterscheiden, was die einzelne Person für sich selbst für wichtig hält (hierzu gehören z.B. berufsbezogene Werte) und was ihr für die Gesellschaft im Allgemeinen wünschenswert erscheint.[1] Lebensstile bzw. Milieus (Schulze 1992; Sigma 2007; SINUS Sociovision 2007; Hradil 2001, 2006; Weber-Menges 2004) generieren sich aus Werten und prägen anderseits die Wertvorstellungen. Unter Werten verstehen Klages und Kmieciak (1981) daher sowohl individuelle als auch kollektive geistige Grundorientierungen, die in ihrer Gesamtheit Orientierungsleitlinien des gesellschaftlichen Zusammenlebens verkörpern (Klages/Kmieciak 1981). Im Sinne von Webers protestantischer Ethik (1984) stellt der Faktor Religiosität ebenfalls einen individuellen und kollektiven Wert dar. Neben der individuellen und kollektiven Wertorientierung wird auch zwischen impliziten oder expliziten Werten (z.B. Kluckhohn, 1954), materiellen (Versorgung, Sicherheit) oder postmateriellen (Selbstverwirklichung, Sozialstatus, Solidarität) Werten (Inglehart 1977, 1989) oder aber zwischen Pflicht- und Akzeptanzwerten (Fleiß, Gehorsam etc.) oder Selbstentfaltungswerten (Gleichheit, Kreativität etc.) (Klages 1984) unterschieden. Allgemein kann hier zwischen liberalen und konservativen, materialistischen und postmaterialistischen oder traditionellen und modernen Wertmustern unterschieden werden, die dann auf gewerkschaftlicher Mitbestimmungsebene zum Beispiel die wahrgenommene Bedeutung eines Flächentarifvertrags beeinflussen (Inglehart 1998; Klages et al. 1987).

Laut Holtrup (2005) haben gerade Arbeitnehmer, die für sich in Anspruch nehmen, ihre Interessen sehr gut selbst vertreten zu können, die Erwartung, dass Interessenvertretungen ‚schwächere' Arbeitnehmer und deren Interessen vertreten, da dies ihren Gerechtigkeitsvorstellungen entspricht. Diese eher mittelbaren Erwartungen an Interessenvertretungen im Bereich abhängiger Beschäftigung implizieren zweierlei, zum einen die Übernahme der advokatorischen Funktion und zum anderen die kollektive Regulierung der Interessenvertretung im konkreten Betrieb.

Die Wertvorstellungen der Beschäftigten verleihen dem Verhandlungsverhalten der Interessenvertretungen moralische Legitimität (Lengfeld 2004). Es stellt sich allerdings die Frage, über welche manifesten Variablen die latent vorliegenden Wertvorstellungen zu ermitteln sind. Hierbei ist zwischen globalen und auf die Arbeitswelt bezogenen Wertvorstellungen zu unterscheiden. Auf einer globalen Ebene kann als ein Indikator die politische Orientierung der Befragten verstanden werden, da diese mit der Beurteilung gesellschaftlicher Kräfte einhergeht (Schulze 1992).

Darüber hinaus ist anzunehmen, dass auch die geographische Region, in der eine Person lebt und sozialisiert wurde, sich auf die Wertvorstellungen und somit auch auf die Erwartungen an Interessenvertretungen auswirkt. Dies zeigt

1 Vgl. zum Themenbereich Gerechtigkeit und Mitbestimmung insbesondere die Veröffentlichungen zum DFG-Projekt „Veränderungsprozesse und Gerechtigkeit in Organisationen" (1996-2000); Lengfeld/Liebig (2000); Liebig (2002); Lengfeld (2003).

sich z.B. anhand unterschiedlicher Einstellungen zu Gewerkschaften und ihren Aufgaben in West- und Ostdeutschland (z.B. Müller 1997; Artus 2004).

Auf der Ebene der Arbeitswelt fungiert der Stellenwert, den die Arbeit im Vergleich zur Freizeit im Leben einer Person genießt als wichtiger Indikator. Nimmt die Arbeit in den Wertvorstellungen einer Person eine exponierte Stellung ein, so lässt dies sowohl auf die Art als auch auf die Intensität der Erwartungen an die eigene Interessenvertretung schließen. Freizeit und Erlebnisorientierung gewinnen im Vergleich zur Arbeit (als Mittel des Überlebens) an Bedeutung (Schulze 1992), was eventuell mit einer Verschiebung von Erwartungshaltungen weg von den betrieblichen Interessenvertretungen hin zu anderen gesellschaftlichen Institutionen einhergeht. Auch verschiedene Aspekte der Arbeitszufriedenheit, etwa mit den Arbeitsinhalten, der Arbeitszeit und dem Einkommen (Holtrup 2005), stellen einen relevanten Indikator für die auf die Arbeitswelt bezogenen Wertvorstellungen dar. Ist jemand mit der betrieblichen Situation zufrieden, so wird diese Person den Interessenvertretungen eine andere Funktion zuschreiben als eine Person, welcher mit der betrieblichen Situation unzufrieden ist. Hierbei geht es darum, in welchen Bereichen und auf welche Art die Interessenvertretung agieren sollte. Berufswerte sind als lebensbereichspezifische Werte zu verstehen, die sich darauf beziehen, wie wichtig verschiedene Aktivitäten und Ergebnisse der beruflichen Arbeit für eine Person sind oder, im Umfragekontext, als ‚wie wichtig' diese beurteilt werden. Sie entstehen nicht unabhängig von gesellschaftlichen Rahmenbedingungen (Braun/Borg 2004: 179f.). Berufswerte korrelieren zusätzlich mit Kontroll- und Selbstwirksamkeitsüberzeugungen (Braun/Borg 2004: 183), d.h. Personen mit einer internen Kontrollüberzeugungen können es sich erlauben, unterschiedliche Arbeitsaspekte relativ wichtig zu finden, da sie glauben, diese Ziele auch selbst erreichen zu können.

Laut Alderfer (1972) lassen sich drei Arten von Bedürfnissen unterscheiden, denen unterschiedliche Werte zugeordnet werden:

- Existentiell-materiellen Bedürfnissen lassen sich extrinsische Werte zuordnen (z.B. ‚ein hohes Einkommen haben'),
- sozial-emotionalen Bedürfnissen entsprechen soziale Werte (z.B. ‚anderen zu helfen') und
- Wachstumsbedürfnisse gehen mit intrinsischen Werten einher (z.B. ‚interessante Arbeitsaufgaben haben').

Im Folgenden kommen wir noch einmal zurück auf die Unterscheidung zwischen individuellen Werten, inklusive arbeitsbezogener Wertvorstellungen, und kollektiven Wertvorstellungen. Eine umfassende Befragung findet sich in den ALLBUS-Erhebungen, welche alle zwei Jahre von der Gesellschaft sozialwissenschaftlicher Infrastruktureinrichtungen (GESIS) durchgeführt werden. Der Fragenkatalog ist dabei teils konstant, teils auf Schwerpunkte ausgerichtet. Interessant sind im Zusammenhang unseres Forschungsprojekts vor allem der Themenschwerpunkt ‚Werte' von 2002 sowie der ISSP-Schwerpunkt ‚Arbeitsorientierungen', der letztmalig 2006 durchgeführt wurde. Die Wertdimensionen zu den Arbeitsorientierungen lassen sich gemäß der Systematik von Alderfer in extrinsische Werte (hohes Einkommen, gute Aufstiegschancen), soziale Werte (Beruf, in dem man anderen helfen kann, gesellschaftlich nützlicher Beruf) und intrinsische Werte (interessante Tätigkeit, Möglichkeit selbständigen Arbeitens) unterteilen (Braun/Borg 2004).

Im Wertesurvey des ALLBUS werden individuelle und kollektive Wertorientierungen unterschieden, wobei als Grundlagen für die individuellen Variablen die Systematik von Klages und Gensicke (1999) und für die kollektiven Werte von Westle und Roßteutscher (2008) dienen. Im viel zitierten Wertesurvey 1997 von Klages und Gensicke (1999) geht es streng genommen vornehmlich um die Einstellung zum freiwilligen Engagement und nur am Rand um tatsächliche Werte. Die Dimensionen spiegeln sich in den Items zu den Lebenszielen in der ALLBUS Erhebung aus dem Jahr 2002 mit den Schwerpunkten individuelle und kollektive Wertorientierungen wider (siehe Tab. 3).

Tab. 3: Individuelle und kollektive Wertorientierungen

Lebensziele	Gesellschaftliche Prioritäten
Wie wichtig sind für Sie die folgenden Dimensionen:	*Wie gern möchten Sie in einer Gesellschaft leben, die Wert darauf legt, dass ...*
– Gesetz und Ordnung respektieren	– die Menschen Fleiß und Leistung zeigen?
– einen hohen Lebensstandard haben	– die Menschen füreinander Verantwortung tragen?
– Macht und Einfluss haben	– sich die Menschen an Regeln halten?
– eigene Phantasie und Kreativität entwickeln	– die Menschen selbstbewusst und kritisch sind?
– Nach Sicherheit streben	– die Menschen tun und lassen können, was sie wollen?
– sozial Benachteiligten und gesellschaftlichen – Randgruppen helfen	– die Menschen in wirtschaftlicher Sicherheit und Wohlstand leben?
– sich und seine Bedürfnisse gegen andere durchsetzen	– sich die Menschen politisch beteiligen?
– fleißig und ehrgeizig sein	– sich die Menschen selbst verwirklichen?
– auch solche Meinungen tolerieren, denen man eigentlich nicht zustimmen kann	– die Menschen religiös sind?
– sich politisch engagieren	
– die guten Dinge des Lebens in vollen Zügen genießen	
– an Gott glauben	
– etwas im Beruf leisten	
– sich selbst verwirklichen	

Quelle: In Anlehnung an ALLBUS (2002)

Im Zusammenhang unserer gewählten Forschungsfrage vermuten wir einen Einfluss auf die Erwartung an Interessenvertretungen durch die individuelle Wertorientierung, so dass wir in der Operationalisierung unserer Einflussfaktoren entsprechende Items in den Fragebogen für die quantitative Befragung aufnehmen.

3.1.6 Einstellungen

Einstellungen unterscheiden sich, wie oben bereits geschildert, durch ihre Objektbezogenheit von Werten. Mit Einstellungen sind hier die kaum hinterfragten Überzeugungen von Individuen zu bestimmten Dingen gemeint. Einstellungen ergeben sich vor allem durch die primäre Sozialisation, d.h. durch Nachahmung werden relativ konkrete Einstellungen (im Gegensatz zu den vagen Wertvorstellungen) gelernt. Einstellungen werden u.a. von der Familie und der Peergroup vermittelt. Sie sind damit tief verwurzelte soziale Werte, die nicht so schnell geändert werden.

Politische Einstellung

Der Begriff der Einstellungen wird häufig in der Dimension der politischen Einstellung thematisiert und umfasst eine ganze Reihe von Faktoren: So wird in Umfragen häufig die generelle politische Tendenz der Befragten erhoben (‚Rechts' versus ‚Links'), aber auch die Parteipräferenzen. Weiterhin ist das generelle Interesse an Politik als politische Einstellung zu verstehen wie auch die Bereitschaft zur politischen Partizipation. Die politischen Einstellungen unterscheiden sich in der Regel von verschiedenen Werttypen (Maag 1991), wobei modernere (postmaterialistische) Wertetypen sich tendenziell stärker für Politik interessieren und häufiger nach ‚links' tendieren (siehe oben). Politische Präferenzen und das Wahlverhalten entstehen in der Regel in Kombination mit verschiedenen Faktoren, etwa der interpersonalen Kommunikation (Schmitt-Beck 2000). Die Indikatoren hierfür sind daher im engsten sozialen Umfeld einer Person zu suchen, vor allem in der Familie (hier insbesondere bei den Eltern und im Freundes-/Bekanntenkreis). Nach den Untersuchungen von Kohn (1981) geben Eltern Erfahrungen, die sie am Arbeitsplatz machen, an ihre Kinder weiter. Dadurch werden die Kinder auf Einstellungen und Lebensstile vorbereitet, denen ihre Eltern anhängen (z.B. konformistische oder autonome Vorstellungen).

Mitbestimmungsaffinität

Neben der politischen Einstellung ist in unserem Forschungskontext auch noch die Affinität zur Mitbestimmung relevant. Darunter verstehen wir, dass eine Person Tarifverträge oder Gewerkschaften als gesellschaftlich richtig und notwendig ansieht. Wie bereits oben geschildert, können wir davon ausgehen, dass Einstellungen sozial vermittelt werden. Liegt im sozialen Umfeld eine Nähe zu Interessenvertretungen und Mitbestimmung vor, so ist zu vermuten, dass sich hierauf bezogene soziale Vermittlungsprozesse ereignen, die sich auf die Einstellungen und Erwartungen einer Person auswirken. Sichtbar wird eine erhöhte Mitbestimmungsaffinität beispielsweise durch die Mitgliedschaft in einer Gewerkschaft.

3.2 Betriebliche und überbetriebliche Faktoren

Mit den betriebsbezogenen Faktoren sind jene Faktoren gemeint, die sich auf die konkrete Arbeitssituation im Betrieb beziehen. Dazu zählen unter anderem die Organisationskultur und organisationsstrukturelle Faktoren, wie etwa die Größe des Unternehmens, ob es vom Eigentümer persönlich geführt wird oder die Anbindung an Tarifverträge. Hinzu kommen überbetriebliche Faktoren, die sich nicht nur auf das jeweilige Unternehmen beschränken, sondern beispielsweise auch auf Unternehmen einer Branche übergreifen.

3.2.1 Organisations- und Interessenvertretungskultur

Wie Kotthoff[2] (1994) beschreibt, gehen mit der im Unternehmen gepflegten Kultur[3] oftmals sehr spezifische Sichtweisen des Personals auf Interessenvertretungen und Gewerkschaften einher. Auch die von Bosch (1997) beschriebenen Interaktionskulturen zwischen Betriebsräten und Management beeinflussen vermutlich die Sichtweise der Belegschaft. Hinzu kommt, dass – je nach Betriebsratstypus – zumeist eine mehr oder weniger starke Präsenz von Mitgliedern der Interessenvertretung und Gewerkschaftsmitgliedern auf dem ‚shopfloor' auch eine veränderte Sichtweise dieser Interessenvertretung zur Folge hat (ähnlich bei Lengfeld 2003). Zumal wenn man bedenkt, dass es gerade die Kommunikation der Vertretungsarbeit und weniger die Vertretungsarbeit an sich ist, die meinungsbildend wirkt (Holtrup 2005). Kotthoff differenziert in seiner qualitativen Studie von 1981 sowie in der Nachfolgestudie von 1994 sechs verschiedene Typen von Betriebsräten:

(1) Der ignorierte Betriebsrat,
(2) der isolierte Betriebsrat,
(3) der Betriebsrat als Organ der Geschäftsleitung,
(4) der respektierte zwiespältige Betriebsrat,

---

2 Kotthoff (1981, 1994) geht – im Gegensatz zu Holtrup (2008) – ebenfalls davon aus, dass Einschätzung der Betriebsratsarbeit durch die Beschäftigten im Betrieb relativ homogen ist.

3 Bei Kotthoff werden diese kulturellen Faktoren Sozialordnung genannt.

(5) der respektierte standfeste Betriebsrat und
(6) der Betriebsrat als kooperative Gegenmacht.

Er zeigt, dass gerade die defizitären Typen der Interessenvertretung (Typ 1-3) häufig in Betrieben anzutreffen sind, die vom Eigentümer geleitet werden. In diesen Betrieben findet sich ein patriarchaler und/oder autoritärer Führungsstil. Müller-Jentsch et al. (1998) haben in ihrer quantitativen Untersuchung vier Typen von Betriebsräten identifiziert:

(1) Der konventionelle bzw. formelle Betriebsrat,
(2) der engagierte Betriebsrat,
(3) der ambitionierte Betriebsrat und
(4) der Betriebsrat als Co-Manager.

Die empirische Studie von Piorr und Wehling (2002) basiert auf der Typologie nach Müller-Jentsch et al. (1998). Sie stellen dabei fest, dass ein Zusammenhang zwischen Betriebsratstyp und der Einführung von Gruppenarbeit existiert. Gruppenarbeit ist vorrangig in Unternehmen mit einem Betriebsrat als Co-Manager anzutreffen, weniger in Unternehmen mit einem konventionellen Betriebsrat. Minssen (1999) berichtet im Zusammenhang mit Gruppenarbeit von einem Empowerment der Beschäftigten, das soweit geht, dass man von einem dritten Partner im innerbetrieblichen Aushandlungsprozess sprechen kann. Diese direktere Einflussnahmemöglichkeit der Arbeitnehmer könnte wiederum die Erwartungshaltung gegenüber Betriebsräten beeinflussen. Auch bei der Einführung anderer Managementinstrumente ist ein Zusammenhang mit dem Betriebsratstyp festzustellen (Piorr/Wehling 2002). Wenn ein Zusammenhang zwischen Arbeitsorganisation und Betriebsratstyp besteht, ist ebenso ein Zusammenhang zwischen Erwartung und Betriebsratstyp bzw. Interessenvertretungstyp zu vermuten, da die Beschäftigten ihre Erwartungshaltung an dem kommunizierten Handlungsfeld der jeweiligen Interessenvertretung ausrichten. Da Erwartungen durch die Sozialisation in einer spezifischen Unternehmenskultur gelernt werden, beeinflusst der Faktor der Dauer der Betriebszugehörigkeit (eine Operationalisierung für die Dauer der Sozialisation in der jeweiligen Unternehmenskultur) auch die Erwartungen.

3.2.2 Organisationsstrukturelle Faktoren

Zentrale Differenzierungskategorien in der Organisationsforschung sind zum einen die Größe der Organisation und zum anderen die Tiefe der Hierarchie. Es ist zu vermuten, dass diese beiden Faktoren auch einen Einfluss auf die Erwartungen an Interessenvertretungen haben, da in kleinen Unternehmen mit wenig Hierarchiestufen Aushandlungen und Interaktionen weniger formalisiert ablaufen als in großen Unternehmen mit vielen Hierarchiestufen.[4] Weiterhin gilt zu beachten, dass gerade kleinere Betriebe in der Forschung eher vernachlässigt werden (Hilbert et al. 1999).

Als weiteren wichtigen Einflussfaktor identifizieren Lengfeld und Liebig (2002) die Art des Entlohnungssystems, da dies eines der Hauptverhandlungsgegenstände von Interessenvertretungen und Gewerkschaften (Flächentarifvertrag) ist, wobei Interessenvertretungen allerdings nur bei leistungsorientierten Löhnen Mitbestimmungsrechte besitzen. Im Hinblick auf Betriebsvereinbarungen zu Entlohnungsformen, Eingruppierungen oder Überstunden wird dies wahrscheinlich einen Einfluss auf die Erwartungshaltung der Mitarbeiter haben. Dies gilt ebenso für die dafür notwendigen Voraussetzungen, nämlich dass das Unternehmen einem Tarifvertrag überhaupt unterliegt sowie die Rechtsform, die die Art der Mitbestimmung reguliert. Zu den betriebsbezogenen Faktoren rechnen wir auch die wirtschaftliche Lage, in der sich das Unternehmen oder die gesamte Branche befindet, sprich die Umwelt des Unternehmens. Je nach finanzieller Situation des Unternehmens wird sich die Interessenlage der Beschäftigten ändern und damit auch die Erwartungshaltung den Interessenvertretungen gegenüber.

3.2.3 Überbetriebliche Faktoren

Zusätzlich zu den betriebsbezogenen Faktoren können wir auch noch globale oder überbetriebliche Einflussfaktoren benennen, die sich im Grunde auf alle Beschäftigten und alle Betriebe auswirken (Keller 2005a). Aus ökonomischen Forschungsansätzen sind beispielsweise unterschiedliche Ergebnisse über den Einfluss von Arbeitslosigkeit auf Mitgliedschaftsentscheidungen zu Gewerkschaften herausgearbeitet worden. Nach Bain und Elsheikh (1976) treten Arbeitnehmer einerseits bei steigender Arbeitslosigkeit verstärkt einer Gewerkschaft bei, um den Lebensstandard zu erhalten (threat effect). Andererseits werden hohe Lohnabschlüsse den Gewerkschaften positiv zugeschrieben und führen ebenfalls zur Reputation von Gewerkschaften (credit effect). Wenn diese Effekte Einfluss auf die Mitgliedschaftsneigung haben, dann vermutlich auch auf die Erwartungen gegenüber Interessenvertretungen. Wienemann (1989) zeigt einen ähnlichen Übertragungseffekt anschaulich am Beispiel des Ruhrgebietes, wo die strukturelle Schwäche eines Industriezweiges nachhaltig auch damit nicht direkt verbundene Wirtschaftszweige beeinflusst.

---

4 Dies gilt im Übrigen nicht nur für Unternehmen, sondern auch für die Organisation Gewerkschaft (Keller 2005a, 2005b).

4. Milieuforschung

Ziel unserer Studie ist es, Erwartungen verschiedener Milieus darzustellen. Aus diesem Grund wird im Folgenden auf den Diskurs der Milieu- bzw. Lebensstilforschung eingegangen. Der Ausgangspunkt soziologischer Forschung zu Milieus und Lebensstilgruppen ist die Beschreibung sozialer Ungleichheit. Verschiedene Ausprägungen sozialer Ungleichheit sind in der Vergangenheit in Form der Schichtengesellschaft bzw. als Schichtmodell typologisiert worden. Während in den vorindustriellen vorherrschenden Stände-, Kasten- und Klassengesellschaften Individuen qua Geburt dem jeweiligen Subsystem der Gesellschaft lebenslang zugeordnet wurden, sind der inter- und intragenerationale Aufstieg und Abstieg innerhalb der Schichtengesellschaft durchaus möglich. Endruweit (2000) versteht unter einer Schichtengesellschaft eine Gesellschaft,

> „... in der die Mitglieder sich in Gruppen vertikaler Ungleichheit nach einer Kombination verschiedener Konstitutionsmerkmale (= unabhängige Variablen) einstufen, so daß die Schicht eine abhängige Variable dieser Merkmale ist." (Endruweit 2000: 5)

Dieser an objektiven Kriterien orientierte Ansatz, wo Individuen die Kriterien ihrer Zuordnung zu den einzelnen Schichten bestimmen, wurde in der Vergangenheit selten verfolgt, weil die Vorstellungen durch den permanenten Wandel der Gesellschaft nur schwer abzubilden sind. Stattdessen wurde bislang ein subjektiver Ansatz der Schichtungsforschung gewählt. Dabei wird ein Kriterienkatalog nach Plausibilitätserwägungen entworfen, um die Gesellschaft zu untergliedern. Abstrakte Modelle unterteilen die Gesellschaft in eine Ober-, Mittel- und Unterschicht bzw. in eine jeweils obere, untere und mittlere Ober-, Mittel- oder Unterschicht. Diese, in den 1950er-Jahren und 1960er-Jahren vorgenommene Unterteilung, fand in Moore und Kleinings Salmiakpastille (Moore/Kleining 1960: 91), Boltes Zwiebelmodell (Bolte 1967: 316) und Dahrendorfs Häuschenmodell (Dahrendorf 1968: 105) Eingang. Zur Erhebung dieser Schichtmodelle wurden in der Vergangenheit überwiegend die Variablen Bildung, Beruf und Einkommen abgefragt. Insgesamt geht man in diesen Modellen davon aus, dass die Mitglieder der einzelnen Schichten ähnliche Wertvorstellungen, Interessen und Verhaltensweisen haben (Kotler/Bliemel 1992). Allerdings scheinen diese Variablen durch den Wandel der Gesellschaft in der Nachkriegszeit und der damit einhergehenden Individualisierung (Otte 2004), nicht mehr hinreichend zu sein, um gesellschaftliche Gruppen zu charakterisieren. Kroeber-Riel und Weinberg (2003) nennen vor allem die stärkere Berufstätigkeit der Frau, den zunehmenden Einfluss von Bezugsgruppen außerhalb der Familie, den Trend zu zeitweise dezentral lebenden Kernfamilien und den steigenden Anteil von Single-

Haushalten als Beispiele dieser tief greifenden Veränderungen. Darüber hinaus werden verschiedene Einflussfaktoren wie Alter, Region, Geschlecht und Religion im Schichtmodell nicht berücksichtigt.

Eine schichtenmäßige Homogenität führt, wie an diesen Beispielen deutlich wird, nicht zwangsläufig zu einheitlichen Meinungen, Interessen, Lebensstilen und Verhaltensweisen (Endruweit 1998). Seit den 1980er-Jahren wird zur Analyse sozialer Ungleichheit daher auf die Konstrukte Lebensstilgruppen und soziale Milieus zurückgegriffen. Soziale Milieus zeichnen sich durch tief verankerte gruppentypische Werthaltungen aus. Lebensstile dagegen ändern sich mitsamt ihrer Verhaltens- und Meinungsroutinen sehr viel schneller. Soziale Milieus gelten im Gegensatz zu Lebensstilen daher als dauerhafter (Hradil 1995). Lebensstilgruppen und soziale Milieus zeichnen sich dadurch aus, dass sie in sich möglichst homogen sind, sich voneinander aber möglichst stark unterscheiden.

4.1 Lebensstil

In Anlehnung an Müller (1992), Spellerberg (1995) und Klocke (1993) definiert Hradil (1995) den Begriff Lebensstil folgendermaßen:

> „Ein Lebensstil ist demnach der regelmäßig wiederkehrende Gesamtzusammenhang der Verhaltensweisen, Interaktionen, Meinungen, Wissensbeständen und bewertenden Einstellungen eines Menschen." (Hradil 1995: 46)

Geißler und Meyer (2006) verstehen unter Lebensstil ein

> „relativ stabiles, regelmäßig wiederkehrendes Muster der alltäglichen Lebensführung [welches ein] ... ‚Ensemble' von Wertorientierungen, Einstellungen, Deutungen, Geschmackspräferenzen, Handlungen und Interaktionen" (Geißler/Meyer 2006: 106)

aufweist. Schwerpunktmäßig beziehen sich Lebensstile auf den Freizeit- und Konsumbereich sowie auf das Familienleben, kulturelle Interessen und eher beiläufig auch auf Arbeit und Politik. Lebensstile sind dabei stark von verfügbaren Ressourcen, aktuellen Lebensformen, Moden und gegenwärtigen Lebenszielen der Individuen abhängig. Sie sind darüber hinaus auch identitätsstiftend und distinktiv, d.h. sie schaffen sowohl individuelle, als auch kollektive Identitäten, da sich Menschen oder Gruppen in bestimmten Mustern der Lebensführung wiedererkennen (Geißler 2006). Die Ursprünge der empirischen Erforschung von Lebensstilen sind in der anwendungsorientierten Marktforschung zu finden, die bereits seit den 1950er-Jahren bestrebt ist, Märkte zu segmentieren, um Personen mit ähnlichem Kaufverhalten zu identifizieren (vgl. Hartmann 1999: 49). Lebensstilmodelle haben sich im Laufe der Zeit zum dominierenden Ansatz zur Produktpositionierung, Zielgruppenanalyse und Bevölkerungssegmentierung etabliert (Otte 2004). Obwohl in diesen marktforschungsorientierten Ansätzen Individuen mit ähnlichem Kaufverhalten gruppiert werden sollen, greift dieser Ansatz auch auf demografische Variablen wie im Schichtmodell zurück (z.B. Alter, Familienstand, Schulbildung, Beruf etc.). Insgesamt lassen sich zwei Ansätze in der Marktforschung unterscheiden: demografische Segmentierung und psychografische Segmentierung (Hartmann 1999).

4.1.1 Demografische Segmentierung

Im Ansatz der demografischen Segmentierung werden die Konzepte des Familienzyklus (z.B. Wells/Gubar 1966; Murphy/Staples 1979; Gilly/Enis 1982; Wilkes 1995) und der sozialen Schicht zusammengeführt. Das Konzept setzt dabei demografische und sozioökonomische Charakteristika eines privaten Haushalts in einen zeitlichen Zusammenhang. Je nach Ansatz des Familienlebenszyklus (engl. Family-Life-Cycle, FLC) werden vier, sechs bzw. neun Phasen unterschieden. Wells und Gubar (1966: 362) unterscheiden folgende neun Phasen des Familienzyklus (vgl. Tab. 4).

Tab. 4: Familienzyklus

1 – Junggesellen- Stufe	Jung und allein lebend mit wenigen finanziellen Verpflichtungen, freizeitorientiert. Kaufen grundlegendes Mobiliar für die Wohnung, Autos und geben Geld für Urlaub aus.
2 – Frisch verheiratete Paare	Jung und ohne Kinder, höchste Kaufkraft und höchste durchschnittliche Ausgaben zum Kauf von Autos, Möbel, Haushaltsgeräten und für Urlaube.
3 – Volles Nest I	Jüngstes Kind ist unter sechs Jahre alt. Die Kaufkraft insgesamt niedrig. Lassen sich durch Werbung zum Kauf verführen.
4 – Volles Nest II	Jüngstes Kind ist über sechs Jahre alt. Die finanzielle Situation ist besser. Lassen sich weniger leicht durch Werbung zum Kauf verführen.
5 – Volles Nest III	Älteres verheiratetes Paar mit finanziell abhängigen Kindern (Ausbildung). Die finanzielle Situation ist besser. Nur sehr schwer durch Werbung beeinflussbar.
6 – Leeres Nest I	Älteres verheiratetes Paar ohne Kinder. Sehr zufrieden mit der finanziellen Situation und den finanziellen Rücklagen. Machen häufiger Geschenke. Kaufen eher Luxusgüter.
7 – Leeres Nest II	Älteres verheiratetes Paar ohne Kinder und der/die Hauptverdiener/in ist im Ruhestand. Drastische Einschnitte im Einkommen.
8 – Alleinlebender Hinterbliebener	In Arbeit, alleine lebend mit gutem Einkommen.
9 – Alleinlebender Rentner	Im Ruhestand, drastische Einschnitte im Einkommen. Spezielles Bedürfnis nach Aufmerksamkeit, Zuneigung und Sicherheit.

Quelle: Übersetzung nach Wells/Gubar (1966: 362)

Zentrale Einflussgrößen in diesen Modellen sind Familienstand, Alter, Anzahl der Kinder und Haushaltseinkommen. Allerdings können in diesem Modell keine modernen Lebensverhältnisse (z.B. Singlehaushalte, kinderlose Paare etc.) abgebildet werden. Gilly und Enis (1982) rücken daher von diesem traditionellen Familienbild ab und berücksichtigen in ihrem Modell beispielsweise auch Ledige und unverheiratete Paare:

Abb. 1: Familienzyklus

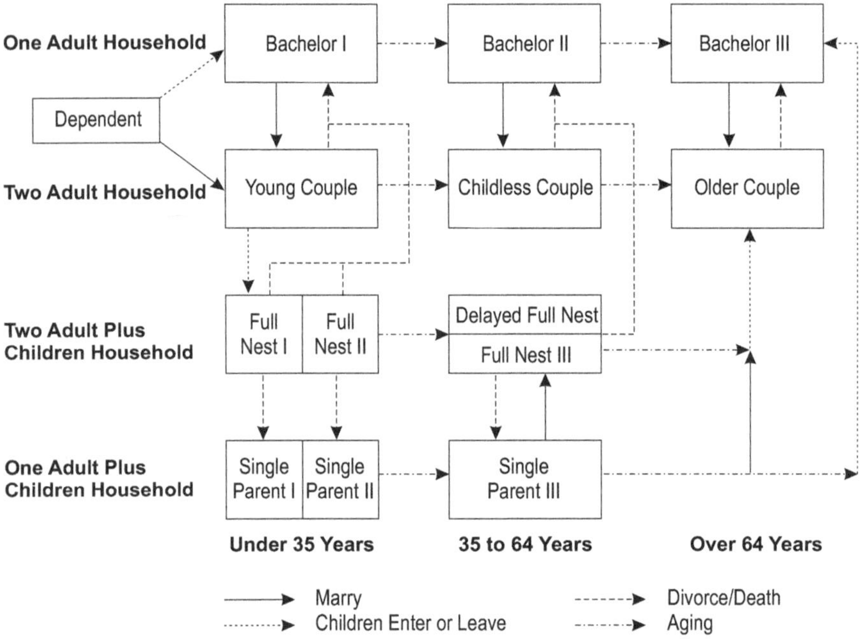

Quelle: Gilly/Enis (1982: 273)

Der Familienzyklus von Gilly und Enis (1982) gliedert die Konsumenten nach den Kriterien Alter, Familienstand im weiteren Sinne (auch verwitwet oder geschieden) sowie die Anzahl und das Alter der im Haushalt lebenden Kinder. Den einzelnen Phasen lässt sich tendenziell ein bestimmtes Konsumentenverhalten zuordnen. Ein verstärkter Drang zur Befriedigung persönlicher Bedürfnisse führt zu einem ausgeprägten Konsumverhalten junger Erwachsener. Gestärkt durch ein doppeltes Einkommen verstärkt sich die Konsumorientierung kinderloser Paare. In der Zyklusphase des ‚vollen Nests' steigen zwar die Ausgaben durch Kinder, allerdings reduziert sich das vorhandene Familieneinkommen sehr stark durch den Wegfall eines zuvor berufstätigen Partners. Für unsere Studie ist dieser FLC-Ansatz insofern wichtig, als dass wir im Hinblick auf die jeweiligen Erwartungen und im Hinblick auf die Repräsentativität Beschäftigte in verschiedenen Zyklusstufen ausreichend berücksichtigen (z.B. Singles, Doppelverdiener, Familien mit kleinem Kind oder kleinen Kindern, Alleinerziehende, Familien mit älteren Kindern etc.). In den Phasen ‚volles Nest' werden vermutlich andere Erwartungen an die Interessenvertretung gestellt als in den Phasen ‚leeres Nest', da jeweils andere Sicherheitsbedürfnisse und damit jeweils andere Alternativoptionen vorliegen. Eine Wirkung, die Lebensstilen zugeschrieben wird, ist ihr Potenzial zur Vergemeinschaftung, d.h. Menschen orientieren sich an den symbolhaltigen Lebensstilen ihrer Mitmenschen (Otte 2004; Hitzler et al. 2008) und entwickeln somit potenziell ähnliche Erwartungen – auch an Interessenvertretungen.

4.1.2 Psychografische Segmentierung

Zu den Ansätzen der psychografischen Segmentierung gehören der AIO-Ansatz (Wells/Tigert 1971), der VALS-Ansatz (Mitchell 1985) und die Euro-Socio-Styles der GfK zur Zielgruppenbestimmung für die strategische Marketingplanung. Der AIO-Ansatz (activities, interests, and opinions) wurde von Wells und Tigert (1971) entwickelt. Zugrunde gelegt wird die Auffassung, dass die Nutzung eines Produkts nicht ein isoliertes Verhalten darstellt, sondern der Ausdruck eines Musters von Geschmacksaspekten und Werten darstellt (Hartmann 1999). Conrad und Burnett (1990) erstellen mit Hilfe des AIO-Ansatzes Life-Style-Indikatoren, die auf den Items zu den Feldern Freizeit, Grundorientierungen, sozialem Leben, Interessen (Musik, Themen, Gruppen), Arbeit, Familie, Stilpräferenzen (Wohn- und Kleidungsstil), Konsum, Politik und Outfit basieren. Georg (1998) führt eine Sekundäranalyse der 1990 in Deutschland erhobenen Daten (n = 2.000) von Conrad und Burnett durch und reduziert die zwölf Typen von Conrad und Burnett zu sieben Lebensstiltypen. Diese umschreibt er mit sieben Kategorien (Georg 1998: 144ff.; vgl. Tab. 5).

Neben dem Erfassen von Einstellungen und Meinungen wird im AIO-Ansatz versucht, aus dem Verhalten der Befragten auf Stile und mentale Muster zu schließen (Hartmann 1999). Wie in den Ausführungen schon deutlich wird, dienen Lebensstiltypologien hauptsächlich als Marketing- und Beratungsinstrumente, so dass diese für unsere Forschungszwecke an gewisse Grenzen stoßen.

4.1.3 Grenzen

Die Grenzen der Lebensstil-Ansätze liegen zum einen darin, dass Familienzyklus-Modelle hauptsächlich in den USA entwickelt wurden und auf die dortigen Verhältnisse zugeschnitten sind. Einschränkungen für die Übertragbarkeit des

Ansatzes von Gilly und Enis (1982) konnten beispielsweise van Rooyen und du Plessis (2003) für südafrikanische Verhältnisse nachweisen. Redondo-Bellón et al. (2000) konnten in ihrer Metastudie ebenfalls aufzeigen, dass in den anglo-

Tab. 5: AIO-Ansatz Life-Styles

Typ 1: kulturbezogen-asketisch	Interesse an gehobener Kultur, an Wissenschaft und Politik, Vorliebe für Aktivurlaub und bewegungsbezogenen Sport, starke Arbeitsorientierung mit Verzicht auf ‚Überflüssiges' (geringe Bedeutung für Kleidung), dezente Körperinszenierung, relative jung (Durchschnitt 34 Jahre), gut qualifizierte Männer und Frauen.
Typ 2: Selbstdarstellung und Genuss	Hang zum Genuss, eine auf Vergnügen und Sozialkontakte bezogene Freizeitgestaltung, ausgeprägtes prestigeträchtiges Repräsentationsbedürfnis, Hang zur Selbstinszenierung und Selbstdarstellung (avantgardistischer Wohnstil und extravagante Freizeitkleidung), vorwiegend Frauen (75%) mit gutem Einkommen und überdurchschnittlicher Bildung.
Typ 3: prestigebezogene Selbstdarstellung	Prestigebezogene Außenwirkung (antikonventioneller Wohnstil und Outfit nach neuestem Trend), Stilunsicherheiten, nur durchschnittliches Einkommen und Qualifikation, häufig beengtes Wohnen.
Typ 4: hedonistisch-expressiv	In der Freizeit dominieren expressive, auf Selbstdarstellung und Geselligkeit abzielende Aktivitäten, Vorliebe für Rock- und Popmusik, modern Jazz, Kino und Computer, Geld gilt als Voraussetzung für Lebensqualität, man trägt auffällige oder sportlich-legere Kleidung, insbesondere junge Personen (Durchschnittsalter: 25), mittlere Bildung, häufig Ledige und Singles.
Typ 5: familienzentriert	Zurückhaltung bei Selbstdarstellung, Freizeitinteressen sind auf praktische und nützliche Tätigkeiten und kleinen Vergnügen in und mit Familie hin ausgerichtet, triviale Unterhaltung (Volksmusik, Schlager, Operette), vor allem Frauen (73%), mittleren Alters und einfacher Bildung, meist verheiratet und Mütter.
Typ 6: zurückhaltend-passiv	Zurückhaltung im zwischenmenschlichen Umgang, unauffällige Kleidung, traditionelles Essen, konventionelle Gemütlichkeit (plüschige Sitzgarnitur, Schrankwand etc.), Freizeitinteressen vor allem Autos, Sport, Basteln; vor allem Männer (69%) fortgeschrittenen Alters, verheiratet, manuelle Berufe und unterdurchschnittliches Einkommen.
Typ 7: zurückhaltend-konventionell	Zurückhaltung und Distanz, sparsamer Konsumstil, klassisch-konservative Kleidung, einfaches Essen, Freizeit mit häuslichen Tätigkeiten und außerhäuslicher Entspannung (Einkaufbummel, Spazieren u.ä.), häufiger Kirchenbesuch, Mitgliedschaften in Vereinen; weibliches Pendant zur Typ 6 und unter Älteren (durchschnittlich über 60), einfache Bildung.

Quelle: In Anlehnung an Georg (1998: 144ff.)

amerikanischen Modellen einige Familientypen, die für Spanien charakteristisch sind, nicht berücksichtigt werden können. Für Spanien ist es beispielsweise interessant, ob die Kinder über oder unter sechs Jahre alt sind sowie die Berücksichtigung von weiteren Personen (z.B. Großeltern), die oftmals in der häuslichen Gemeinschaft wohnen. Zum anderen wird der Lebensstilforschung oftmals die bereits oben angedeutete Theorielosigkeit bzw. eine mangelnde Verknüpfung von Empirie und Theorie vorgeworfen. Häufig gibt es methodische Probleme bei der Operationalisierung des Konstrukts Lebensstil sowie Schwierigkeiten bei der Vergleichbarkeit und Replikation von Typologien. Darüber hinaus fehlt dem Lebensstilkonzept zusätzlich die Anbindung an andere Sozialstrukturkonzepte (Otte 2004).Vor allem die soziologische Forschung zu Lebensstilen ist nicht an bestimmten individuellen Lebensstilen interessiert, sondern vielmehr daran interessiert, wie sich Lebensstile in der Gesellschaft wiederfinden, d.h. es interessieren hier die „Muster der Muster“ (Geißler 2006: 107). Daher rekurrieren wir im Folgenden auf das Konstrukt der sozialen Milieus.

4.2 Soziale Milieus

Durch soziale Milieus werden Gruppen Gleichgesinnter zusammengefasst,

> „... die gemeinsame Werthaltungen und Mentalitäten aufweisen und auch die Art gemeinsam haben, ihre Beziehungen zu Mitmenschen einzurichten und ihre Umwelt in ähnlicher Weise zu sehen und zu gestalten.“ (Hradil 1995: 46)

Nach Schulze sind soziale Milieus definiert als „Personengruppen, die sich durch gruppenspezifische Existenzformen und erhöhte Binnenkommunikation voneinander abheben“ (Schulze 1992: 174). Unter Existenzformen versteht Schulze invariante psychische Dispositionen, alltagsästhetische Schemata, Weltbilder, politische Grundhaltungen, eingeschliffene Handlungsmuster; aber auch Beruf, Einkommen, Alter und Bildungsverlauf.

> „Ein Milieu kann verstanden werden als soziale Gruppe, die in Fragen der Lebensentwürfe und gelebten Lebensformen, der angestrebten Vergnügungen, der politischen Grundhaltungen, der Freizeitformen und Konsumweisen sowie weiterer Aspekte des Alltagslebens ein hohes Maß an Einheitlichkeit aufweisen.“ (Diaz-Bone 2003: 365)

Lebensstil ist demnach ein Merkmal unter vielen anderen, welches Individuen in sozialen Milieus auszeichnet. Der Milieuansatz wird den Konzepten von Schicht und Klasse entgegengestellt, d.h. an die Stelle von wenigen vertikal angeordneten gesellschaftlichen Gruppen tritt die Idee von mehreren ethischen und ästhetischen Grundhaltungen, die nicht allein auf sozioökonomische Merkmale zurückführbar sind. Die Zugehörigkeit zu einem sozialen Milieu beruht demnach weniger auf (objektiven) sozioökonomischen Merkmalen, sondern auf den (subjektiven) gemeinsamen Sichtweisen und Geschmäckern. Nach der Milieutheorie sind diese Lebensstile wirkmächtiger für die Analyse sozialer Wirklichkeit als sozialökonomische Merkmale allein (Diaz-Bone 2004). Soziale Milieus zeichnen sich daher durch eine Mehrdimensionalität (Bourdieu 1982) aus. Der Fokus sozialer Milieus richtet sich auf die Betonung einer gemeinsamen Mentalität, Wertorientierung und Einstellung zu Arbeit, Familie bzw. Partnerschaft, Freizeit und Vergemeinschaftung. Trotz gemeinsamer Vorlieben, muss die Gemeinschaft den Mitgliedern des Milieus nicht unbedingt bewusst sein. Nach dem Milieuansatz sind die Unterschiedlichkeiten der Lebensstile bedeutsamer als die unterschiedlichen sozio-ökonomischen Lebensbedingungen. Damit ist aber auch ausgesagt, dass ein Milieu – im Gegensatz zu einer Klasse – im Laufe der Biografie gewechselt werden kann. Individuen können somit Auf- und Abstiege, aber auch Querentwicklungen erleben. In der Milieu-Forschung wird zudem die Wechselwirkung zwischen Handlung und Struktur betont: „Menschen formen soziale Milieus, soziale Milieus formen Menschen“ (Schulze 1992: 169).

Methodisch werden Milieus mit Hilfe qualitativer Exploration zur Entdeckung der verschiedenen Milieus und quantitativer Messinstrumente (Cluster- bzw. Faktorenanalyse) zur Bestimmung der Größen- und Zuordnungen sowie der Verfeinerung der Gruppengrenzen erforscht. Mit Hilfe des Milieuinstrumentes wird ein Modell entwickelt, welches auf einer zweidimensionalen Landkarte die Milieus projiziert (Diaz-Bone 2004). Zu den in Deutschland bekanntesten Milieustudien zählen die SINUS-Studie, das Milieu-Modell nach Schulze (1992) und die Modelle von Vester et al. (1993, 2009), die ein eigenes Milieu-Modell entwickelt haben.

Die SINUS-Milieustudien, die privatwirtschaftlich durchgeführt werden, basieren auf etwa 1.000 narrativen Interviews die Ende der 1970er Jahre erhoben wurden. Darauf aufbauend wurde 1981 erstmals ein Fragenkatalog von 45 standardisierten Fragen entwickelt, um die Zuordnung zu Milieus zu ermöglichen. Die Ergebnisse werden immer wieder aktualisiert, so dass die SINUS-Typologie zeitvergleichend dargestellt werden kann. Die Milieu-Landkarte wird durch die beiden Dimensionen soziale Schicht (Alter, Bildung und Beruf) und grundlegende Wertorientierung (von traditionell bis postmodern) gebildet. Die bundesrepublikanische Gesellschaft wird im SINUS-Modell in zehn Milieus differenziert, die sich nach verschiedenen Einflussfaktoren unterscheiden, die sich aber auch überschneiden.

Der größte Kritikpunkt an SINUS ist die Intransparenz, d.h. die unvollständige Nachvollziehbarkeit und mangelnde Replizierbarkeit der Ergebnisse, da der Zuweisungsalgorithmus als Betriebsgeheimnis gilt (Otte 2004).

> „Die,Formel' für die Milieuzuordnung ist für dieses Institut damit das Äquivalent zur ‚Coca-Cola-Formel'. (Bekanntlich sichert die Geheimhaltung des Rezepts für die koffeinhaltige Limonade durch die US-amerikanische Firma dieser die marktbeherrschende Stellung.) Methodische Informationen nicht zugänglich zu machen, ist insgesamt eine feldtypische Strategie." (Diaz-Bone 2004: 10)

Zudem bestehen die Achsen nicht nur aus zwei Dimensionen, sondern auf der X-Achse sind mehrere – nicht unbedingt in Relation stehende – Dimensionen zu finden.

Abb. 2: Beispielbeschreibung für ein SINUS-Milieu

Postmaterielle 10%

Lebenswelt:

- Die Postmateriellen sind überwiegend hochgebildet, kosmopolitisch und tolerant. Gewöhnt, in globalen Zusammenhängen zu denken, setzen sie sich kritisch mit den Auswirkungen von Übertechnisierung und Globalisierung auseinander. Höchster Wert ist die Lebensqualität des einzelnen.
- Sie haben großes Vertrauen in ihre eigenen Fähigkeiten und gehen souverän mit beruflichen Herausforderungen um. Sie wollen Erfolg im Beruf – aber nicht um jeden Preis.
- Ihre postmateriellen Ansprüche richten sich auf die Entfaltung ihrer individuellen Bedürfnisse und Neigungen, auf das Schaffen von Freiräumen für sich und auf mehr Zeitsouveränität.
- In hohem Maße sind sie interessiert an Literatur, Kunst und Kultur. Weiterbildung ist ein lebenslängliches Thema, weil sie sich mehr über Intellekt und Kreativität definieren als über Besitz und Konsum.
- Ihr Lebensstil ist umwelt- und gesundheitsbewusst (Balance zwischen Körper, Geist und Seele). Sie schätzen subtile Genüsse, die durchaus einen hohen Preis haben dürfen. Überflüssigen Konsum lehnen sie aber ab. Nach dem Motto „weniger ist mehr" kaufen sie selektiv und mit hoher Kennerschaft.

Soziale Lage:

- Breites Altersspektrum – von Anfang 20 bis zur Generation der „jungen Alten"; häufig größere Haushalte mit Kindern
- Hohe bis höchste Formalbildung (Abitur, Studium)
- Qualifizierte und leitende Angestellte und Beamte, Freiberufler, Studenten
- Hohes Einkommensniveau

Quelle: SINUS (2010)

Neben den SINUS Milieus gibt es noch die sozialen Milieus, wie sie Schulze (1992) beschreibt. Schulze (1992) hat in seiner großen Untersuchung fünf Milieus gefunden, die auf 1.000 standardisierten Interviews basieren, welche im Jahre 1985 in Nürnberg durchgeführt wurden. Durch seine Untersuchung lässt sich das Alltagshandeln von Akteuren in drei Schemata einordnen: Hochkultur, trivial und Spannungsschema. Diese werden je nach Milieu unterschiedlich stark beansprucht. Daraus leitet Schulze folgende fünf Milieus ab (1992: 165):

(1) Das Selbstverwirklichungsmilieu,
(2) das Unterhaltungsmilieu,
(3) das Niveaumilieu,
(4) das Integrationsmilieu und
(5) das Harmoniemilieu.

Die Milieus differenzieren sich nach Schulze hauptsächlich durch die Bildung und das Alter.

Abb. 3: Milieus nach Schulze

<table>
<tr><th rowspan="2">Bildung</th><th colspan="2">Alter</th></tr>
<tr><th>unter 40 Jahre</th><th>über 40 Jahre</th></tr>
<tr><td>hoch</td><td rowspan="2">Selbstverwirklichungsmilieu</td><td>Niveaumilieu</td></tr>
<tr><td rowspan="2">mittel</td><td rowspan="2">Integratiosmilieu</td></tr>
<tr><td rowspan="2">Unterhaltungsmilieu</td></tr>
<tr><td>niedrig</td><td>Harmoniemilieu</td></tr>
</table>

Quelle: Schulze (1992: 384)

Ein weiteres Modell sind die sozialen Milieus von Vester (2009). Er differenziert folgende Milieus nach Berufsgruppen und Wertvorstellungen (siehe Abb. 4):

Die *konservativen Arbeitnehmer,* die eher aus kleinbürgerlichen Verhältnissen stammen, sehen die Gesellschaft in einer hierarchischen Form und erwarten starke Führung. Gewerkschaften und Betriebsräte werden als nützlich angesehen, aber nicht leidenschaftlich unterstützt. Die *modernen Arbeitnehmer* repräsentieren die kleinen autonomen Handwerker, Bauern und Facharbeiter. Sie schätzen familiale Solidarität und eine aktive Interessenvertretung. Die *unterprivilegierten Arbeitnehmer* zeichnen sich durch geringe Ausbildung aus. Sie sind zwar überdurchschnittlich in Gewerkschaften organisiert, aber selten selber aktiv. Zusätzlich differenziert Vester die oben genannten bürgerlichen Milieus in das *Bildungsmilieu,* das *Managementmilieu* und das *Avantgardemilieu.*

4.3 Grenzen

Die Vorstellung natürlich vorhandener Milieus führt in der Milieu – aber auch in der Lebensstilforschung – oftmals zu einer wissenschaftlich nicht begründeten Typologie. Insgesamt haben bisherige sozialwissenschaftliche Milieumodelle

Abb. 4: Milieus nach Vester

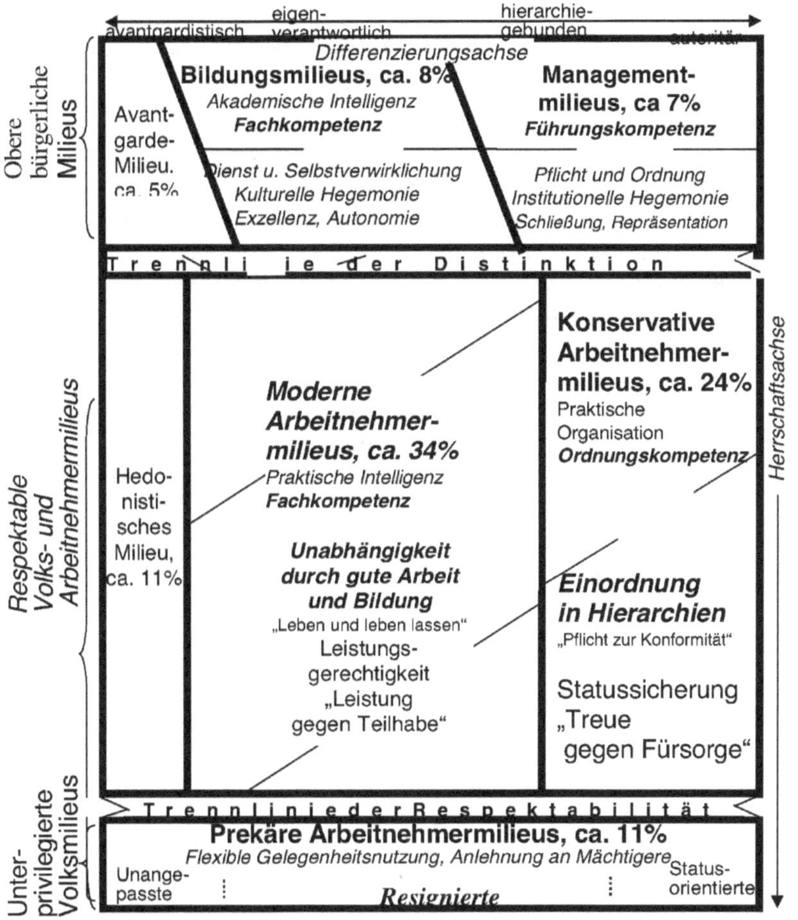

Statistische Grundlage der Milieuprofile: Repräsentative Erhebung (n=2.699) der deutschsprachigen Wohnbevölkerung ab 14 Jahre 1991 (nach: M. Vester u a., Soziale Milieus im gesellschaftlichen Strukturwandel, Frankfurt a.M. 2001); Umformulierung der Milieubezeichnungen aufgrund der Neuauswertung der Erhebung in: W. Vögele u.a. (Hg.), Soziale Milieus und Kirche, Würzburg 2002; Hochrechnung auf die Milieugrößen von 2003 (nach: Sigma - Sozialwissenschaftliches Institut für Gegenwartsfragen, Die sozialen Milieus in der Verbraucheranalyse, www.sigma.online.de v. 22.9.2003).

M. Vester (Konzept) / D. Gardemin (Grafik) – agis Universität Hannover - 2008

Quelle: Vester (2009: 22)

nach wie vor die Schwäche, dass (1) die Achsen oftmals kein Kontinuum darstellen und darüber hinaus (2) die Anordnung der Milieugruppen im Schaubild keinen objektiven Kriterien im Hinblick auf Lage, Ausdehnung und Form genügt. Die Konstruktion von Lebensstil- und Milieu-Typologien sollte sich daher stärker an den empirischen Methoden orientieren. Schnell, Hill und Esser (1999) verstehen unter einer Typologie eine „mehrdimensionale Tabelle, die durch die Kombination aller Kategorien zweier oder mehrerer Variablen entsteht" (Schnell et al. 1999: 162f.). Die Bestimmung der Dimensionen sollte theoriebasiert und nicht empiriebasiert sein, d.h. die Darstellung der Ergebnisse sollte dementsprechend transparent sein. Privatwirtschaftlich organisierte Institute haben natürlich ein Interesse an Intransparenz sowie ihr Milieumodell als Standard zu etablieren und dieses zu monopolisieren.

> „Denn mit dem Zurückhalten wichtiger Informationen zur methodischen Vorgehensweise (Milieuzuordnung, Stichprobendesigns etc.) werden wissenschaftliche Gütekriterien wie Intersubjektivität (Objektivität), Nachvollziehbarkeit (Verfahrensdokumentation) bezogen auf die Milieuerhebung und die Milieuinterpretation für eine wissenschaftliche Öffentlichkeit unterminiert oder sind für sie nicht mehr bewertbar." (Diaz-Bone 2004: 11)

Im Rahmen unserer quantitativen Studie werden wir die Prämissen und Gütekriterien der Sozialforschung (z.B. Kromrey 2002; Lamnek 1995) einhalten und die Dimensionen unserer Milieulandkarte entsprechend transparent machen. Festhalten lässt sich an dieser Stelle allerdings schon einmal, dass die Ergebnisse bisheriger Forschung zu sozialen Milieus und Lebensstilgruppen nahe legen, dass die Ausprägung von Milieus und Lebensstilen sehr eng mit bestimmten soziodemografischen Eigenschaften (z.B. Alter, Bildungsniveau, soziale Herkunft, Geschlecht und Einkommen) zusammenhängen. Die traditionelle Schichtstruktur löst sich in diesem Sinn nicht auf; sie wird aber in sich vielfältiger und dynamischer.

Im Folgenden wird es darum gehen, Erwartungsmilieus sowie Einflussfaktoren auf die Erwartungen an Interessenvertretungen qualitativ und quantitativ zu untersuchen.

Empirie

5. Methodisches Vorgehen

Ansätze empirischer Forschung bewegen sich oftmals im Spannungsverhältnis zwischen qualitativen und quantitativen Erhebungsmethoden. Während in der Vergangenheit aufgrund der gespaltenen Lager in quantitative und qualitative Sozialforscher sich beide Ansätze gegenseitig ausgeschlossen haben (Inkompatibilitätsthese), erfahren methodenintegrierende Verfahren in letzter Zeit zunehmende Bedeutung. Qualitativ angelegte Forschung beschreibt in der Regel wenige Fälle und setzt auf eine tiefe und weniger auf eine breite Informationsbasis, wie dies bei quantitativ angelegter Forschung der Fall ist. Der Forschungsablauf und die Wahl der Methode wurden im Rahmen unserer Studie vom Forschungsgegenstand und nicht von der Theorie abhängig gemacht. Aus diesem Grund wird zur Beantwortung der forschungsleitenden Frage ein methodenintegrierendes Verfahren zugrunde gelegt. Von methodischer Seite wurde ein Mixed-Methods-Ansatz (Cresswell/Plano Clark 2007; Plano Clark/Cresswell 2008) gewählt, welcher sich in diesem Forschungsvorhaben als eine Synthese eines sequentiell explorativen und eines sequentiell erklärenden Forschungsdesigns charakterisieren lässt. Das Forschungsdesign unserer Studie ist daher in zwei Hauptsequenzen gegliedert (siehe Abb. 5).

Abb. 5: Mixed-Methods-Design der Studie

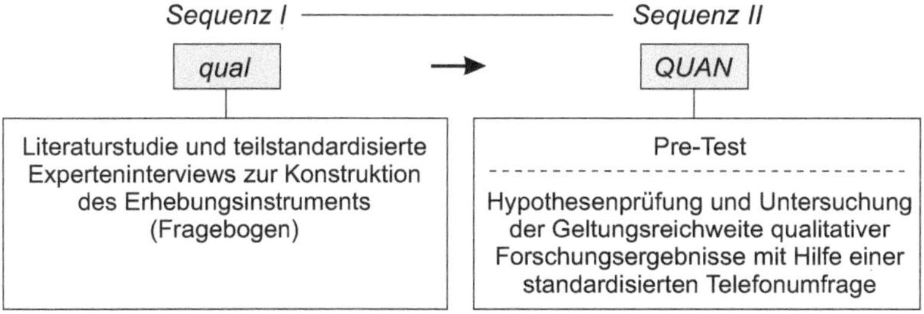

Eigene Darstellung

Weil das Forschungsvorhaben in einigen Bereichen Pionierarbeit leisten musste, bot sich zunächst eine explorative Sequenz zur Erforschung der Erwartungen an Interessenvertretungen an. Innerhalb dieser ersten Forschungssequenz wurde eine intensive Literaturstudie durchgeführt. Auf der Grundlage dieser Literaturstudie wurde ein Leitfaden erstellt (siehe Anhang), um das Forschungsfeld qualitativ zu explorieren. Die Konkretisierung im empirischen Feld diente neben der Verfeinerung der Hypothesen auch zur Entwicklung eines Erhebungsinstruments, welches die verschiedenen Einflussfaktoren auf die Erwartungen an Interessenvertretungen berücksichtigte und das Forschungsvorhaben im Rahmen einer quantitativen Untersuchung auf eine breitere Informationsbasis stellte. Die Hypothesenprüfung erfolgte daher in der zweiten Forschungssequenz mit Hilfe eines standardisierten Fragebogens, der das Herzstück der Empirie bildet und daher zuvor einem Pre-Test unterzogen wurde. Nachfolgend wird detailliert auf die beiden Forschungssequenzen und deren Ergebnisse eingegangen.

6. Qualitative Exploration

Wie in den Ausführungen zuvor deutlich wurde, sind Erwartungen von abhängig Beschäftigten an ihre Interessenvertretungen als soziologischer Gegenstand bisher nicht erschöpfend erforscht worden. Aus diesem Grund bietet sich die Wahl einer qualitativen Methode an, um diesen Gegenstand im Rahmen von Interviews mit abhängig Beschäftigten und Mitgliedern von Interessenvertretungen näher zu explorieren. Da hier alle Möglichkeiten von Erwartungen abhängiger Beschäftigten erfasst werden sollten, konnte auch nicht der Weg eingeschlagen werden, dass aus dem gesetzlichen Auftrag der Interessenvertretungen die Erwartungen abgeleitet werden können. Die gesetzlichen Aufgaben sind vielen abhängig Beschäftigten nicht bekannt und es werden auch stark davon abweichende Erwartungen geäußert, die zu Enttäuschungen führen und damit den weiteren Lernprozess für zukünftige Erwartungen beeinflussen. Aus diesem Grund konnten die Erwartungen nicht deduktiv abgeleitet werden, sondern mussten in einer qualitativen Vorerhebung erfasst werden.

6.1 Methodisches Vorgehen

Unsere Datenerhebung in Form qualitativer Interviews entspricht dem Typus des problemzentrierten Interviews nach Witzel (2000). Im Mittelpunkt der Interviews stehen vor allem die Erfahrungen, Wahrnehmungen und Reflexionen der Befragten zu den Erwartungen an Interessenvertretungen. Bedingt durch die Tatsache, dass es relativ wenig Forschung zu diesem Thema gibt, konnte die Vorgehensweise deshalb nur beschränkt deduktiv sein. Hauptsächlich wurde die Untersuchung induktiv angelegt, um ein offenes Ohr für die Erwartungen der Beschäftigten an ihre Interessenvertretung zu haben. Im problemzentrierten Interview werden zwar offene Fragen gestellt, dennoch weist diese Methode einen deutlich höheren Strukturierungsgrad als narrative Interviews auf. Das problemzentrierte Interview wird daher der Kategorie halbstandardisierter Interviews zugeordnet und ein Leitfaden dient in der Regel dazu, die Inhalte für die Interviewsituation vorzustrukturieren.

Unser Leitfaden gliederte sich in zwei Teile, d.h. in einen ersten sehr offenen erzählungsgenerierenden Teil und einen zweiten Teil, in dem unsere theoretischen Annahmen anhand einiger vorformulierter spezifischer Fragen überprüft werden sollten. Im induktiven Teil gaben lediglich der Gegenstand Betriebsrat bzw. Personalrat und die Erwartungen an den Betriebsrat bzw. Personalrat den einleitenden Erzählstimulus. Weitere Ad-hoc-Fragen wurden mit dem Ziel einer allgemeinen Sondierung der subjektiven Problemsicht spontan gestellt. Im zweiten eher deduktiven Teil wurden theoretische Annahmen aus den Studien von Holtrup (2008) und Kotthoff (1997) als Leitfragen entwickelt und im Interview thematisiert, sofern sie im ersten Teil nicht bereits angesprochen wurden (vgl. Flick 2007: 210ff.). Hierunter fallen die *advokatorische Funktion* (z.B. ‚Würden Sie Ihren Betriebs-/Personalrat zu Gesprächen mit Vorgesetzten, der Geschäftsleitung oder der Personalabteilung hinzuziehen?'), die *Informationsfunktion* (z.B. ‚Welche Informationen erwarten Sie von Ihrem Betriebs-/Personalrat?'), die *Ordnungs- und Partizipationsfunktion* (z.B. ‚An welchen Entscheidungen (der Geschäftsleitung) im Unternehmen sollte Ihr/ein Betriebs-/Personalrat beteiligt werden?'), die *Funktion als Tarifakteur* (z.B. ‚Was erwarten Sie von ihrem Betriebs-/Personalrat in Bezug auf Ihre Entlohnung und auf Ihre Arbeitszeit?').

Die Interviews wurden in Teilen transkribiert und einzelne, weniger relevante Passagen wurden paraphrasiert. Die Auswertung der Mitschriften erfolgte nach Prinzipien der qualitativen Inhaltsanalyse nach Mayring (2003) mit den drei Grundformen des Interpretierens, d.h. Zusammenfassung, Explikation und Strukturierung (vgl. Flick 2007: 410ff.).

6.2 Sample

Insgesamt wurden 29 Interviews mit abhängig Beschäftigten geführt. Zusätzlich wurden vier Interviews mit Betriebs- bzw. Personalräten verwirklicht, um eine ganzheitliche Sicht auf das Forschungsobjekt zu gewährleisten. Das Sample wurde mit der Unterstützung von ver.di und einigen Unternehmen, die bereits aus anderen Forschungskontexten bekannt waren, realisiert. So konnte gewährleistet werden, dass der Zugang zu den befragten Personen sowohl über die Arbeitnehmerseite als auch über die Interessenvertretungen vermittelt wurde. Eine Voreingenommenheit der so ausgewählten Interviewpartner machte sich jedoch in keinem Fall bemerkbar. In den Interviews wurde sowohl Kritik an der jeweiligen Interessenvertretung als auch an der Geschäftsführung geäußert und das unabhängig davon, wie der Kontakt zustande kam.

Wie Keller und Schnell (2005) zu Recht bemängeln, wurden in der Vergangenheit Untersuchungen zumeist in zentralen Branchen der Privatwirtschaft durchgeführt. In unserem Sample wurden daher nicht nur abhängig Beschäftigte der Privatwirtschaft, sondern auch Beschäftigte im öffentlichen Dienst befragt. Die Befragten sollten darüber hinaus nach Möglichkeit verschiedene (Aus-)Bildungshintergründe aufweisen, aus unterschiedlich großen Betrieben stammen und gemischten Alters sein. Aus den theoretischen Vorüberlegungen lassen sich folgende Kategorien für die Bildung von Erwartungen als relevant ableiten: Betriebsgröße, Qualifikation, Alter und Geschlecht. Außerdem wurde zwischen öffentlichem Dienst und Privatwirtschaft unterschieden. Das sich daraus ergebende theoretisch geleitete Sampling sah wie folgt aus:

Im Sample der abhängig Beschäftigten befinden sich 15 Personen mit einer abgeschlossenen Lehre, fünf Personen mit einem Meister oder Technikergrad sowie neun Interviewte mit einem Hochschulabschluss. Drei Personen gehören der Altersgruppe bis 30 Jahren an, 18 waren zwischen 31 und 50 Jahren alt und acht der interviewten Personen waren älter als 51 Jahre. Insgesamt arbeiteten zwölf Personen in Betrieben mit weniger als 100 Mitarbeitern und 17 Personen in Betrieben mit mehr als 100 Mitarbeitern. Von den Interviewten arbeiteten elf Personen im öffentlichen Dienst und 18 in der Privatwirtschaft. 13 Personen waren weiblich und 16 Interviewte männlich. Damit konnte ungefähr sichergestellt werden, dass bei den Interviewten alle relevanten Kategorien abgedeckt waren. Die Interviews fanden im Zeitraum November 2008 bis Januar 2009 statt. Damit konkrete Erwartungen an Interessenvertretungen vonseiten der Interviewten genannt werden konnten, hatten alle Betriebe in denen die Interviews durchgeführt wurden, einen Betriebs- oder Personalrat. Denn ein gewisses Maß an Erfahrung mit Interessenvertretungen stellt sicher, dass überhaupt Erwartungen an die jeweilige Interessenvertretung formuliert werden können.

Im Folgenden werden die Ergebnisse der qualitativen Inhaltsanalyse vorgestellt.

6.3 Ergebnisse

Die Auswertung der 29 Interviews mit den abhängig Beschäftigten hat – zum Teil entgegen den Annahmen im deduktiven Teil – vier Kategorien an Erwartungen zu Tage gefördert. Diese lassen sich grob in die Hauptkategorien *Weitergabe von Informationen, persönliche Unterstützung, kollektives Sprachrohr* und *Kontrolle* fassen. Die vier Erwartungsdimensionen kreisen dabei um die klassischen Aufgaben und Themen der Interessenvertretungsarbeit und lassen sich als Dreischritt der Partizipationsarbeit im Betrieb beschreiben: Der erste Schritt ist die *(1) Weitergabe von Informationen,* d.h. es wird erwartet, dass Interessenvertretungen ihre Mandanten top-down über Pläne und Positionen der Geschäftsführung informieren. In einem zweiten Schritt sollten sich Interessenvertretungen um die eigentliche Regulierung der artikulierten und unter Umständen gegensätzlichen Interessen bemühen, es muss also verhandelt werden. Die Regulierung von Interessen wird als (Haupt-)Aufgabe von Interessenvertretungen erwartet und lässt sich in individuelle Interessenregulierung in Form von *(2) persönlicher Unterstützung* und kollektive Interessenregulierung als *(3) Sprachrohr der Belegschaft* unterteilen. Die Sprachrohrfunktion ist – wenn man so will – die Umkehrung der Informationsfunktion, indem Bottom-up-Kritik und Vorschläge der Belegschaft in die Leitungsebene getragen werden. Wird eine Vereinbarung getroffen, so erwarten die Beschäftigten im dritten Schritt die *(4) Kontrolle* der Geschäftsführung durch die Interessenvertretung, so dass die Einhaltung von Vereinbarungen, aber auch von Gesetzen, gewährleistet ist.

Die inhaltsanalytische Auswertung ergab weitere inhaltliche Kategorien, welche die Erwartungen an Interessenvertretung nicht direkt betreffen, sondern eher als Faktoren charakterisiert werden können, die die Eintrittswahrscheinlichkeit der Erfüllung der Erwartungsdimensionen beeinflussen. Hier haben die Befragten Aspekte beschrieben, die zum einen grundsätzliche persönliche Eigenschaften betreffen und zum anderen Aspekte, die das Verhältnis der Interessenvertretung zur Geschäftsleitung charakterisieren sollen. Diese Aspekte beeinflussen gewissermaßen die Erfüllung der vier Erwartungsdimensionen. Darüber hinaus können wir realistische von unrealistischen Erwartungen differenzieren. Diese Unterscheidung ergibt sich zwar nicht aus den Erwartungen an sich, ist aber dennoch wichtig, da Erwartungen erfüllt oder enttäuscht werden können und daraus wiederum ein Lerneffekt entsteht. Unrealistische Erwartungen können von Interessenvertretungen kaum erfüllt werden und führen zu Enttäuschung und Frustration auf beiden Seiten. Unrealistische Erwartungen unserer Interviewpartner resultieren meistens aus einer Überschätzung des Machtpotenzials der Interessenvertretung, aus konträren persönlichen Präferenzen der Erwartungssteller oder aus Unkenntnis des Betriebsverfassungsgesetzes. Der Lerneffekt aus enttäuschten Erwartungen spielt bei den Erwartungsmilieus später eine Rolle und soll deshalb hier aufgegriffen werden, auch wenn diese Kategorie sich nicht aus den Erwartungen selbst ergibt, sondern eine von außen herangetragene Einschätzung ist. Die Ausdifferenzierungen der vier Hauptkategorien sowie unrealistische Erwartungen werden in den folgenden Abschnitten detailliert beschrieben.

6.3.1 Weitergabe von Informationen

Ein Teil der Erwartungen, welche die Befragten häufig und oftmals bereits im offenen Teil des Interviews nannten, bezieht sich auf den Aspekt der Weitergabe von Informationen. Erwartet wird vor allem, dass die Interessenvertretung den innerbetrieblichen Kommunikationsfluss gewährleistet und insbesondere die Belegschaft über wichtige Aspekte informiert. Hier werden vor allem Informationen in wirtschaftlicher Hinsicht erwartet. Neben der wirtschaftlichen Lage des Betriebs werden vornehmlich Informationen über leistungsorientierte Bezahlung, Informationen über Sparpläne sowie über die im Betrieb verhandelbaren Lohnkomponenten genannt (z.B. Prämien und Weihnachtsgelder, die Eingruppierung einzelner Beschäftigter oder Beschäftigungsgruppen in spezielle Entgeltstufen). Insgesamt soll die Interessenvertretung die „Übersicht über finanzielle Sachen im Blick behalten“ (IP28) und diese Informationen auch gegenüber der Belegschaft transparent machen. Informationen dieser Art werden von den Befragten vor allem immer dann erwartet, wenn es aus ihrer Sicht Probleme gibt und die Informationslage als unzureichend empfunden wird. In diesem Fall wird erwartet, dass die Interessenvertretung für Transparenz im Betrieb sorgt und die Beschäftigten mit Informationen versorgen soll „bevor man sie aus der Presse erfährt" (IP18). Über diese innerbetrieblichen Informationen hinaus, die eher top-down an die Interessenvertretung vermittelt werden, erwarten viele der Befragten auch Informationen über die Pläne ihrer Interessenvertretungen selbst, denn „der Betriebsrat muss transparent sein", betont beispielsweise IP27. Unter dem Gesichtspunkt Transparenz der eigenen Arbeit der Interessenvertretung lassen sich weitere Aussagen subsumieren: So zum Beispiel IP17, der fordert, dass seine Interessenvertretung nicht „im stillen Kämmerlein mit den Arbeitgebern irgendwas verhandelt, entscheidet und dem Arbeitnehmer das dann hinterher vorlegt". Er möchte, dass seine Interessenvertretung der Belegschaft seine Beweggründe darlegt und Rücksprache hält. IP20, scheinbar nicht gut über die Interessenvertretung informiert, bringt seine Erwartung auf den Punkt:

> „Wenn mich jemand vertritt, dann muss auch ich wissen: Was hat der denn für eine Meinung überhaupt? Wie steht er zu dieser Firma? Wie steht er zu seinen Kollegen? Wie ist er überhaupt?"

IP3 erwartet, „dass man darüber informiert wird, was die so treiben". Darüber hinaus können sich die Informationserwartungen auch auf Standpunkte und Themen der Betriebsratsarbeit beziehen, z.B. „über das, was erreicht wurde und was auf der Agenda steht" (IP11).

Neben den innerbetrieblichen Informationen werden Informationen zu verschiedenen überbetrieblichen Aspekten erwartet. Die Interessenvertretung wird hier als Vermittler von überbetrieblichen Informationen vorwiegend aus den Bereichen Tarif und Arbeitsrecht gesehen und soll beispielsweise über den „aktuellen Stand von Tarifverhandlungen" (IP14) und über „tarifliche Änderungen" (IP12) informieren. Nur vereinzelt werden konkrete Informationen zu Gewerkschaften erwartet.

Darüber hinaus wird nicht nur erwartet, dass die Interessenvertretung als Informationsvermittler inner- und überbetrieblich agiert, die Erwartungen beziehen sich auch auf die Dosierung und die Aktualität der Informationen sowie auf die Nutzung verschiedener Kommunikationskanäle. Die Erwartungen zur Dosierung der Informationen sind jedoch heterogen verteilt: Während IP16 über „alles was im Haus passiert" informiert werden möchte, beklagt sich eine andere Angestellte derselben Organisation über das zu hohe Maß an Informationen und erwartet eine Reduktion: „Nicht wie jetzt, dass man eine Papierflut kriegt" (IP18). So schlägt IP25 vor, dass die Interessenvertretung Informationen vorher sammelt und filtert. Einigen der Befragten kommt es auf die richtige Dosierung an, d.h. die Interessenvertretung soll zwar für Transparenz sorgen, jedoch Informationsüberflutung vermeiden. Idealtypisch soll die Kommunikation mit der Belegschaft durch Sprechstunden oder Betriebs- bzw. Personalversammlungen sichergestellt werden.

6.3.2 Persönliche Unterstützung

Die Kategorie der persönlichen Unterstützung lässt sich wiederum in drei Ausprägungen unterteilen: generelle Unterstützung, die Hilfe der Interessenvertretung wird nur als letzter Ausweg aufgesucht oder die Interessenvertretung wird unter gar keinen Umständen konsultiert. Weiterhin werden zwei Arten der Unterstützung genannt: Beratung und Anwesenheit (als Vertreter oder als Mediator). IP6 erwartet beispielsweise von seiner Interessenvertretung, dass

> „wenn innerbetriebliche Probleme auftreten, ich irgendwelche Schwierigkeiten habe, ob mit Vorgesetzten, mit Kollegen oder mit der Geschäftsführung, dass man da Beratung bekommt, Unterstützung, Hilfestellung."

IP6 beschreibt hier zwei Facetten der individuellen Interessenregulierung, die ein erstes Unterscheidungsmerkmal bieten: Einige interviewte Personen erwarten lediglich Beratung und möchten sich anschließend selbst vertreten, andere Personen hingegen verlangen eine Beratung und die Anwesenheit der Interessenvertretung in Gesprächsrunden mit den beteiligten Konfliktpartnern, weil „es einfach besser ist, wenn noch mal zwei Ohren mehr da sind" (IP13). Die individuelle Unterstützung vonseiten der Interessenvertretung wird insbesondere dann in Anspruch genommen, wenn es „wirklich hart kommt" (IP8) und es um Kündigungen oder Abmahnungen geht. Einige der Befragten, die die Interessenvertretung als letzten Ausweg betrachten, würden ihren direkten Vorgesetzten als Streitschlichter der Interessenvertretung vorziehen. Des Weiteren wurde über Fälle der Unterstützung und Vermittlung der Interessenvertretung bei individuellen Konflikten berichtet, z.B. über die Eingruppierung in die Tarifgruppen, über Tätigkeitsinhalte, Arbeitsorganisation oder auch im Falle von Mobbing. Lediglich fünf der 29 Befragten würden in Konfliktfällen ihre Interessenvertretung außen vor lassen, zwei davon aufgrund negativer Erfahrungen mit ihrer Interessenvertretung in der Vergangenheit. Einen klassischen Fall eines individuellen Interessenkonfliktes mit der Geschäftsleitung schildert IP1. Ihr wurde vonseiten der Geschäftsführung Arbeitsverweigerung unterstellt, weshalb sie eine Abmahnung erhielt. Daraufhin hat IP1 sich Hilfe suchend an ihre Interessenvertretung gewandt. Ihre Interessenvertretung hat IP1 in dem besagten Fall nicht weiterhelfen können, woraufhin IP1 ihren Rechtsschutz eingeschaltet hat. Auf diesem Wege wurde der Arbeitnehmerin Recht zugesprochen. Nun äußert sie, dass sie sich in Zukunft in solchen Fällen auf keinen Fall mehr an ihre Interessenvertretung wenden würde.

6.3.3 Sprachrohr der Belegschaft

Ein weiteres Betätigungsfeld von Interessenvertretungen ist die Regulierung von kollektiven Arbeitnehmerinteressen, um der Belegschaft Gehör zu verschaffen, d.h. der Informationsfluss soll auch bottom-up durch die Interessenvertretung sichergestellt werden. Durch die Bottom-up-Kommunikation mit Hilfe der Interessenvertretungen wird ein Grundbedürfnis der Beschäftigten sichergestellt, nämlich, „dass die Belegschaftsmeinung mit in Entscheidungen der Geschäftsleitung einfließt“ (IP4). Diese Erwartung wird von zehn Personen als elementarer Bestandteil der Interessenvertretung genannt. IP23 erwartet ähnliches, und zwar „dass er [der Betriebsrat] einfach mal ein Ohr [dafür] hat, wenn Probleme da sind und die Probleme vielleicht auch mal nach oben weiter gibt“. Ein weiterer Grund für die Sprachrohrfunktion ist die Reichweite des Themas. Wenn es viele Mitarbeiter betrifft oder interessiert, dann meint IP12, dass seine Interessenvertretung für die größeren Probleme im organisatorischen Kontext zuständig sein soll:

> „Es kommt da wahrscheinlich auch auf das Thema an, oder auf das Problem. Wenn das weitreichender ist, was eventuell auch andere Kollegen beschäftigen könnte, dann wäre ich klar der Meinung, dann ist es nicht mein Ding, sondern das des Betriebsrats.“

Viele Beschäftigte erwarten, dass die Interessenvertretung vor allem Mitspracherechte, bezogen auf Gruppen- oder Gesamtinteressen, wahrnehmen soll. Diese erwartete kollektive Interessenregulierung soll sich vor allem auf die Themen Arbeitsorganisation und Arbeitskonditionen erstrecken. Die im Bereich Arbeitsorganisation genannten Erwartungen betreffen die Themen Gesundheit, Arbeitssicherheit, Arbeitsplatz (vor allem Mitspracherecht zu Bildschirmarbeitsplätzen) und Arbeitsumfeld (z.B. Gestaltung Kantine, Parkplatznutzung etc.) und decken sich größtenteils mit den im Betriebsverfassungsgesetz festgelegten Mitbestimmungsrechten. Die meisten der hier genannten Erwartungen, dass die Interessenvertretung als Sprachrohr der Belegschaft fungieren soll, beziehen sich allerdings auf die Arbeitskonditionen, also auf das Entgelt und die Arbeitszeiten. Hier gehen die Erwartungen der Befragten teilweise recht weit auseinander, je nachdem, wie ihr Wissensstand über Interessenvertretungen und ihre Abgrenzung zu Gewerkschaften ist. Diese Erwartungen widersprechen dann zum Teil auch dem BetrVG bzw. LPersVG und dem dualen System der Arbeitsbeziehungen, auf die wir im Abschnitt unrealistische Erwartungen näher eingehen. In Sachen Bezahlung wollen viele Beschäftigte schlicht und ergreifend „mehr Geld“ (IP24), allerdings fast immer auch mit der Einschränkung, dass es dem

Betrieb nicht schaden solle: „so viel, wie eben geht“ (IP24). Konkrete Erwartungen treten erst bei vereinzelt genannten greifbaren Problemlagen auf, die dann zum Gegenstand kollektiver Regelungen werden. Das kann im Privaten sein, wo durch eine schwere Krankheit in der Familie die Arbeitszeitflexibilisierung zum Thema wird und bei dem man Unterstützung durch die Interessenvertretung erwartet. Aber auch im Beruflichen rückt beispielsweise der Aspekt der Lohngerechtigkeit in den Fokus, wenn es eine Vielzahl von unterschiedlichen Arbeitsverträgen gibt, die dazu führen, dass es bei gleicher Arbeit zu Unterschieden in der Bezahlung kommt:

> „Es gibt verschiedene Zeitzuschläge, es gibt verschiedene Urlaubsgeldregelungen, es gibt Hausverträge, es gibt Tarifverträge. Es gibt alles Mögliche an Verträgen. Und dass es eben einheitlich ist, so dass eben unter den Mitarbeitern auch eine gute Stimmung herrscht, weil man weiß, alle verdienen in etwa das Gleiche.“ (IP26)

6.3.4 Kontrolle

Am Ende eines betrieblichen Interessenregulierungsprozesses steht idealerweise eine Betriebsvereinbarung. Dies kann eine erzwingbare oder eine freiwillige Betriebsvereinbarung[1] sein. Für bestimmte betriebliche Regulierungsgegenstände sieht das BetrVG ein Mitbestimmungsrecht für Interessenvertretungen vor. Finden Interessenvertretung und Geschäftsführung zu diesen Regelungsgegenständen keinen Kompromiss, so wird die Einigungsstelle eingeschaltet, welche dann einen Schiedsspruch ausspricht. Für die nicht mitbestimmungspflichtigen Themen können freiwillige Vereinbarungen getroffen werden – sofern die Geschäftsführung sich dazu bereit erklärt. Zu Bereichen, die in Tarifverträgen geregelt sind, also vor allem Entlohnung und Arbeitszeiten, dürfen keine Betriebsvereinbarungen geschlossen werden, es sei denn, dies wird explizit durch eine Öffnungsklausel im Tarifvertrag zugelassen. Die Umsetzung dieser Vereinbarungen obliegt dem Arbeitgeber, weshalb die Erwartungskategorie Kontrolle vermehrt von den abhängig Beschäftigten aufgeführt wird. Unter dem Motto „Vertrauen ist gut, Kontrolle ist vielleicht besser“ (IP29) lassen sich einige Aussagen subsumieren, wie auch die von IP18, die meint, dass eine Interessenvertretung der Unternehmensleitung auf die Finger schauen soll, so „dass es hier mit dem Arbeitgeber nicht aus dem Ruder läuft, dass nicht jeder machen kann was er will“. Die Nachfrage nach Kontrolle durch die Interessenvertretung bleibt solange latent, bis der Betrieb in Schwierigkeiten kommt. Die Kontrollerwartung bezieht sich vor allem auf kollektive Regulierungsgegenstände (z.B. Dienstvereinbarungen oder Einhaltung von Gesetzen).

---

1 Äquivalent im öffentlichen Dienst: Dienstvereinbarung.

Abb. 6: Übersicht der Erwartungsfunktionen an Interessenvertretung

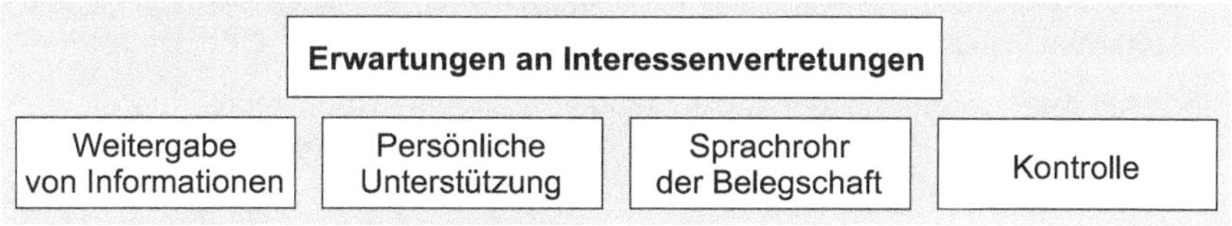

6.3.5 Einflussfaktor persönliche Eigenschaften

Wie bereits oben erläutert, ergab die inhaltsanalytische Auswertung – neben den vier konkreten Erwartungsdimensionen – weitere inhaltliche Kategorien, die als Einflussfaktoren zu verstehen sind. Hierbei handelt es sich um Aspekte der persönlichen Eigenschaften, die gewissermaßen die Eintrittswahrscheinlichkeit der Erfüllung der Erwartungsdimensionen beeinflussen. Interessenvertretungen sollen bestimmte persönliche Eigenschaften und Kompetenzen mitbringen, um ihre Ziele letztendlich zu erreichen. Dazu zählen fachliche Kompetenzen, aber auch soziale Kompetenzen und Umgangsformen, die je nach Beziehungspartner variieren. Besonders oft werden die Beziehungskompetenzen zur Belegschaft und zur Geschäftsführung thematisiert, während Beziehungskompetenzen zu den Gewerkschaften eher selten genannt werden.

In fachlicher Hinsicht wird immer wieder genannt: „... dass der oder die schon auf dem Level des aktuellen Standes ist, der letzten Nachrichten oder Tarifabschlüsse oder TVÖD ist“(IP13) oder auch schlicht: „Fachlichkeit ist eigentlich das A und O“ (IP27). Um dieses Wissen zu erhalten, soll sich der Personalrat in diesem Fall weiterbilden, damit „... er auf dem Laufenden bleibt“ (IP13). Seltener und meist nur von Personen, die einen sehr guten Einblick in die Arbeit von Interessenvertretungen haben, wird auch zugestanden, dass man als Interessenvertretung nicht alles wissen kann:

> „Ich kann von niemandem erwarten, dass er alles aus dem Personalrecht wirklich aus dem Effeff beherrscht und auf jede individuelle Problemlage wirklich sofort und spontan wahnsinnig präzise reagieren kann. Dann erwarte ich von einem Personalrat, dass er dann sagt: Pass mal auf, sagt mir jetzt im Moment nicht so viel. Man muss auch nicht alles wissen, man muss nur wissen wo es steht. Wenn wir uns übermorgen noch mal unterhalten, dann kann ich dir helfen.“ (IP 16)

Die Interessenvertretung soll sich, wenn sie nicht weiter weiß, Hilfe von den Gewerkschaften einholen:„Dass man sich unter Umständen auch nicht zu schade dafür ist, Hilfe zu holen, dann bei Gewerkschaften, wenn man sich der Sache nicht sicher ist“ (IP14). Neben den harten Fakten sollte der Betriebsrat in diesem Fall auch die wirtschaftliche Lage des Unternehmens im Auge behalten:

> „Man muss Firmenverständnis haben. Wo der Hase hinläuft, im Groben – nicht in der Feinheit. Weil sonst gibt es Probleme. Man muss das ja irgendwie abschätzen können. Da muss der Betriebsrat dann Gedanken rein stecken." (IP20)

Die fachliche Expertise in der Gesetzgebung und dem Arbeitsrecht sind die entscheidenden Aspekte für die Lösung von Interessenkonflikten, welche nachfolgend als Beziehungskompetenzen beschrieben werden.

Insgesamt wird auf eine Zusammenarbeit „auf drei Ebenen, die sehr intensiv miteinander arbeiten, d.h. Chefetage, Betriebsrat und Belegschaft" (IP29) Wert gelegt. Dabei soll die Interessenvertretung ein Gegengewicht zur Geschäftsführung bilden und die Mitarbeiter auch miteinander verbinden. Einer der wichtigsten Aspekten – im Sinne von meistgenannten Aspekten der Form der Arbeit von Interessenvertretungen – ist die Präsenz und Ansprechbarkeit:

> „Die Leute müssen ansprechbar sein. Und das nicht nur innerlich, das müssen sie nach außen tragen. Dieses Signal an die Beschäftigten, wirklich zu sagen: Kommet zu mir, die ihr müde und beladen seid." (IP16)

Ein offenes Ohr haben und feste Sprechzeiten werden genannt, vor allem aber auch, dass die Interessenvertretungsmitglieder sich Zeit nehmen, mit den Mitarbeitern über ihre Probleme zu sprechen.

Interessenvertretungen sollen sich in diesem Kontext persönlich vorstellen und auf die Belegschaft zugehen. Gerade von Beschäftigten, die wenig über die Mitbestimmungsarbeit wissen oder nicht darin involviert sind, wird dies häufiger genannt:

> „Vielleicht so auf die Leute zugehen, dass auch solche Leute wie ich, die wenig Interesse an diesen Dingen haben, dann irgendwann auch mal besser Bescheid wissen oder auch Interesse mal daran finden." (IP10)

Die Forderung nach Eigeninitiative kommt häufiger zur Sprache, oftmals bleibt diese Forderung etwas unspezifisch „dass er von sich aus auf die Arbeiter zugeht" (IP8). Viele Befragte gaben auch an, dass es ihnen wichtig sei, dass es einen guten zwischenmenschlichen Kontakt zu den Mitgliedern der Interessenvertretung gibt:

> „Funktion ist nicht wichtig, sondern dass es nette, offene Kollegen sind. Kollegialität als Basis für eine Arbeitszufriedenheit und für ein Vertrauensverhältnis. Da ich zum Personalrat gehe, wenn ich etwas auf dem Herzen habe [...]. Der Personalrat muss auch ehrlich interessiert sein." (IP16)

Persönliche Motive und fehlende Rollentrennung zwischen der Rolle als Mitarbeiter und der Rolle als Interessenvertretung werden sehr negativ gesehen, d.h. die Interessenvertretung soll alles in allem uneigennützig agieren:

> „Jemand geht in den Personalrat, weil er das als seine Aufgabe sieht und nicht erst mal um sich selbst zu helfen, sondern seinen Kolleginnen und Kollegen zu helfen.“ (IP16)

Auch sollte die Person neutral im Sinne persönlicher Beziehungen zu den Kollegen sein:

> „Der Betriebsrat soll sich nicht nur um Kollegen kümmern und für die was durchsetzen, weil die ihm genehm sind oder wie auch immer, ja. Es soll nicht nach Sympathie oder Antipathie gehen. Was bei uns in der Einrichtung sehr stark ausgeprägt ist.“ (IP27)

Ein Vertrauensverhältnis zur Interessenvertretung ist notwendig, besonders wenn dieses nicht existiert bzw. durch bestimmte Ereignisse gestört wurde. Viele der Befragten wenden sich an ihre Interessenvertretung, um nicht persönlich mit der Geschäftsführung verhandeln zu müssen. In so einem Falle soll die Angelegenheit anonym und diskret behandelt werden:

> „Also ich brauch eine spezielle Dienstvereinbarung, die ungünstiger weise nur beim Chef abgelegt ist, was nicht sein sollte, weil die für uns alle zugänglich sein muss bzw. der Betriebsrat müsste die haben, hat er jetzt auch Dank mir, haha [lacht] und dass das der Betriebsrat einfach an den Chef weitergeleitet hat: Mitarbeiterin so und so braucht das und das – das kann einfach nicht sein, weil der Chef da schon vorab etwas weiß. So etwas darf einfach nicht passieren.“ (IP 13)

6.3.6 Einflussfaktor Beziehungen zur Geschäftsführung

Interessenvertretungen sollen hinsichtlich ihrer Beziehung zur Geschäftsführung einerseits fachlichkompetent sein (siehe oben), d.h. um bestimmte Erwartungsdimensionen durchzusetzen, bedarf es zunächst einmal Wissen darüber, was möglich ist, um der Geschäftsführung auf Augenhöhe entgegentreten zu können und zusätzlich bedarf es eines gewissen Verhandlungsgeschicks. Interessenvertretungen sollen sich in der eigenen Weiterbildung engagieren, angefangen von allgemeinen Fortbildungsaktivitäten bis hin zum Erwerb spezieller fachlicher Kompetenzen. Ein Interviewpartner aus einem mittelständischen Betrieb ging explizit auf die Vorbildung ein, damit die Interessenvertretung dem Arbeitgeber auf gleicher Augenhöhe begegnen kann:

> „Er muss eigentlich geschult sein, was den Umgang mit dem Arbeitgeber angeht. Als Otto-Normal-Angestellter oder Arbeiter kommt man gegen eine solche Hierarchie nicht an, also muss man dem entsprechend [...] gebildet sein, in dem Sinne, dass man geschult ist, weil sonst machen die Herren [die Geschäftsführung] was sie wollen und man kommt nicht dagegen an.“ (IP20)

Hier wird sehr deutlich das Bild einer fachlich gebildeten Interessenvertretung gezeichnet, die eben diese Ausbildung braucht, um in der täglichen Auseinandersetzung mit der Geschäftsführung vertretungswirksam zu sein. Viele der Befragten betonen auch eine gewisse Durchsetzungsstärke der Interessenvertretung gegenüber der Geschäftsführung: „Dass er das Gesamte im Blick hält. Aber auch wirklich in Konfrontation gehen kann und sich auch durchsetzt“ (IP28). Diese Durchsetzungsstärke wird teilweise relativiert, beispielsweise mit: „Natürlich nicht mit der Pistole an der Brust“ (IP27) und oft auch anerkennend ergänzt: „Also das erfordert schon Geschick“ (IP27). Interessenvertretungen sollen

> „Positionen erkennen können und unter Umständen mit Charme und Kompetenz die dann auch vorbringen können, ohne dabei allen auf die Füße zu treten und die eigene Position vielleicht auch noch zu untergraben. Ich denke da gehört viel Fingerspitzengefühl dazu, aber auch das Bewusstsein, dass man irgendwo auch Macht hat.“ (IP14)

Um diese potenzielle Macht gegenüber der Geschäftsführung auszuspielen, sollten Interessenvertretungen mit mehreren Mitgliedern „als Einheit“ (IP26) gegenüber der Geschäftsführung auftreten.

Insgesamt wird in den Interviews deutlich, dass die Beschäftigten eine starke, aber kompromissbereite Interessenvertretung bevorzugen. Die Interessenvertretung soll kein „rotes Tuch Verhältnis“ (IP7) zur Geschäftsführung pflegen, d.h. die Geschäftsführung nicht grundsätzlich als einen Feind behandeln, sondern soll „als verantwortungsvoll arbeitender Betriebsrat die Geschäftsführung mit ins Boot nehmen, und [die Geschäftsführung] mehr als Kooperationspartner [betrachten], ohne den es nun mal tatsächlich nicht läuft“ (IP1). Ebenfalls häufig genannt wird, „dass er die Rechte der Mitarbeiter richtig vertritt und kooperationsbereit ist“ (IP28) und auch „offen und ehrlich, klar. Zumindest versuchen, immer im Gespräch zu bleiben und erst einmal versuchen, die Sachen mit Kompromissen zu erreichen, was letztendlich dann im Interesse beider Parteien steht“ (IP29). Darüber hinaus sollten Interessenvertretungen flexibel auf die Erfordernisse im Betrieb reagieren können und im Zweifelsfalle im Sinne des Betriebswohles agieren. Oft schwingt auch die Angst vor dem Arbeitgeber mit:

> „Ein guter Betriebsrat kämpft für die Interessen der Mitarbeiter, ist aber nicht ganz so stur, dass er die Interessen des Arbeitgebers vergisst. Mit einer Konfrontation kommt man vielleicht einmal durch. Aber das nächste Mal, wenn es der Firma schlechter geht und der Arbeitgeber dann am längeren Hebel sitzt, dann holt er die Keule raus. Dann kommen alle nicht weiter. Mit Gewalt ist es eigentlich nie gut. Ein Kompromiss, bei dem jeder miteinbezogen wird, ist dann ein gerechter Kompromiss, weil dann der Interessenausgleich geschaffen wird.“ (IP7)

Aggressivere Interessenvertretungen werden oft als schlecht für den Betrieb empfunden, implizit aber auch deshalb, weil sich diese mit ihren Forderungen in der Vergangenheit nicht durchsetzen konnten. Insgesamt überwiegt sehr stark, dass die Interessenvertretung mit der Geschäftsführung zusammenarbeiten und

Lösungen erarbeiten soll, die am Gemeinwohl aller orientiert sind. Mitarbeiter haben durchaus das Wohl des Betriebes, der gewissermaßen auch ‚ihr Betrieb' ist, im Sinn, wenn sie über ihre Interessenvertretung sagen, dass sie „auch gut fundiert ist. Also wirklich sachorientiert und objektiv ist, also nicht nur Sachen versucht einzufordern, die eigentlich der Einrichtung am Schluss wieder schaden" (IP28). Die Schwierigkeit der Arbeit von Interessenvertretungen liegt dann auch darin, den Mittelweg zwischen Stärke und Kompromiss zu finden:

> „Der Eine hat also diese Ansicht, der Andere die andere Ansicht, also müssen wir einen Mittelweg finden. Aber halt eben sich so weit wegdrängeln zu lassen, dass also der Andere oben sich mehr durchdrückt, das ist also das Problem." (IP25)

Beim Thema Beziehungen zu den Gewerkschaften zeigt sich ein zwiespältiges Bild. Wenn die Meinungen zu den Gewerkschaften eher negativ sind, soll sich die Interessenvertretung eher von der Gewerkschaftsmeinung distanzieren und stärker eine auf den lokalen Betrieb zugeschnittene Interessenpolitik vertreten. Liegen diese negativen Meinungen oder Erfahrungen bei den Mitarbeitern nicht vor, soll die Interessenvertretung gute Kontakte zu den Gewerkschaften pflegen. In diesem Fall soll die Interessenvertretung die Gewerkschaft im Streitfalle auch mobilisieren und um Rat fragen können. Darin liegt jedoch auch ein Stolperstein für die Interessenvertretungen und Gewerkschaften: Da die Interessenvertretung die Mitarbeiter ‚nur' beraten, aber im Streitfall vor Gericht nicht professionell vertreten kann und die Gewerkschaften die Dienste eines Gewerkschaftsanwaltes nur ihren Mitgliedern (im Gegensatz zu den Tarifabschlüssen) zur Verfügung stellen, wird oft in einem solchen Falle mit Unverständnis reagiert, wenn die Interessenvertretung vor Ort sagt, man könne einen Anwalt nur für Gewerkschaftsmitglieder zur Verfügung stellen.

6.3.7 Unrealistische Erwartungen

Die Erwartungen der Interviewten an die Interessenvertretungen zeigen, dass diese oft mit überhöhten oder unerfüllbaren Erwartungen vonseiten der Beschäftigten konfrontiert sind und die im Falle einer Enttäuschung auch zu einem negativen Bild führen können. Wenigen Befragten ist die Schwierigkeit ihrer Erwartungen deutlich geworden. Gerade die Unwissenheit zu den Inhalten der Interessenvertretungsarbeit führt vereinzelt zu unrealistischen und kaum zu realisierenden Erwartungen. Zum einen kennen sich viele Beschäftigte nicht genau im Betriebsverfassungsgesetz aus und unterscheiden nicht zwischen den Ebenen der industriellen Beziehungen auf überbetrieblicher Ebene, d.h. der Gewerkschaft, und auf innerbetrieblicher Ebene, d.h. der Interessenvertretung. Zum anderen sind die Anforderung zur Durchsetzung der Erwartungsdimensionen – insbesondere was die persönlichen Eigenschaften der Interessenvertretungen betrifft – normativ sehr stark überhöht.

Vor allem was die Informationserwartung betrifft, kristallisieren sich zwei Typen unrealistischer Erwartungen heraus: Das erste Dilemma resultiert aus der Erwartung, welche die Interessenvertretung aufgrund von gesetzlichen oder anderen Restriktionen nicht erfüllen darf oder kann. Konkret erwarten die Befragten von ihren Interessenvertretungen Informationen, die diese jedoch unter Umständen aufgrund der Geheimhaltungspflicht laut § 79 Abs. 1 des Betriebsverfassungsgesetzes nicht verbreiten dürfen. Ein zweites Dilemma besteht darin, dass von der Interessenvertretung Informationen gefordert werden, die eigentlich durch die Geschäftsleitung bereitgestellt werden müssten, z.B. das Informieren der Belegschaft über die wirtschaftliche Lage des Betriebs.

In einem Unternehmen, das nicht der Tarifbindung unterliegt, standen zum Zeitpunkt der Interviews gerade die Verhandlungen über das Weihnachtsgeld an. Im Zuge dessen wurde vonseiten der Beschäftigten erwartet, dass sich diese für eine Auszahlung stark macht, wenngleich die spezielle Problematik, dass die Interessenvertretung kaum Druck ausüben kann, nicht gekannt oder gesehen wurde. So meint ein interviewtes Interessenvertretungsmitglied zu dieser Erwartung:

> „Viele wissen nicht, was wir hier machen und was wir bezwecken und wie wir etwas bezwecken können. So hab ich das Gefühl. Viele sagen: Ja mach mal. Zum Beispiel geht es ja jetzt um's Weihnachtsgeld, das ist ein ganz gutes Beispiel. Viele Mitarbeiter sagen da: ‚Was der Betriebsrat da aushandelt!' Weihnachtsgeld kann man nicht verhandeln. Weihnachtsgeld ist eine freiwillige Leistung." (BR4)

Oftmals angesprochen wird von den Beschäftigten das Thema Arbeitsplatzsicherheit und Entlassungen. In dieser Hinsicht wird ebenfalls erwartet, dass die Interessenvertretung tätig wird, wobei die Einflussmöglichkeiten jedoch häufig überschätzt werden. Es wird entweder erwartet, dass die Interessenvertretung Entlassungen verhindern soll. Sollte dies nicht realisierbar sein, soll die Interessenvertretung laut IP7 für „Gerechtigkeit bei der Auswahl von Personen im Falle von Entlassungswellen" sorgen. Mehrere Interviewpartner erwarten, dass die Interessenvertretung über Kündigungen mitentscheiden soll. Es ist jedoch zu bezweifeln, ob es so etwas wie ‚Gerechtigkeit' bei Kündigungen geben kann. Sind die Auswahlkriterien hier aus der subjektiven Sicht von Beschäftigten nicht gerecht, manövriert sich die Interessenvertretung in ein weiteres Dilemma. Denkbar ist, dass die Interessenvertretung als mitverantwortlich betrachtet wird.

Ein weiteres Erwartungsdilemma, in das eine Interessenvertretung in unserer qualitativen Studie geraten ist, ist auf das duale System der industriellen Beziehungen in Deutschland zurückzuführen. Der Betriebsrat kann zwar durchaus Ansprechpartner für Verhandlungen mit Geschäftsleitungen von nicht tarifgebundenen Unternehmen oder im Falle von Öffnungsklauseln sein, kann jedoch wenig Druck ausüben, da es ihm laut Betriebsverfassungsgesetz nicht gestattet ist, zum Streik aufzurufen. Allerdings gibt es rein theoretisch Möglichkeiten der Machtdemonstration, beispielsweise eine entscheidungsblockierende Auslegung des BetrVG oder eher informeller Dienst nach Vorschrift (Bosch et al. 1999: 68ff.). Wie der Fall Opel 2004 gezeigt hat, sind auch Arbeitsniederlegungen ohne juristische Konsequenzen möglich. Im Fall Opel wurde die Arbeitsniederlegung als Informationsveranstaltung gemäß §39 BetrVG getarnt (Stahlmann/ Wendt-Kleinberg 2008: 41). Ob dies jedoch als ein allgemeines Modell fungieren kann bleibt fragwürdig: Eine Erfüllung dieser Erwartungen, also die Übernahme der Interessenregulierung vor allem im Bereich Tarif durch die betrieblichen Interessenvertretungen, könnte zu einer Verbetrieblichung führen. Die Mehrzahl der Betriebsräte ist allerdings gegen eine solche Verbetrieblichung der Tarifverhandlungen aufgrund der damit einhergehenden Implikationen (Nienhüser 2007). Dies belegt auch die Untersuchung von Nienhüser und Hoßfeld (2010). Während Manager die Verbetrieblichung befürworten, sind Betriebsräte der Verbetrieblichung gegenüber kritisch eingestellt. Die skeptische Tendenz verstärkt sich mit zunehmendem gewerkschaftlichen Organisationsgrad in den Betrieben (Nienhüser/Hoßfeld 2010). Die Gewerkschaften sehen die Tendenz zur Verbetrieblichung des Tarifvertrages – in allen seinen Ausprägungen – ebenfalls eher kritisch. Das Machtgefüge zwischen Arbeitgeber- und Arbeitnehmerseite würde sich bei einer Verbetrieblichung weiter zugunsten der Arbeitgeberseite verschieben.

Unrealistische Erwartungen bestehen zusammenfassend darin, dass die Interessenvertretung in die Rolle der Geschäftsführung oder in die Rolle der Gewerkschaft und den damit verbunden Erwartungen an diese gedrückt wird. Da dies Erwartungen sind, die aus politischen Gründen nicht erfüllt werden sollten und/ oder aus rechtlichen Gründen nicht erfüllt werden dürfen, können Interessenvertretungen nur an dem zugrunde gelegten Maßstab dieser Erwartungen scheitern und geraten somit in eine gewisse Dilemmasituation. Zudem scheint die Interessenvertretung in dieser Rolle dann auch mehr Kritik auf sich zu ziehen, als die Geschäftsleitung, die oft für die Belegschaft schlechter erreichbar und somit nicht so leicht kritisierbar ist. Dennoch sind solche unrealistischen Erwartungen wichtig, weil sie im Lernprozess die zukünftigen Erwartungen prägen. Enttäuschungen sind hier vorprogrammiert. Durch mehr Informationen können unrealistische Erwartungen vermieden und so auf den Prozess der Erwartungsbildung Einfluss genommen werden.

6.5 Zwischenergebnis

Als Zwischenergebnis der explorativen Sequenz lassen sich folgende Punkte festhalten, die für die quantitative Sequenz eine weitere Rolle spielen werden:

1. Die Erwartungen an Interessenvertretungen umfassen die (1) Informationsfunktion, d.h. die Gewährleistung des Informationsflusses zwischen Interessenvertretung und Geschäftsführung sowie zwischen Interessenvertretung und Belegschaft, inklusive der Information über die eigene Arbeit selbst. Ähnliche Ansprüche stellt Tietel (2006: 10) fest, indem die Belegschaft vom Betriebsrat erwartet, dass „er in seinen eigenen Reihen transparente Strukturen schafft und seine Ziele und Interessen der Belegschaft gegenüber diskursiv begründet“.

2. Weitere Erwartungen werden vor allem im Fall der (2) persönlichen Unterstützung geäußert, diese ist allerdings stark an die eigene Einschätzung der Selbstaushandlungsfähigkeit gekoppelt. Auf kollektiver Ebene wird erwartet, dass Interessenvertretungen als (3) Sprachrohr der Belegschaft fungieren, d.h. Informationen und Bedürfnisse bottom-up transportieren und in Entscheidungsprozesse einbringen sowie die (4) Kontrolle von Regulierungsgegenständen (z.B. Dienstvereinbarungen oder Einhaltung von Gesetzen) im Blick haben. Diese vier Dimensionen gehen daher als abhängige Variable in unsere quantitative Untersuchung ein.

3. Eine weitere Erwartungsfunktion ist – entgegen unseren Vorannahmen – in dieser qualitativen Sequenz von den Interviewten nicht genannt worden: die Funktion des Co-Managements. Da wir nicht wissen, ob es keine Erwartungen der Beschäftigen im Sinne eines solchen Co-Managements an die Interessenvertretung gibt oder ob dies nur an unserer Sampleauswahl liegt, haben wir beschlossen, diese Erwartung dennoch in unseren Fragebogen aufzunehmen. Eine zusätzliche Begründung ist die breite Debatte in der Literatur um das Co-Management (z.B. Minssen/Riese 2007). In der Literatur wird dem Co-Management eine große Bedeutung für die Zukunft prognostiziert. Da das Co-Management aus der Sicht der Wissenschaft und der Sicht der Interessenvertretungen selbst eine größere Rolle spielt, ist zu überprüfen, ob dies auch in einer repräsentativen Stichprobe für die Beschäftigten gilt und sie eine entsprechende Erwartung äußern.

4. Zur Erfüllung dieser Erwartungsdimensionen sind als persönliche Eigenschaften der Interessenvertretungen vor allem fachliche und soziale Kompetenzen wichtig. Als soziale Kompetenz ist hier insbesondere die Durchsetzungsstärke der Interessenvertretung der Geschäftsführung gegenüber relevant, welche allerdings im Hinblick auf das Betriebswohl dosiert werden sollte.

5. Darüber hinaus kann an dieser Stelle festgehalten werden, dass Erwartungen tatsächlich gelernt werden. Der oben erwähnte Streitfall der Abmahnung (IP1) zeigt, dass aufgrund der schlechten Erfahrung in Zukunft keine weitere Unterstützung von der Interessenvertretung erwartet wird. Motivationspsychologisch begründet (Heckhausen 1989), stellt die Erwartung – also die Lösung des Konflikts – einen Wert für die Befragten dar. Die interviewte Person erwartet, dass mit Hilfe des Betriebsrates sich die Chancen zur Lösung des Konfliktes verbessern. Da der Betriebsrat jedoch nicht helfen konnte, revidiert sie diese Erwartung für zukünftige Auseinandersetzungen mit der Geschäftsleitung.

6. Obwohl wir bewusst Interviewpartnerinnen und Interviewpartner ausgewählt haben, die in Betrieben mit Interessenvertretung arbeiten, verfügen diese über einen sehr unterschiedlichen Wissensstand zu Interessenvertretungen und potenziellen Erwartungen an diese. Hier zeigen sich starke Erwartungsdifferenzen, was das Wissen über die Arbeit und Aufgaben der Interessenvertretung angeht. Der Wissensstand über Interessenvertretungen scheint daher ein wichtiger Indikator dafür zu sein, welche Erwartungen sich ausbilden. Ein hoher Grad an Uninformiertheit seitens der Befragten zu Interessenvertretungen führt häufig zu unrealistischen Erwartungen. Im Fragebogen für die quantitative Erhebung muss diesem Umstand Rechnung getragen werden.

7. Außerdem ist zu vermuten, dass bestimmte Erwartungen an soziale, politische und ökonomisch geprägte Milieus gebunden sind. Einschränkend ist an dieser Stelle anzumerken, dass die hier vorgestellte qualitative Studie lediglich einen ersten Einblick in verschiedene Kategorien von Erwartungen an Interessenvertretungen gewährt.

Auf der Grundlage der gewonnenen Ergebnisse dieser qualitativen Exploration und auf der Grundlage der theoretischen Vorüberlegungen wird im nachfolgenden Kapitel die Konstruktion des Fragebogens für die quantitative Erhebung beschrieben.

7. Fragebogenkonstruktion

Der komplette Fragebogen ist im Anhang nachlesbar. Zur besseren inhaltlichen und methodischen Nachvollziehbarkeit, wird die Konstruktion des Fragebogens nachfolgende näher beschrieben.

7.1 Selektionsfragen

Der erste Teil des Fragebogens besteht aus einem Block von Selektionsfragen, um die anvisierte Personengruppe von abhängig Beschäftigten im Alter von 18-64 Jahren zu befragen. Da nur abhängig Beschäftigte Erwartungen an ihre Interessenvertretungen stellen können, die ein gewisses Vorwissen zu Interessenvertretungen haben, wurde für die quantitative Erhebung zusätzlich eine Einschätzungsfrage zum Wissen über Interessenvertretungen gestellt. Da der Begriff ‚Betriebsrat' – so unsere Erfahrung aus der explorativen Phase – häufig synonym für alle Formen der betrieblichen Interessenvertretung benutzt wurde, haben wir die Befragten zu ihrem selbst eingeschätzten Wissen über Betriebsräte gefragt. Nachfolgend wurde nach verschiedenen Formen der betrieblichen Interessenvertretung differenziert und die Formulierung der Items für die Befragten entsprechend angepasst. Die erste Frage lautet daher: ‚Wie schätzen Sie Ihr Wissen über Betriebsräte ein?' Die Antwortkategorien reichen von ‚sehr gut' bis ‚gar keine Ahnung'. Für diejenigen Personen, die angeben, dass sie gar keine Ahnung von Betriebsräten haben, wurden zu einem Kurzinterview eingeladen, um zu ermitteln, wie sich diese Gruppe im Hinblick auf soziodemografische Kriterien von den anderen Befragten unterscheidet.

7.2 Items zu Interessenvertretungen und Gewerkschaften

Die abhängigen Variablen dieser Studie sind die Items zu den Erwartungen an die Interessenvertretungen. Diese Erwartungen sind sehr facettenreich, weshalb dieser Teil des Fragebogens recht umfangreich ausfällt. So wird nach Erwartungen an die Interessenvertretungsfunktionen sowohl im Likert-Modus, als auch im Rankingverfahren gefragt. Die Formulierung der Erwartungsfragen unterscheidet sich marginal in Abhängigkeit davon, ob die Befragten durch eine Interessenvertretung vertreten werden, oder nicht. Falls eine Interessenvertretung im Betrieb vorhanden ist, wird zunächst nach der Bewertung der eigenen Interessenvertretung (Ist-Zustand) und anschließend nach dem Idealzustand (Soll-

Zustand) gefragt. Die einzelnen Fragenblöcke werden nachfolgend näher beschrieben.

7.2.1 Items zu Erwartungen an Interessenvertretungen

Den Kern der Fragen zu den Erwartungen an Interessenvertretungen bilden die fünf Items zu den Erwartungen an die Funktionen von Interessenvertretungen sowie ein Ranking, welches die Befragten über fünf ähnliche Interessenvertretungsfunktionen erstellt haben.

Die fünf Items zu den Interessenvertretungsfunktionen basieren auf den Ergebnissen der qualitativen Vorstudie. So wurden die Personen mit Interessenvertretung gefragt, ‚Wie wichtig ist Ihnen, dass der Betriebsrat[1] ...' (Ist-Zustand). Den Personen ohne Interessenvertretung wurde nur das Äquivalent im Konjunktiv vorgelesen: ‚Wenn Sie einen Betriebsrat hätten, wie wichtig wäre Ihnen, dass der Betriebsrat ...' (Soll-Zustand). Personen mit Interessenvertretung bekommen beide Frageblöcke gestellt. Die Aussagen beziehen sich auf die Funktionen der persönlichen Unterstützung, Sprachrohr der Belegschaft, Kontrollinstanz, Einfluss auf Arbeitszeiten und Mitgestaltung im Personalmanagement (1 = ‚sehr wichtig', 5 = ‚gar nicht wichtig').[2] Zum besseren Verständnis werden im Fragebogen jeweils Beispiele zu den einzelnen Funktionen genannt. Die in Kapitel 6.3.1 aufgeführte Informationsfunktion wird aufgefächert und als drei verschiedene Arten von Informationen abgefragt. Zusätzlich zu den Funktionserwartungen werden die Personen mit Interessenvertretung nicht nur nach dem Ist-Zustand befragt, sondern auch nach der Zufriedenheit mit der Erfüllung der jeweiligen Funktionen.

Die Funktionen persönliche Unterstützung, Sprachrohr der Belegschaft und Kontrollinstanz sind auch im 5er-Ranking-Item enthalten. Ergänzt wurden diese – im Sinne des Co-Managements – um die zwei Funktionen Informationsverbreitung und Übernahme von Managementaufgaben. Da wir diese Funktion als pro-aktive Interessenvertretung operationalisiert haben, indem z.B. Personal- und Organisationsfragen durch die Interessenvertretung in den Entscheidungsprozess der Geschäftsleitung eingebracht wird, wird der leichteren Verständlichkeit halber von der Übernahme von Managementaufgaben der Interessenvertretung und nicht von Co-Management gesprochen. Die befragten Beschäftigten sollten diese fünf Bereiche der Interessenvertretungsarbeit nach ihrer Wichtigkeit ordnen. Wenn die Zielperson sich nicht entscheiden konnte, wurde es er-

1 Bzw. der Personalrat oder die Mitarbeitervertretung.

2 Die Abstufung wurde an Schulnoten angelehnt (1 = sehr gut etc.). Für die Auswertungen wurden diese Skalen umgedreht, so dass eine höhere Ausprägung in der Regel mit einem ‚besser' einhergeht.

möglicht zwei Bereiche auf denselben Platz zu ranken, diese Option wurde jedoch von den Interviewern vorab nicht aktiv angeboten.

Wie Kotthoff (1981, 1994) und Bosch (1997) aufzeigen, können defizitäre Interessenvertretungen oftmals keine effiziente Interessenregulierung betreiben, wenn sie nicht über genügend betriebliche Informationen verfügen. Informationen werden von Geschäftsführungen teilweise bewusst geheim gehalten. Professionell arbeitende Interessenvertretungen, welche aktiv in unternehmerischen Entscheidungsfindungsprozessen mitwirken, verfügen hingegen hinreichend über detaillierte betriebliche Informationen, beispielsweise über die wirtschaftliche Lage der Organisation, Investitionsprogramme, Strategien und Pläne der Geschäftsleitung etc. Diese unterliegen jedoch in manchen Fällen der Geheimhaltungspflicht. Die Kommunikation von nicht geheimen betrieblichen Informationen wird in manchen Fällen von Interessenvertretungen übernommen oder gemeinsam mit Vertretern der Geschäftsleitung durchgeführt; Betriebsversammlungen werden hierfür gern als Anlass genommen. Dies ist der Grund, warum im Fragebogen die Frage ‚Wie wichtig wäre Ihnen, dass der Betriebsrat Informationen zum Betrieb verbreitet?' enthalten ist. Im Zuge der qualitativen Interviews hat sich herausgestellt, dass es offenkundig bei einigen Arbeitnehmern ein Informationsdefizit über Interessenvertretungen und die Arbeit von Interessenvertretungen gibt. Dieses Defizit resultiert vermutlich teilweise aus Desinteresse am Thema sowie aus mangelnder Kommunikation vonseiten der Interessenvertretungen über die eigene Rolle im Betrieb, die geleistete Arbeit und die aktuellen Themen der Interessenvertretungsarbeit. So beschreibt auch Tietel (2006), dass Beschäftigte von ihren Interessenvertretungen transparente Strukturen und die Begründung von Interessen und Zielen verlangen. Aus diesen Gründen wurde in den Telefoninterviews die Frage nach der Relevanz von Informationen über die eigene Arbeit des Betriebsrates gestellt. Interessenvertretungen fungieren oftmals als Mittler zwischen Gewerkschaften und Belegschaften (Behrens 2005; Goerke/Pannenberg 2007). Deshalb wird auch gefragt, wie wichtig das Informieren über gewerkschaftliche Themen ist. Zu den drei Informationserwartungen wurde, wenn möglich, zusätzlich die Zufriedenheit abgefragt. Außerdem wurde in diesen Fällen nach der Zufriedenheit mit der Dosierung der Informationskommunikation im Allgemeinen gefragt, d.h. ob die Beschäftigten zu viele, zu wenige oder genau passende Informationen erhalten.

Nienhüser und Hoßfeld (2007, 2010) haben untersucht, welche Haltung Manager und Betriebsräte zur Verbetrieblichung von Verhandlungen über Löhne und Arbeitszeiten einnehmen. Durch die Frage zur Lohnverhandlung im Fragebogen wird die Haltung der abhängig Beschäftigten zu diesem Thema abgefragt. Es wurden dazu die Varianten Flächentarifverträge, Flächentarifverträge mit Öffnungsklauseln, über deren Anpassung die Betriebsräte verhandeln und Verbetrieblichung, d.h. der Betriebsrat verhandelt mit der Geschäftsleitung (wenn es keinen Tarifvertrag gibt) in einer Einfachauswahlfrage angeboten. In der betrieblichen Praxis verhandeln viele AT-Beschäftigte persönlich über ihr Gehalt, deshalb wird als vierte Option die Gehaltsverhandlung in Eigenregie angeboten.

Eine weitere Auswahlfrage bezieht sich auf die advokatorische (Holtrup 2008) Funktion von Interessenvertretungen. Die befragten Personen sollten einschätzen, wie sie sich im Falle eines persönlichen Konflikts mit dem Vorgesetzten verhalten würden. Erwarten die abhängig Beschäftigten sofortige Unterstützung durch die Interessenvertretung oder sehen sie eine solche Unterstützung ausschließlich als letzten Ausweg, also wenn es „wirklich hart kommt“ (IP8)? Kotthoff (1997) zeigt in seiner Führungskräftestudie, dass viele Führungskräfte der persönlichen Unterstützung durch Interessenvertretungen ablehnend gegenüberstehen. Selbst wenn ein Konflikt eskaliert und es keine anderen Optionen zur Klärung mehr gibt, kommt für diese Führungskräfte ein Einbezug von Interessenvertretungen nicht in Frage, deshalb wird auch diese Option als Antwort offeriert. Die von Schardt (1979) erforschten Arbeitnehmer beurteilen Betriebsräte auf einer globalen Ebene zu zwei Drittel positiv, ihre eigenen Interessenvertreter jedoch weniger positiv. Auch innerhalb der qualitativen Vorstudie gibt es Aussagen von Arbeitnehmern, die in dieses Schema passen. Deshalb wurde diese Frage für die Personen mit Interessenvertretung in der quantitativen Erhebung doppelt gestellt: Zum einen in Bezug auf die eigene Interessenvertretung (Ist-Zustand) und zum anderen in Bezug auf eine *ideale* Interessenvertretung (Soll-Zustand).

7.2.2 Items zu Erfahrungen mit Interessenvertretungen und Gewerkschaften

Neben den Erwartungsdimensionen gibt es im Fragebogen einige Einflussfaktoren aus dem Bereich Interessenvertretungen und Gewerkschaften. Da wir vermuten, dass Erwartungen sozial gelernt sind, sollten Interessenvertretungserfahrungen und gewerkschaftliche Erfahrungen wichtige Einflussfaktoren darstellen.

Zunächst einmal wird im Anfangsteil des Fragebogens eruiert, ob die Zielperson von einer betrieblichen Interessenvertretung vertreten wird und wenn ja, welche Form diese hat (Betriebsrat, Personalrat, kirchliche MAV oder MAV). Für die Interessenvertretungen sind darüber hinaus die in Kapitel 7.2.1 bereits beschriebenen Items zur Zufriedenheit mit den Interessenvertretungen zu nennen. Weiterhin wurde im Zuge der qualitativen Interviews beschrieben, dass die persönlichen Eigenschaften der Interessenvertreter den Befragten wichtig sind, also z.B. Charakter und Kompetenz, damit diese überhaupt als adäquater Ansprechpartner wahrgenommen werden. Die Befragten mit Interessenvertretung, deren Mitglieder auch persönlich bekannt sind, werden aufgefordert, die Durchsetzungsstärke, Erreichbarkeit, Sympathie und fachliche Kompetenz der Interessenvertretungsorgane auf einer 5er-Likert-Skala einzuordnen. Ganz allgemein wird gefragt, für wie wichtig die Existenz einer Interessenvertretung bzw. die

Gründung einer Interessenvertretung empfunden wird. Weitere Erfahrungen sind die eigene Mitgliedschaft in einer Interessenvertretung in der Vergangenheit oder, wenn dies nicht der Fall ist, die Mitgliedschaft einer Person im sozialen Umfeld (Verwandte oder Bekannte) der Befragten. Außerdem wird nach persönlichen oder stellvertretend angeeigneten Interessenvertretungserfahrungen gefragt. Diese Erfahrung kann dadurch erworben worden sein, dass eine Interessenvertretung schon einmal zu Rate gezogen wurde. Trifft dies zu, soll die erfahrene Unterstützung aus der Beschäftigtenperspektive beurteilt werden.

Die Beziehung zur Geschäftsleitung kann, wie in Kapitel 6.3.6 beschrieben, eher als Einflussfaktor charakterisiert werden, denn letztendlich bilden die abgefragten Präferenzen zu dieser Beziehung eine Werteinstellung der Arbeitnehmer ab. Zum Beziehungsaspekt werden unter der Überschrift ‚Wie sollte die Beziehung eines Betriebsrates zur Geschäftsleitung am ehesten sein?' vier Fragen in Form einer 5er-Likert-Skala gestellt. In Kapitel 6.3.6 wird bereits aufgezeigt, dass die Arbeitnehmer zwei Pole im Blick haben, nämlich einerseits die Orientierung am Arbeitnehmerwohl, welches mit einer gewissen Durchsetzungsstärke vertreten werden soll, andererseits auch das Betriebswohl, für das es ein gewisses Maß an Kompromissbereitschaft bedarf. Der Fragebogen enthält daher Aussagen zur Konfrontation und zur Kompromissbereitschaft. Weiterhin wird gefragt, ob die Arbeitnehmer ein proaktives Handeln der Interessenvertretungen wünschen oder ob sich die Interessenvertretung gar nicht ‚in die Entscheidungen der Geschäftsleitung' einmischen soll. Die Interviewten mit Interessenvertretung werden außerdem gefragt, wie die Beziehung zwischen den beiden Verhandlungspartnern aktuell beurteilt wird.

Zusätzlich wird die Mitgliedschaft in einer bestimmten Gewerkschaften abgefragt. Dabei wird differenziert, ob die Mitgliedschaft beendet wurde oder nicht. Im Falle eines Austritts aus der Gewerkschaft sollen Gründe hierfür angegeben werden. Weitere Themen sind Gewerkschaftsmitgliedschaften von Eltern und/oder anderen Bezugspersonen, die globale Beurteilung von Gewerkschaften und Tarifverträgen sowie persönliche Streikerfahrungen.

7.3 Betriebsbezogene Items

In diesem Block werden neben einigen Fragen nach der subjektiven Einschätzung der Lage des Betriebes auch einige objektive Kennziffern abgefragt.

Zuerst sollen die Befragten das Betriebsklima auf einer 5er-Likert-Skala von ‚sehr gut' bis ‚sehr schlecht' beurteilen. Darauf folgt die Branchenabfrage, die sich am SOEP orientiert. Dieses Item wurden von der GESIS[3] weiter zu einer

3 GESIS – Leibniz-Institut für Sozialwissenschaften.

NACE-Einteilung kodiert. Als nächstes wird nach der Anzahl der Beschäftigten im Betrieb gefragt. Hier haben wir uns für den Betrieb als zugrundeliegende Einheit (und nicht das Unternehmen) entschieden, da dieser unserer Meinung nach am besten das betriebliche Umfeld der Befragten abbildet. Die Einteilung folgt in fünf Kategorien, die sich zum einen nach mitbestimmungswirksamen Schwellen richten (fünf und 200 MA) und zum anderen eine Differenzierung zwischen Groß- Mittel- und Kleinbetrieben (50 und 500) erlauben. Weiterhin fragen wir, ob der Betrieb von einem Eigentümer oder einem Manager geführt wird, da die Forschung gezeigt hat, dass die Eigentums- und Führungsverhältnisse Einfluss auf die Beziehung zwischen Geschäftsleitung und Betriebsrat nehmen können, beziehungsweise je nach Eigentumsverhältnis verschiedene Führungsstile wahrscheinlicher werden (Kotthoff 1981, 1994; Trinczek 2004). Zum Abschluss dieses Teils des Fragebogens wird noch auf einer 5er-Likert-Skala abgefragt, wie die wirtschaftliche Lage des Betriebs und die wirtschaftliche Lage der Branche des Betriebs eingeschätzt wird.

7.4 Items zur Berufstätigkeit und sozialen Herkunft

In diesem Block soll möglichst genau die berufliche Position der Befragten, sowie die Herkunft im beruflichen Sinne geklärt werden.

Zu Beginn wird gefragt, seit wann die Person bei ihrem jetzigen Arbeitgeber beschäftigt ist. Dies erfolgt monatsgenau. Zur Ermittlung der beruflichen Tätigkeit wird auf die aus dem SOEP bekannte Formulierung zurückgegriffen. Diese Angabe wurde ebenfalls mit Hilfe der Bearbeitung der Items durch die GESIS in mehrere Prestigeskalen (MPS, SIOPS und ISEI) umgewandelt. Wir haben uns aus zwei Gründen für die Möglichkeit entschieden, das Berufsprestige nach Wegener (1985) zu verwenden: (1) Im Gegensatz zu anderen Milieu-Modellen sehen wir die Notwendigkeit für eine angemessene Darstellung der Milieus in einer Milieulandkarte auf einer kontinuierlichen Skala und eben nicht auf einer kategorialen Skala. Nur so kann ein Milieu-Mittelpunkt errechnet und gut begründet visualisiert werden. (2) Für eine Erwartung an Interessenvertretung ist nicht nur der soziale Status, der sich in Einkommen und Bildung ausdrückt, sondern auch das Prestige des ausgeübten Berufs relevant. Je höher das Prestige ist, desto unabhängiger und mit mehr Selbstaushandlungsfähigkeit versehen nehmen sich vermutlich die abhängig Beschäftigten wahr.

Die Variablen Einkommen und Bildung sind jedoch auch mit dem Berufsprestige hoch korreliert. Zusätzlich haben wir in Anlehnung an die Formulierungen im SOEP relativ ausführlich die berufliche Stellung der Befragungsperson und deren Eltern (zum Zeitpunkt als die Befragungsperson 15 war) abgefragt. Daraus können Karrierestufe und der Abstand zu Karrierestufe des Vaters, als

Proxy für einen intergenerationalen Auf- bzw. Abstieg (beides: siehe Kap.10.2) gebildet werden.

7.5 Items zu Arbeitskonditionen

Die berufliche Stellung soll in diesem Block mittels der genauen Bedingungen der Beschäftigung präzisiert werden. Dazu wird jeweils dichotom danach gefragt, ob sich die befragte Person zum Zeitpunkt der Befragung in einem Zeit- bzw. Leiharbeitsverhältnis befindet, ob sie leistungsabhängige Anteile im Entgelt bekommt, ob sie nach Tarif entlohnt wird oder ob die Arbeitsstätte der Tarifbindung unterliegt. Dieser Unterschied wird gemacht, da es Betriebe gibt, die nicht an einen Tarifvertrag gebunden sind, die aber ihre Arbeitnehmer in Anlehnung an den Tarifvertrag entlohnen. Die Art des Arbeitsvertrages (befristet, unbefristet, keiner) wird ebenfalls abgefragt. Außerdem wird aus aktuellem Anlass (Finanzkrise) die Frage nach derzeitiger Beschäftigung in Kurzarbeit gestellt.

Aus Gründen der Fragebogenökonomie wird nicht die genaue Anzahl der Überstunden abgefragt, sondern nur, ob überhaupt Überstunden geleistet werden und wie die Zufriedenheit der Befragten mit der Überstundenregelung im Betrieb ist. Darauf folgen weitere Fragen, die sich mit dem Verhältnis von Arbeit und Freizeit beschäftigen. Zum einen sollten die Befragten auf einer 5er-Likert-Skala einschätzen, inwieweit ihre Berufstätigkeit ihr Privatleben beeinträchtigt. Zum anderen sollen sie ebenso einschätzen, ob ihnen die Flexibilität der Arbeitszeit oder die Höhe der Entlohnung wichtiger ist.

7.6 Items zur Einstellungen und Wertvorstellungen

Nach den Blöcken zu den Arbeitsbedingungen folgen Einstellungen zu Arbeit und Wertvorstellungen. Den Auftakt machen zwei Itembatterien zu Arbeitsaspekten, die dem WERS 2004 (Kersley et al. 2006) entnommen sind. Es werden dabei Zufriedenheit und Wichtigkeit mit ausgewählten Arbeitsaspekten, die jeweils auf einer 5er-Likert-Skala von ‚sehr zufrieden' bis ‚sehr unzufrieden' bzw. ‚sehr wichtig' bis ‚sehr unwichtig' getrennt erhoben werden. Darauf folgt eine generelle Einschätzung der Chancen auf dem Arbeitsmarkt, angelehnt an die Formulierung im SOEP, d.h. von ‚sehr leicht' bis ‚sehr schwierig' soll dort auf einer 5er-Likert-Skala die Chance, eine Arbeit zu finden eingeschätzt werden.

Neben dieser momentanen Einschätzung der Verwertbarkeit der eigenen Fähigkeiten auf dem Arbeitsmarkt, sollen mittels der ZUMA Kurzskala zum Locus of Control (Jakoby/Jacob 1999) eine generelle Selbstwirksamkeitseinschätzung in Bezug auf die Arbeitswelt erfasst werden. Diese Kontrollüberzeugungen werden durch die Wertekurzskala von Klages und Gensicke (1999) ergänzt. Diese Wertvorstellungen werden zudem noch über eine Abfrage des Politikinteresse auf einer 5er-Skala von ‚sehr stark' bis ‚gar nicht' präzisiert. Dieser Block wird durch die klassische Sonntagsfrage zur politischen Präferenz abgeschlossen: ‚Welche Partei würden Sie wählen, wenn am Sonntag Wahlen wären?'.

7.7 Items zu demografischen Daten

Den abschließenden Block des Fragebogens bilden die demografischen Angaben, angefangen mit der Frage nach dem Geschlecht. Danach wird relativ ausführlich der Familienstand abgefragt, ob die befragte Person in einer festen Partnerschaft lebt und ob sie mit ihrem Partner zusammen in einem Haushalt lebt. Diese Fragenbatterie ist dem SOEP entliehen und dient zur genaueren Bestimmung des Lebensabschnitts der befragten Person.

Neben der Haushaltsgröße fragen wir auch danach, ob Kinder im Haushalt leben und wenn ja, wie alt diese sind. Darüber hinaus wird nachgefragt, ob finanzielle Verantwortung für nicht im Haushalt lebende Personen (z.B. studierende Kinder) oder eine zeitliche Eingebundenheit in die Pflege von Angehörigen oder Freunden besteht. Diese Verpflichtungen, so nehmen wir an, können die Erwartungen an Interessenvertretungen beeinflussen, auch wenn sie nicht im direkten Arbeitskontext angesiedelt sind.

Befragte mit Migrationshintergrund können aufgrund ihrer familiären und kulturellen Sozialisation durchaus andere Erwartungen an Interessenvertretungen haben, als dies bei deutschen Arbeitnehmerinnen und Arbeitnehmern der Fall ist. Um diese kulturellen Einflüsse kontrollieren zu können fragen wir danach, ob die befragte Person eine deutsche Staatsangehörigkeit hat und ob dies auch auf ihre Eltern zutrifft sowie ob sie in Deutschland geboren wurden. Diese Itembatterie ist Gensicke et al. (2006: 481) entnommen.

Generelle Hinweise auf die Verhandlungsstärke verbinden wir auch mit den Fähigkeiten einer Person, die hier im Fragebogen über den Schulabschluss und den Ausbildungsabschluss abgefragt werden. Das Item zur Schulbildung ist dem Mikrozensus entliehen. Bei der Frage nach den Ausbildungsabschlüssen haben wir uns am SOEP Fragebogen orientiert. Den Schluss bilden Fragen zum persönlichen und zum Haushaltseinkommen nach Gensicke et al. (2006: 478f.).

8. Quantitative Erhebung

Im Vordergrund dieser Sequenz steht die Überprüfung der hergeleiteten Hypothesen in Form einer quantitativen Erhebung.[1] Allerdings erfordert diese Untersuchungsvariante eine hohe Strukturierbarkeit der Befragungsinhalte (vgl. Bortz/ Döring 2005: 253). Die Strukturierbarkeit der Inhalte ist aufgrund der theoretischen und explorativen Vorarbeit gegeben. Eine weitere Anforderung an die Durchführung einer quantitativen Erhebung ist eine entsprechend umfangreiche Grundgesamtheit, die an verschiedene Kriterien der Repräsentativität gebunden ist, damit die gewonnenen Ergebnisse tatsächlich in der Breite interpretierbar sind.

Der Fragebogen wurde einem Pre-Test unterzogen bevor die telefonische Befragung von Mitte April 2009 bis Ende Juli 2009 in Kooperation mit dem Sozialwissenschaftlichen Umfragezentrum (SUZ) in Duisburg durchgeführt wurde. Die Nettostichprobe umfasst dabei ca. 3.000 auswertbare Fragebögen. Während der Umfrage gab es Abstimmungen mit dem SUZ, um die Repräsentativität sicherzustellen und möglichst geringe Ausfälle bei der Befragung zu haben. Grundlegendes Ziel unserer Studie ist die repräsentative Erhebung und Analyse von Erwartungsmustern an Interessenvertretungen in Deutschland. Die Grundgesamtheit bilden dabei alle in Deutschland ansässigen abhängig Beschäftigten zwischen 18 bis unter 64 Jahren, die sich nicht mehr in der Ausbildung befinden.

8.1 Durchführung der telefonischen Befragung

Die Stichprobe wurde vonseiten des SUZ nach dem Modell der Zufallsgenerierung von Telefonnummern nach Gabler und Häder vorgenommen (Häder/Glemser 2006; Heckel 2002; von der Heyde 2002; Glemser 2002; Gabler/Schürle 2002). Eine einfache Zufallsauswahl von Festnetztelefonanschlüssen[2] stellt dabei die Repräsentativität der Stichprobe für ganz Deutschland sicher. Nach der Kontaktierung eines Haushalts wurde dann die Befragungsperson mittels der ‚last

1 Alle Tabellen und Abbildungen in diesem Kapitel sind aus eigenen Berechnungen entstanden.

2 Derzeit schätzt man die Anzahl der nur über Mobiltelefon zu erreichenden Haushalte – die damit in unserer Stichprobe nicht abgebildet werden können – auf ca. 7% (2007). Diese Gruppe besteht zu einem überproportionalen Anteil aus jungen Männern, die schlecht ausgebildet (und damit auch häufiger arbeitslos) sind und öfter in Ost- als in Westdeutschland wohnen. Dies ist in unserem Fall weniger gravierend, da wir abhängig Beschäftigte befragen und durch den hohen Arbeitslosenanteil in dieser Gruppe der Anteil der nur über Mobilfunk erreichbaren Haushalte schrumpft und vernachlässigbar wird.

Birthday'-Methode unter den abhängig Beschäftigten des Haushaltes ermittelt. Es wurden bis zu zehn Kontaktversuche unternommen, bevor der Telefonanschluss als Ausfall gewertet wurde. Die Interviews fanden generell zwischen 15 und 21 Uhr werktags sowie an Samstagen statt. So wurde sichergestellt, dass die Zielgruppe der Erwerbstätigen auch tatsächlich erreicht werden konnte. Wie in der Feldübersicht zu sehen ist, gab es erstaunlich wenige Abbrüche im Interview. Dies hängt – neben der hervorragenden Arbeit der Interviewer – sicherlich auch damit zusammen, dass das Thema durchaus von Interesse für die Befragten war: Während die Anzahl an Komplettverweigerern relativ hoch ist, ist die Zahl derer, die mangels Interesse nicht am Interview teilnahmen mit 5,3% der Verweigerer recht niedrig. Unter den 3.117 Interviews sind auch die 105 Kurzinterviews, die mit denjenigen geführt wurden, die angaben, dass sie gar keine Ahnung von Interessenvertretungen haben. Unter ‚Quote erfüllt' finden sich die, die danach nicht mehr zu einem Kurzinterview eingeladen wurden.

8.2 Sample

Die Güte unserer Stichprobe wird im nächsten Schritt auf ihre Verteilung und die Anzahl der fehlenden Werte in sensiblen Antwortkategorien untersucht und mittels Gewichtung und Imputation angepasst.

8.2.1 Datensatzbereinigung

Neben der willentlichen Verweigerung von Antworten durch die Befragten, gibt es auch weitere Fehlerquellen, die sich kaum jemals ganz vermeiden lassen. Ob es sich dabei um schlichte Tippfehler handelt, sich die Interviewer verhört haben oder der Befragte absichtlich unsinnige Angaben gemacht hat, lässt sich im Nachhinein oft nicht mehr feststellen. Durch Plausibilitätschecks wurden einige Ungereimtheiten im Datensatz aufgedeckt und bereinigt oder auch (siehe unten) imputiert.

Ein Fall war im Datensatz doppelt vorhanden und wurde gelöscht. Einige Befragten gaben auf die Frage wie sie ihr Wissen über Interessenvertretungen einschätzen keine Antwort oder gaben ‚weiß nicht' an. Diese insgesamt 28 Personen wurden von den Analysen ausgeschlossen.

Weiterhin offenbarten Plausibilitätschecks, dass das Alter einiger Kinder nicht im möglichen Rahmen lag, beispielsweise dass einige Befragte schon vor ihrer Geburt arbeiteten oder mehr verdienten als sie im Haushaltseinkommen angaben. Diese Angaben wurden als fehlende Werte deklariert und im Falle der Einkommensvariablen imputiert.

Tab. 6: Feldübersicht

Telefon-Nr. insgesamt	98.027	100%
Stichprobenneutrale Ausfälle		
Kein Anschluss	11.218	11,44%
Rufnummer hat sich geändert	200	0,20%
Verständigungsschwierigkeiten	1.676	1,71%
Geschäftsanschluss	6.387	6,52%
Fax, Modem	5.913	6,03%
Keine Person zwischen 18 und 65 Jahren im HH	7.621	7,77%
Keine erwerbstätige Person im HH	8.297	8,46%
Summe	41.312	42,14%
Bereinigtes Brutto I:	*56.715*	*100%*
Freizeichen	18.778	33,11%
Besetzt	1.136	2,00%
Anrufbeantworter	6.297	11,10%
Termin	296	0,52%
Quote erfüllt	320	0,56%
Befragter ist nicht zwischen 18 und 65 Jahren	10	0,02%
Befragter ist nicht erwerbstätig	271	0,48%
Befragter ist Mitglied in BR/PR/MV	237	0,42%
Summe	27.345	48,21%
Bereinigtes Brutto II	*29.370*	*100%*
Verweigerer, davon:		
KP verweigert	21.544	73,35%
ZP verweigert aus anderen Gründen	781	2,66%
ZP grundsätzlich keine Zeit	549	1,87%
ZP kein Interesse	1.558	5,30%
ZP in Feldzeit nicht erreichbar	1.688	5,75%
Abbruch im Interview	133	0,45%
Summe	26.253	89,39%
Realisierte Interviews	*3.117*	*10,61%*

8.2.2 Imputation

Nahezu jeder Datensatz muss mit dem Problem der fehlenden Werte kämpfen. Sei es, dass die Befragten das Interview abbrechen, auf einige Fragen nicht antworten wollen oder nicht können. Die Standardprozedur bei solchen Fällen ist, dass nicht vollständig erfasste Fragebögen oftmals komplett ignoriert werden. Dies kann schnell zu einer stark schrumpfenden Stichprobe führen und vernachlässigt vor allem auch alle anderen Angaben, die die befragten Personen gemacht haben.

Besonders häufig werden in Deutschland Fragen zum Einkommen nicht beantwortet. In unserem Datensatz haben 340 Personen die Antwort auf die Frage nach dem persönlichen Einkommen verweigert, beim Haushaltseinkommen waren es sogar 573 Befragte. Auch für die Magnitude-Prestige-Skala (mps) fehlen 150 Angaben sowie 197 Angaben zur Stellung im Beruf, aus der eine Variable ‚Karrierestufe'[3] entwickelt wurde.

Eine Lösungsmöglichkeit ist die Imputation fehlender Werte (Allison 2001; Schnell 1986; Little/Rubin 1987). Wir benutzen die Methode der multiplen Regression im Modul zur Analyse fehlender Werte in SPSS. Der Zusammenhang von Einkommen und auch Prestige mit anderen Variablen ist auch recht gut belegt, so dass diese Variablen mittels Ausbildungsgrad, Selbstbestimmtheitsindex, Familienstand, Betriebszugehörigkeitsdauer, Geschlecht, Arbeitszeit und den jeweils anderen zu imputierenden Variablen, geschätzt wurden.

8.2.3 Gewichtung

Da diese Studie generelle Aussagen über die Erwartungen der abhängig Beschäftigten in Deutschland zwischen 18 und 64 Jahren treffen soll, muss die Stichprobe für diese Gruppe repräsentativ sein. Die Auswahl wurde nach der – im Vorfeld – vermuteten Wichtigkeit der Variablen, als auch nach der Anfälligkeit für systematische Ausfälle getroffen. Wichtig ist die Repräsentativität für die Größe der Milieus, da diese sich auf die Grundgesamtheit in Deutschland und nicht nur auf das Sample beziehen soll. Die überprüften Variablen lauten:

1. Alter,
2. Geschlecht und Arbeitszeit,
3. Qualifikationsniveau,
4. Haushaltsgröße,
5. Öffentlicher Dienst,
6. Betriebsgröße sowie
7. Vertretungsdichte.

3 Zum Konzept von Karrierestufen siehe Tölke/Diewald (2003) und auch Hoffmeyer-Zlotnik (2003).

Die Repräsentativität der Variablen Alter und Qualifikationen wurde aufgrund der Arbeiten von Schulze (1992) gewählt. Um dem speziellen Forschungsfeld Rechnung zu tragen, ist zusätzlich die Betriebsgröße als repräsentativer Indikator ausgewählt worden. Die Studie sollte auch unter besonderer Beachtung der Genderthematik durchgeführt werden. Hier reicht es nicht, nur das Verhältnis von Frauen und Männern in der Arbeitswelt in der Stichprobe abzubilden. Vielmehr sollte auch die ungleiche Verteilung auf Voll- und Teilzeitarbeitsplätze beachtet werden. Bevor nun diese im Vorhinein als relevanten Variablen im Einzelnen hinsichtlich ihrer Repräsentativität beschrieben werden, folgen zunächst weitere Anmerkungen zu den Gewichtungsherausforderungen unseres Datensatzes. Im Folgenden sind die Verteilungen für das gewichtete sozio-ökonomische Panel (SOEP) im Querschnitt von 2008 (Wagner et al. 2008) und für unseren Datensatz aufgelistet. Hier zeigt sich auch die erste Hürde in unserem Gewichtungsvorhaben: Es existieren noch keine Daten für 2009, nach denen wir gewichten könnten. Momentan (18.08.2010) gibt es Daten aus dem SOEP von 2008 und den Mikrozensus für 2007 (der aber auch nur in Fernverarbeitung, auf CD-Rom verfügbar ist nur der Datensatz von 2006). Selbst die im SOEP enthaltenen Gewichte beziehen sich auf den Mikrozensus und sind demnach nur vorläufig. In einem ersten Schritt verwenden wir die Daten aus dem SOEP, da diese Daten neuer sind. Der Abgleich der Verteilung mit dem SOEP ist schließlich auch der breiteren Datenbasis wegen anzustreben.

Das Alter der befragten Person ist ein wichtiger Hinweis auf die Lebenssituation. Um die damit verbundenen Lebensumstände wiederzugeben, wurde das Alter zu Zwecken der Repräsentativität in drei Kategorien aufgeteilt: Die unter 30-Jährigen, die sich vermutlich am ehesten noch in einer Orientierungs- oder Karrierephase befinden. Diejenigen, die älter als 30 bis maximal 50 Jahre alt sind und sich in einer Konsolidierungsphase befinden, in der mit hoher Wahrscheinlichkeit die Familie einen wichtigen Stellenwert einnimmt. Letztlich die über 50-Jährigen, die schon langsam auf den Ruhestand zu gehen und sich mit großer Wahrscheinlichkeit in der ‚Leeres Nest'-Phase (‚empty nest'; siehe Kapitel 4.1.1) befinden und sich wieder mehr auf sich selbst konzentrieren (können). Natürlich sind diese Umschreibungen der Lebensumstände eher grob, jedoch kann man durchaus davon ausgehen, dass die Lebensumstände innerhalb dieser Subgruppen ähnlicher sind als zwischen ihnen. Die von uns betrachtete Grundgesamtheit der abhängig Beschäftigten zwischen 18 und 64 Jahren beläuft sich nach Hochrechnung aus dem SOEP-Datensatz von 2008 auf 32,47 Mio. Personen, wobei unsere erste Kategorie der 18 bis 30 Jahre alten abhängigen Beschäftigten 17,6%, die 31 bis 50 Jahre alten abhängigen Beschäftigten 56,7% und die dritte Kategorie der über 50-Jährigen 24,7% umfassen.[4] Diese Verteilung

4 Alle Daten sind auf der Grundlage des SOEP 2008 selbst berechnet.

wird von der Stichprobe auch relativ genau abgebildet, eine Anpassung ist deshalb nicht notwendig.

Tab. 7: Alter

Alter	SOEP (Welle 2008)	Stichprobe
18 bis 30 Jahre	18,6%	20,1%
31 bis 50 Jahre	56,7%	56,6%
Über 50 Jahre	24,7%	23,3%

Um die Genderdimension des Themas angemessen bearbeiten zu können, wird die Repräsentativität der Geschlechtsvariablen kontrolliert. Hier ist es wichtig, dass dies in Verbindung mit der geleisteten Arbeitszeit geschieht, da diese Verteilung sehr schief ist. Es arbeiten viel mehr Frauen in Teilzeitbeschäftigungsverhältnissen als Männer (Achatz et al. 2004). Wie bereits oben geschrieben, weist Hakim (2000) darauf hin, dass dies auch ein Indikator für die Lebensausrichtung von Frauen ist, der durch das Geschlecht oder die Wochenstundenzahl allein nur unzureichend dargelegt werden kann. In Verbindung mit der Wochenarbeitszeit – dargestellt als Vollzeitbeschäftigung und Teilzeitbeschäftigung – entsteht ein Indikator mit vier Kategorien: Männer in Vollzeitbeschäftigung, Männer in Teilzeitbeschäftigung, Frauen in Vollzeitbeschäftigung, Frauen in Teilzeitbeschäftigung. Gerade hier ist die Beachtung der Repräsentativität der Stichprobe wichtig, da die nicht in Vollzeit arbeitenden Frauen wahrscheinlich besser erreichbar sind als die anderen Gruppen. Die Grundgesamtheit unterteilt sich hierbei wie folgt:

Tab. 8: Geschlecht x Arbeitszeit

Geschlecht x Arbeitszeit	SOEP (Welle 2008)	Stichprobe
Männer, Vollzeit	47,6%	46,3%
Männer, Teilzeit	4,3%	4,2%
Frauen, Vollzeit	23,9%	26,7%
Frauen, Teilzeit	24,2%	22,9%

Auch hier zeigt sich, dass die Stichprobe die Vorgaben aus dem SOEP recht gut abbildet, eine Anpassung ist nicht notwendig.

Das Qualifikationsniveau ist ein weiterer zentraler Indikator für das Selbstaushandlungspotenzial von Individuen und damit sehr wahrscheinlich zentral für die Art der Erwartung an Interessenvertretungen. Zur Überprüfung der Repräsentativität wurde das Qualifikationsniveau – operationalisiert über den höchsten

Ausbildungsabschluss – relativ grob in Un- und Angelernte, abgeschlossene Lehrausbildung und erreichtem (Fach-)Hochschulabschluss unterteilt. Die betrachtete Grundgesamtheit verteilt sich auf die Kategorien wie folgt: Un- und Angelernte umfassen 13,7%, Personen mit abgeschlossener Lehre 66,4% sowie Personen mit (Fach-)Hochschulabschluss 19,8%. Wie man sieht, sind die Abweichungen zum SOEP recht deutlich. Die Verteilung dieser Variablen wird durch einen Gewichtungsfaktor angeglichen.

Tab. 9: Ausbildungsabschlüsse

Ausbildung	SOEP (Welle 2008)	Stichprobe
Un-/ Angelernte	13,7%	7,4%
Lehre	66,4%	63,1%
Akad. Abschluss	19,8%	29,5%

Unsere Telefonstichprobe ist im Grunde eine Haushaltsstichprobe, aus der jeweils eine Person (‚last birthday' Verfahren) pro Haushalt befragt wird. Demnach haben Personen in kleineren Haushalten oder Ein-Personen-Haushalte eine höhere Chance befragt zu werden als solche in größeren Haushalten mit mehreren abhängig Beschäftigten. Im SOEP als Vergleichsbasis werden alle Haushaltsmitglieder befragt, daher ist auch diese Variable wichtig, um überhaupt das SOEP als Gewichtungsgrundlage verwenden zu können.

Tab. 10: Haushaltsgrößen

Haushaltsgröße	SOEP (Welle 2008)	Stichprobe
1	20,0%	20,4%
2	31,8%	30,9%
3	22,2%	20,5%
4	19,2%	19,9%
5+	6,8%	8,3%

Die Verteilung der Haushaltsgröße ist erstaunlich gut. Aufgrund der verschiedenen Befragungsmodi in den anderen Datensätzen (MZ und SOEP) wurde eigentlich mit einer Überrepräsentierung kleinerer Haushalte in unserem Datensatz gerechnet, da diese tendenziell eine höhere Chance haben befragt zu werden als größere Haushalte mit mehreren abhängig Beschäftigten. Dies wird aber nicht bestätigen.

Der Anteil der Beschäftigten im öffentlichen Dienst von ca. 30% in unserem Datensatz schien uns sehr hoch zu sein. Bei näherer Betrachtung scheint die

Abweichung zum SOEP zwar groß, aber nicht so beträchtlich wie vermutet. Der Mikrozensus gibt für unsere Stichprobe einen Anteil von 22,1% aus. Die Zahl der Beschäftigten im öffentlichen Dienst ist für 2006 genau bekannt.

Tab. 11: Öffentlicher Dienst

Öffentlicher Dienst	SOEP (Welle 2008)	Stichprobe
Ja	23,8%	22,7%
Nein	76,2%	77,3%

Diese Variable ist jedoch in zweifacher Hinsicht problematisch: Erstens ist es den Befragten oft nicht klar, ob sie definitionsgemäß zum öffentlichen Dienst gehören oder ‚nur' einen öffentlichen Arbeitgeber haben. Ein bekanntes Beispiel stellen Stadtwerke dar, die oft als GmbH zu 100% in der Hand der jeweiligen Kommune sind. Diese haben dann einen Betriebsrat und gehören nicht zum öffentlichen Dienst im eigentlichen Sinne. Es kann aber dennoch sein, dass Beschäftigte in diesen Betrieben, diesen Unterschied nicht realisieren und sich als ‚Beschäftigt im öffentlichen Dienst' ausgeben. Zweitens ist die Frage nach dem öffentlichen Dienst nicht im Kurzfragebogen gestellt worden, so dass auch hier eine Schätzung vorgenommen werden muss. Wir korrigieren daher die Angabe zum öffentlichen Dienst mit der Angabe, ob ein Personalrat oder ein Betriebsrat vorliegt und können so beide Probleme zufriedenstellend lösen. Die Angaben in der Tabelle 11 beziehen sich auf diese Korrektur. Die Angaben sind dann sehr nahe am SOEP-Vergleichswert und müssen nicht weiter gewichtet werden.

Weiterhin sollte die Betriebsgröße repräsentativ abgebildet werden. Durch die im Betriebsverfassungsgesetz bestimmten Mitarbeiterzahlen in Bezug auf die Bildung eines Betriebsrates, vor allem aber auch in Bezug auf die Freistellung von Betriebsratsmitgliedern, stellt dies eine entscheidende Größe dar, was die Professionalität der Interessenvertretung anbelangt. Interessenvertretungen werden in Betrieben ab fünf Beschäftigten im Unternehmen gebildet und werden alle vier Jahre durch die Belegschaft gewählt. Dabei wird in Betrieben von fünf bis 20 wahlberechtigten Arbeitnehmern jeweils ein Betriebsratsmitglied gewählt, von 21 bis 50 wahlberechtigten Arbeitnehmern werden drei Mitglieder gewählt etc. (BetrVG § 9). In § 38 ist die Freistellung der Betriebsratsmitglieder von der beruflichen Tätigkeit geregelt. In Betrieben von 200 bis 500 Arbeitnehmern wird ein Betriebsratsmitglied freigestellt, ab 501 Arbeitnehmer werden zwei Mitglieder freigestellt etc. Die verschiedenen Größen der Betriebe und die damit in unterschiedlicher Anzahl vorhandenen Interessenvertretungsmitgliedern können einen Einfluss auf die Erfahrung mit Vertretungsarbeit und die Professionalität von Interessenvertretungen haben und wurden daher auch auf Repräsentativität geprüft. Besonders berücksichtigt wurden die Schwellenzahlen fünf und

200 Mitarbeiter. Bei Betrieben mit weniger als fünf Mitarbeitern ist gesetzlich kein Betriebsrat vorgesehen und ab 200 Mitarbeitern ist die Freistellung eines Betriebsratsmitglieds vorgeschrieben, was die Betriebsratsarbeit erleichtert. Die Grundgesamtheit verteilt sich wie folgt auf die Betriebsgrößen:

Tab. 12: Betriebsgrößen im Vergleich zum SOEP

Betriebsgröße	SOEP (Welle 2008)	Stichprobe
1 bis 4 MA	9,6%	7,4%
5 bis 199 MA	61,2%	52,7%
200 u. m. MA	29,3%	39,8%

Auch hier ist eine leichte Schieflage zu verzeichnen, mit einem stärkeren Gewicht auf mittelgroße Betriebe. Es kann sein, dass diese Schieflage durch die Unterscheidung von Betrieb und Unternehmen zustande kommt: Im SOEP wird nach der Unternehmensgröße gefragt, während in der hier vorgestellten Erhebung ausdrücklich nach Betrieben gefragt wurde. Wenn man sich jedoch die Schwankung der Erwartungen an Interessenvertretungen in Bezug auf die Unternehmensgröße anschaut, sieht man, dass diese beiden Größen keinen direkten oder deutlichen Zusammenhang zu haben scheinen. Weiterhin scheint das SOEP hier mehr fehlende Werte aufzuweisen, als das in unserem Datensatz der Fall ist (29,8%! versus 2,7%). Auch der Mikrozensus ist in diesem Fall keine Hilfe, da die Betriebsgröße für Betriebe mit weniger als 50 Mitarbeitern zwar recht detailliert wiedergegeben wird, jedoch bei Betrieben mit über 50 Mitarbeitern keinerlei Unterscheidungen gemacht werden. Auch die amtliche Statistik hilft in diesem Fall nicht weiter, da dort nicht die für uns entscheidende Schwelle von 200 Mitarbeitern benutzt wird, sondern 250 Mitarbeiter.

Tab. 13: Betriebsgrößen im Vergleich zum IAB

Betriebsgröße	IAB(Welle 2009)	Stichprobe (gew.)
Bis 4 MA	6,9%	8,2%
5 bis 49 MA	37,3%	33,0%
50 bis 199 MA	23,3%	21,1%
200 bis 499 MA	13,0%	14,2%
500 u.m. MA	19,5%	22,4%

Im IAB-Betriebspanel[5] finden sich genauere Zahlen, die wir mittels unseres nach Ausbildungsgrad und Beschäftigung im öffentlichen Dienst gewichteten Daten-

5 Wir bedanken uns bei Herrn *Peter Ellguth*, der uns nicht nur im Beirat wertvolle Hinweise geliefert hat, sondern auch die Daten aus dem IAB-Betriebspanel 2009 zur Verfügung gestellt hat.

satzes auch sehr gut abbilden, hier scheint keine weitere Anpassung erforderlich zu sein.

Schließlich sollte noch die Vertretungsdichte von Betriebsräten und Personalräten überprüft werden, um auch sicherzustellen, dass Beschäftigte mit einer Interessenvertretung nicht überrepräsentiert sind und somit die Ergebnisse verfälschen. Auch hier greifen wir auf Daten aus dem IAB-Betriebspanel zurück. Dargestellt ist der Anteil der Beschäftigten in Betriebe ab fünf Mitarbeitern, die eine Interessenvertretung haben. Hier sieht man eine recht deutliche Überschätzung der Personen mit Betriebsrat. Diese Werte werden in der Gewichtung korrigiert.

Tab. 14: Vertretungsdichte

Vertretungsdichte	IAB(Welle 2009)	Stichprobe
Beschäftigte mit Personalrat	88,2%	88,7%
Beschäftigte mit Betriebsrat	43,9%	59,6%

Aufgrund der vorherigen Vergleiche mit dem SOEP und dem IAB-Betriebspanel sind in unserem Datensatz nur die Verteilung des Qualifikationsniveaus und der Vertretungsdichte problematisch. Aus diesem Grund werden diese beiden Faktoren durch Gewichtsfaktoren korrigiert.

8.3 Deskriptive Beschreibung der Ergebnisse

In den beiden folgenden Kapiteln werden einige Ergebnisse der Untersuchung deskriptiv vorgestellt. Dabei beschränken wir uns auf die Darstellung der Variablen, die zentral für die Analyse sind und in der multivariaten Auswertung wieder aufgegriffen werden. Es werden also nicht alle Auswertungsmöglichkeiten der quantitativen Erhebung vollständig wiedergegeben, weil zum einen einige Teile späteren Veröffentlichungen vorbehalten sind und zum anderen die Leserschaft nicht durch endlose Deskriptionen gelangweilt werden soll.

Insgesamt haben 3.116 Personen an der Befragung teilgenommen, wobei hiervon 105 Teilnehmer und Teilnehmerinnen eine Kurzversion des Fragebogens beantwortet haben (siehe Kap. 9.3.1), d.h. von diesen Personen wurden weitestgehend demografische Angaben erhoben. Hintergrund dieses Sachverhalts ist die Selektionsfrage ‚Wie schätzen Sie Ihr Wissen über Betriebsräte ein?', die immer zu Beginn der Befragung gestellt wurde. Die Befragten sollten ihren Wissensstand anhand einer 5er-Likert-Skala bewerten. Die ersten 105 Personen, die ‚gar keine Ahnung' gewählt haben, wurden mit dem Kurzfragebogen befragt, da wir davon ausgehen können, dass die Ausfälle dieser „uninformierten" Gruppe zu speziellen Interessenvertretungsthemen und Erwartungen sehr hoch gewesen wäre. In der Häufigkeitsverteilung der „Wissensfrage" müssen weiterhin die 320 unwissende Personen berücksichtigt werden, die den Kurzfragebogen nicht beantwortet haben, da die Quotierung, die von uns auf 100 Fälle festgelegt wurde, erfüllt war.

Tab. 15: Wissen über Interessenvertretung

Wissen über Interessenvertretungen		ungewichtet			gewichtet		
		Häufigkeit	Prozent	Gültige Prozente	Häufigkeit	Prozent	Gültige Prozente
Gültig	1 min	105	3,4	3,4	527	15,3	15,5
	2	658	21,1	21,3	695	20,2	20,4
	3	1.392	44,7	45,1	1.341	39,0	39,4
	4	748	24,0	24,2	677	19,7	19,9
	5 max	185	5,9	6,0	162	4,7	4,8
	Gesamt	*3.088*	*99,1*	*100,0*	*3.402*	*98,9*	*100,0*
Fehlend	8 Weiß nicht	22	0,7		29	0,8	
	9 Keine Angabe	6	0,2		8	0,2	
	Gesamt	*28*	*0,9*		*36*	*1,1*	
	Gesamt	3.116	100,0		3.438	100,0	

Neben denen für die Repräsentativität des Datensatzes relevanten Merkmale Alter, Geschlecht und Arbeitszeit, Qualifikationsniveau sowie Betriebsgröße, werden im Folgenden weitere interessante Eigenschaften aufgeführt, welche einen ersten deskriptiven Überblick über die Stichprobe geben. Im Folgenden werden jeweils die gewichteten Fallzahlen oder Mittelwerte aufgelistet. Die gewichteten Fallzahlen belaufen sich auf 3.438 Fälle inklusive des Kurzfragebogens und 2.911 Fälle für die Items, die nicht im Kurzfragebogen gestellt wurden.

8.3.1 Persönliche Merkmale

Das durchschnittliche Alter der Befragten (inklusive Kurzfragebogen) liegt bei aufgerundet 41 Jahren. Das Geschlechterverhältnis ist fast ausgeglichen: 51,3% der Befragten sind weiblich, 48,7% männlich. Von den Interviewten leben 11,3% in den neuen Bundesländern.

Die Variable Migrationshintergrund bildet ab, ob die Befragten oder mindestens ein Elternteil keine deutsche Staatsbürgerschaft besitzen oder nicht in Deutschland aufgewachsen sind. Dadurch wird diese Variable ‚breiter' als die reine Nationalität. Etwa ein Fünftel der Befragten verfügen über einen Migrationshintergrund (n_{Ges} = 3.419).

Ein weiteres persönliches Merkmal, das einen Einfluss auf die Erwartungen haben könnte, ist die Familiensituation der Arbeitnehmer und Arbeitnehmerinnen. Eine wichtige Angabe ist hierbei, ob Kinder im Haushalt leben. Dies ist bei 45,7% der Befragten der Fall (n_{Ges} = 2.888).

Die Befragten geben die Wichtigkeit verschiedener Wertvorstellungen, deren Items an die Kurzskala von Klages und Gensicke (1999) angelehnt ist, anhand einer 5er-Likert-Skala (1 = ‚gar nicht wichtig' bis 5 = ‚sehr wichtig') an. Abbildung 8 zeigt die Verteilung der Werte ‚fleißig und ehrgeizig sein' (n_{Ges} = 2.898, ø 4,08), ‚einen hohen Lebensstandard haben' (n_{Ges} = 2.901, ø 3,43), ‚Macht und Einfluss haben' (n_{Ges} = 2.895, ø 2,91), ‚nach Sicherheit streben' (n_{Ges} = 2.901, ø 4,07), ‚sozial Benachteiligten und gesellschaftlichen Randgruppen helfen' (n_{Ges} = 2.893, ø 3,86) sowie ‚Gesetz und Ordnung respektieren' (n_{Ges} = 2.900, ø 4,21).

Um die Wertvorstellungen der Befragten abzurunden, wurde neben der berühmten Sonntagsfrage auch nach dem Politikinteresse (n_{Ges} = 2.908, ø 3,26) im Allgemeinen gefragt. Bei der Sonntagsfrage gab es – wie auch kaum anders zu erwarten war – viele Befragte, die entweder noch nicht wussten, welche Partei sie wählen würden oder nicht auf die Frage antworten wollten. Da es auch die Option zu Mehrfachnennungen gab (z.B. Rot-Grün) addieren sich die Nennungen auf über 100% auf. Diese Frage war nicht Teil des Kurzfragebogens, so dass es insgesamt 2.912 Antwortende gab.

Abb. 7: Wertvorstellungen[a]

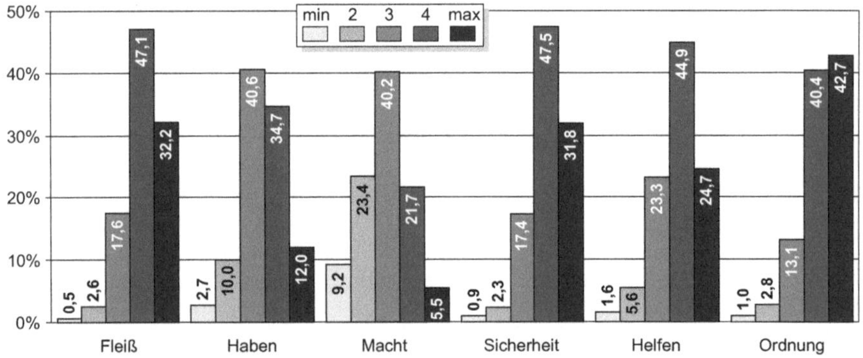

a – Falls nicht ausdrücklich erwähnt, finden sich die Angaben zur jeweiligen Anzahl der Befragten im Text.

Abb. 8: Sonntagsfrage (N = 2.912)

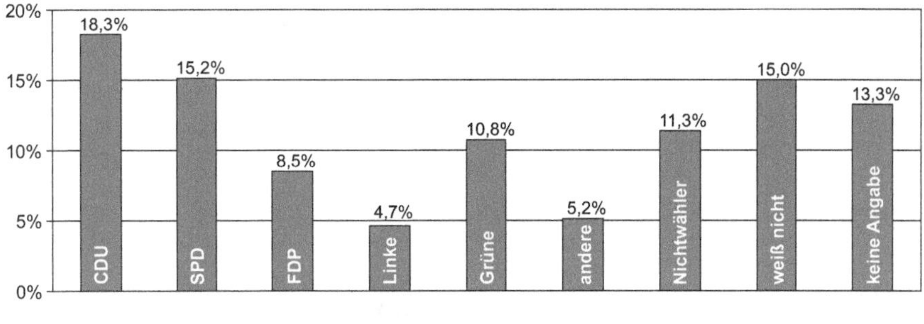

Abb. 9: Politikinteresse (N = 2.908)

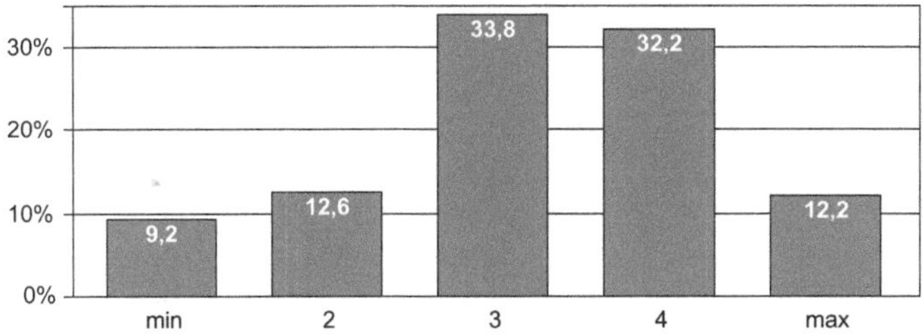

8.3.2 *Berufliche und betriebliche Situation*

Im Folgenden werden wir auf jene Variablen eingehen, die die berufliche und betriebliche Situation der Befragten beschreiben.

Wie im Kapitel über die Gewichtungsfaktoren schon erwähnt, mussten bei den Angaben zum Ausbildungsniveau Korrekturen vorgenommen werden. Somit haben 19,5% der Befragten einen akademischen Abschluss und 14% keinen Ausbildungsabschluss. Hinter ‚Lehre' (66,5%) verbergen sich alle Abschlüsse, die nicht zu den Un- und Angelernten sowie (Fach)Hochschulabsolventen (n_{Ges} = 3.438) zählen.

Das persönliche Einkommen verteilt sich nach der in Kapitel 8.2.2 vorgenommenen Imputation und Gewichtung wie folgt (vgl. Abb. 10).

Die durchschnittliche Einkommensklasse ist 2,5 also ziemlich genau zwischen den Kategorien ‚751€ bis 1.500€' und ‚1.501€ bis 2.500€' (n_{Ges} = 3.438). Dabei erwirtschaften 27,8% der Befragten (n_{Ges} = 3.438) nur ein geringen Anteil am Haushaltseinkommen, das heißt ihr persönliches Einkommen liegt zwei Kategorien unter ihrem Haushaltseinkommen. Das Berufsprestige (mps) liegt bei durchschnittlich 75,55 (n_{Ges} = 3.438). Dies entspricht ungefähr dem Berufspres-

Abb. 10: Persönliches Einkommen (N = 3.438)

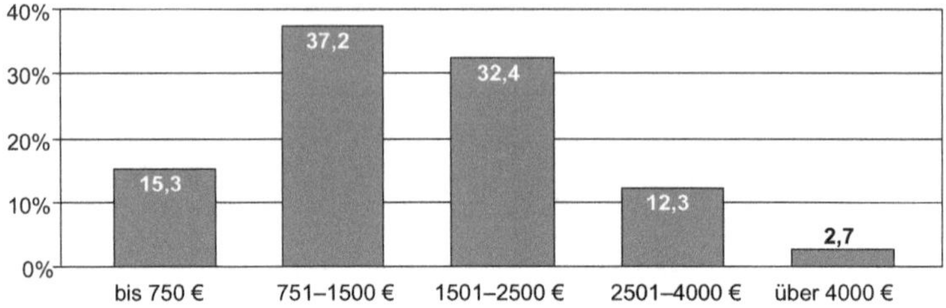

tige einer Sekretärin. Der Wert für Ärzte liegt bei ungefähr 180 und das untere Ende mit 30 und weniger wird durch Bauhelfer und Gebäudereiniger markiert. 5,4% der Befragten (n_{Ges} = 3.438) gaben an, Führungspositionen zu bekleiden. 44,9% (n_{Ges} = 2.912) der Interviewten konnten einen Karriereaufstieg im Vergleich zur Elterngeneration realisieren. Die Arbeitskonditionen der Befragten wurden ebenfalls erhoben, unter anderem der Arbeitsumfang, die Art des Arbeitsvertrages und der Beschäftigung. Von allen Befragten arbeiten 68,8% (n_{Ges} = 3.438) in Vollzeit. In der Stichprobe sind auch die Daten von 6,6% (n_{Ges} = 2.879) Zeit- oder Leiharbeitern enthalten. 15,8% der Arbeitnehmer haben befristete Arbeitsverträge, 1,9% arbeiten gar ohne Arbeitsvertrag (n_{Ges} = 2.888). Zum Zeitpunkt der Befragung waren 9,1% (n_{Ges} = 2.906) der Befragten aus der Stichprobe in Kurzarbeit. Ob solche Merkmale, die auf prekäre Beschäftigung hindeuten, Einfluss auf die Erwartungen haben, wird in weiteren Auswertungen zu überprüfen sein. Im Durchschnitt arbeiten die abhängig Beschäftigten in Deutschland seit elfeinhalb Jahren (n_{Ges} = 2.850) im derzeitigen Betrieb und 22,5% (n_{Ges} = 3.438) arbeiten im öffentlichen Dienst. Abbildung 11 zeigt noch einmal die Betriebsgrößenklassifikation (n_{Ges} = 3.362).

Abb. 11: Betriebsgröße (N = 3.362)

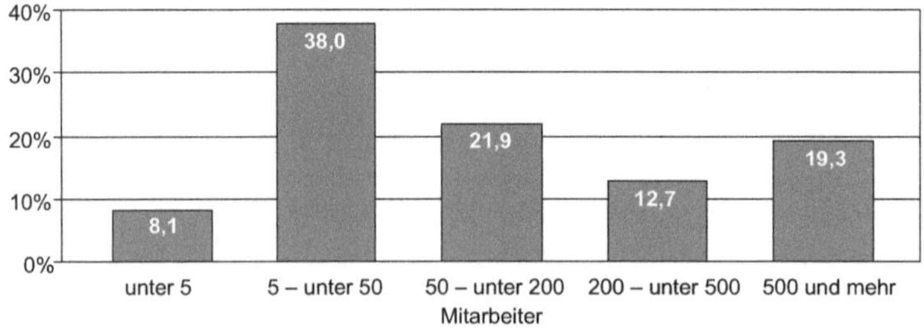

Zusätzlich zu diesen objektiven Indikatoren betrachten wir noch zwei eher subjektive Einschätzungen der Berufssphäre, die Einschätzung der Chance sofort einen adäquaten anderen Arbeitsplatz zu finden sowie die Relevanz, die der Arbeitssicherheit beigemessen wird.

Während die Relevanz der Arbeitsplatzsicherheit von nahezu allen Befragten als ‚sehr wichtig' eingestuft wird (Ø 4,49, n_{Ges} = 2.900), ist die Verteilung der Einschätzung einen neuen Arbeitsplatz zu finden viel gleichmäßiger (Ø 2,62, n_{Ges} = 3.367).

Abb. 12: Bedeutung der Arbeitsplatzsicherheit (N = 2.900)

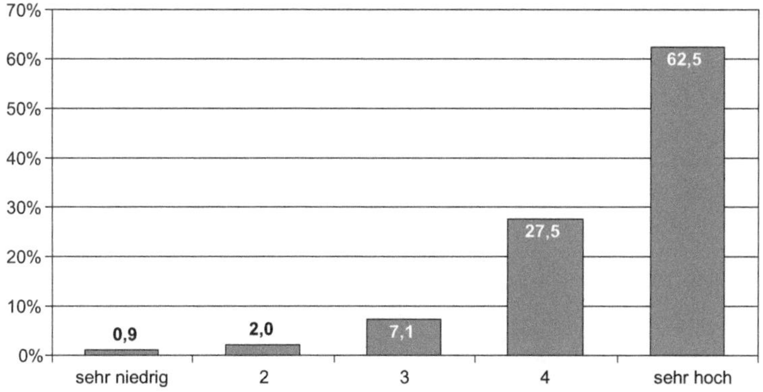

Abb. 13: Wahrnehmung der eigenen Chancen bei der Arbeitsplatzsuche (N = 3.367)

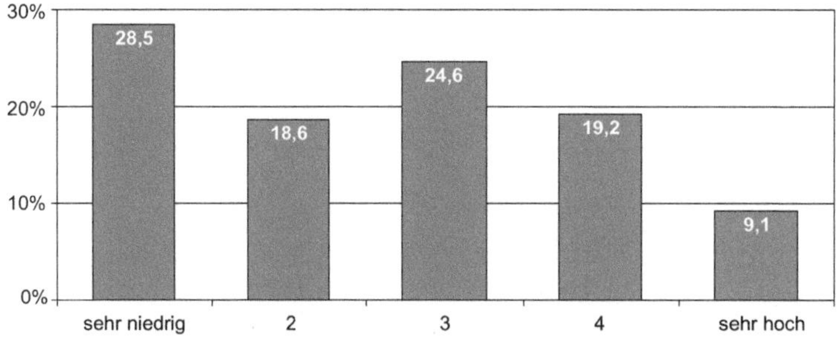

8.3.3 Mitbestimmung

In diesem Unterkapitel werden einige Variablen zur Beschreibung des Umfangs der Mitbestimmung, ihrer Wertschätzung und ihrer präferierten Zielrichtung beschrieben.

Den Anfang macht die Interessenvertretungsdichte. Wie im Kapitel zur Gewichtung unseres Datensatzes gezeigt, ist die Gruppe derjenigen, die eine Interessenvertretung im Betrieb haben leicht überrepräsentiert und wird durch die entsprechende Gewichtung korrigiert. Alles in allem haben im gewichteten Datensatz 49,5% der Befragten (n_{Ges} = 3.438) eine gesetzlich legitimierte Interessenvertretung (Betriebs- oder Personalrat). Die Mitbestimmungsaffinität (Durchschnitt aus Wichtigkeit von Gewerkschaften und Wichtigkeit von Tarifverträgen) liegt bei 4,20 (n_{Ges} = 2.907). Nahezu 75% aller Befragten sind der Ansicht, dass Mitbestimmung ‚wichtig' oder ‚sehr wichtig' sein. Der Anteil an Gewerkschaftsmitgliedern liegt bei 21,9% (n_{Ges} = 2.905). Um die Art und Weise der präferierten Mitbestimmung abzufragen, wurde die Zustimmung zu folgenden Beziehungsarten zwischen Interessenvertretung und Geschäftsleitung abgefragt: Konfrontation und Kompromiss. Der Durchschnitt für die Zustimmung zur Konfrontation liegt bei 3,87 (n_{Ges} = 2.875) und für den Kompromiss bei 3,32 (n_{Ges} = 2.878).

Abb. 14: Mitbestimmungsaffinität (N = 2.907)

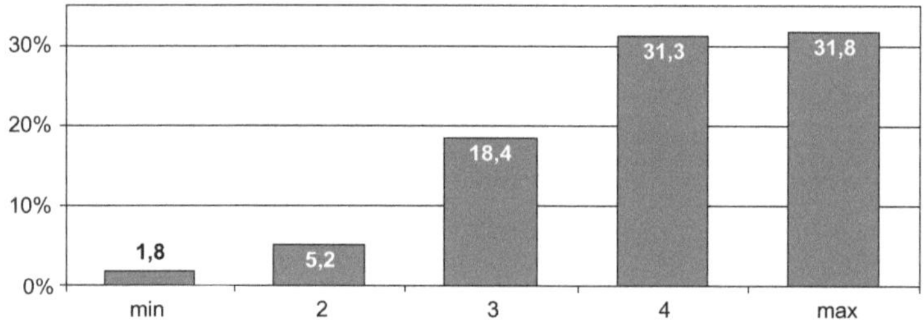

Abb. 15: Bevorzugte Art der Beziehungen zwischen Interessenvertretung und Geschäftsleitung

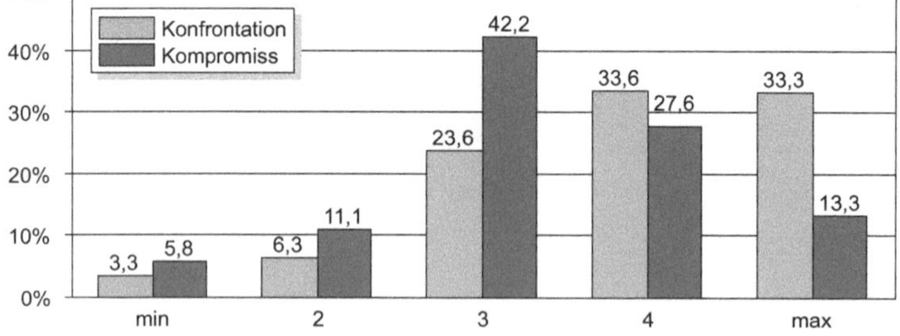

8.3.4 Exkurs: *Gründung von Interessenvertretungen*

Den Befragten, die angaben, über keine Interessenvertretung in ihren Betrieben zu verfügen, wurden zusätzliche Fragen zur Gründung von Interessenvertretungen gestellt, die in diesem Exkurs kurz erläutert werden. 84,3% der Befragten ohne Interessenvertretung ($n_{Ges} = 1.024$) gaben an, dass es keinen Versuch gab, einen Betriebsrat zu gründen. Bei 15,7% der Befragten gab es den Versuch, einen Betriebsrat zu gründen. Laut Angaben der Befragten verhinderte allerdings in 44% der Fälle die Geschäftsführung die Gründung, in 31% der Fälle mangelte es an Rückhalt in der Belegschaft und in 4% war der Betrieb für eine Gründung zu klein (siehe Abb. 16).

Von den 905 Personen, die angaben, dass es keinen Versuch zur Gründung einer Interessenvertretung gab, sagten 55%, dass ihr Betrieb zu klein für einen Betriebsrat sei. 33% sind der Meinung, dass es keinen Bedarf in ihrem Betrieb gibt. 7% der Befragten räumten ein, dass es aus Angst vor der Geschäftsleitung keinen Gründungsversuch gab, gefolgt von 4%, welche,die Belegschaft lehnt die Gründung eines Betriebsrates ab' als Antwort wählten (siehe Abb. 17).

Abb. 16: Ursachen für das Scheitern der Gründung einer Interessenvertretung (N = 169)

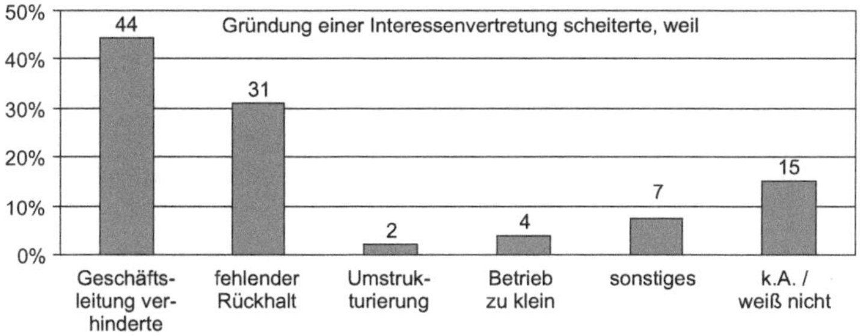

Abb. 17: Gründe für Verzicht auf eine Interessenvertretung (N = 905)

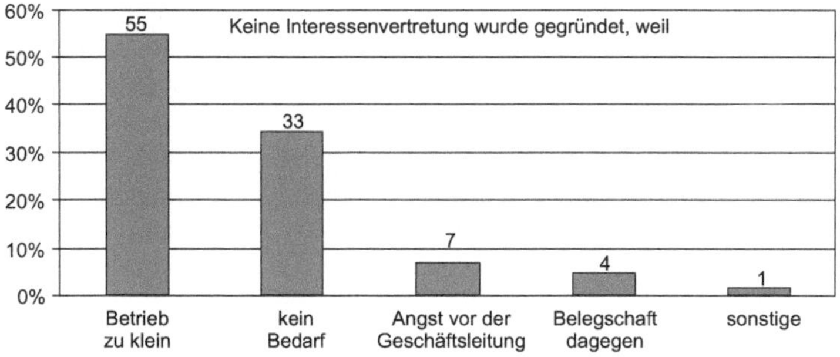

8.4 Erwartungen

In diesem Abschnitt werden die erhobenen Erwartungen an die Interessenvertretungen zunächst in deskriptiver Art und Weise präsentiert, bevor dann im Kapitel 10 die multivariate Auswertung mit diesen Variablen dargestellt wird. Die deskriptive Darstellung orientiert sich an den in Kapitel 3 aufgeführten Annahmen. Die in diesem Kapitel beschriebenen Ergebnisse haben den Charakter der Datensatzbeschreibung und sollen den Leserinnen und Lesern einen ersten groben Überblick verschaffen. Es werden nur die signifikanten Ergebnisse besprochen. Dazu wurden Mittelwert-T-Tests durchgeführt. Die hier präsentierten Ergebnisse beruhen auf einer Selektion derjenigen Befragten, die bei der Frage nach ihrem Wissen über Interessenvertretungen positiv geantwortet haben. Diejenigen, die ‚gar keine Ahnung' angaben bzw. keine Aussage über ihr Wissen machen konnten oder wollten, gehen in die weitere Auswertung nicht ein. Die hier beschriebenen Mittelwerte beziehen sich auf diese Subgruppe und können eventuell von den vorher genannten abweichen.

Die verschiedenen Erwartungen wurden zum einen jeweils einzeln auf einer 5er-Likert-Skala abgefragt. Für Befragte mit Interessenvertretung wurde sowohl eine Ist-Erwartung (an die konkrete Interessenvertretung im Unternehmen) als auch eine Soll-Erwartung (für eine idealtypische Interessenvertretung) erhoben. Zum anderen baten wir die interviewten Personen die Erwartungen ‚persönliche Unterstützung' (n_{Ges} = 2.871), ‚Sprachrohrfunktion' (n_{Ges} = 2.871), ‚Kontrolle' (n_{Ges} = 2.869), ‚Management' (n_{Ges} = 2.869) und ‚Information' (n_{Ges} = 2.869) in eine Rangreihenfolge zu bringen. Damit sollten die Befragten stärker gezwungen werden, sich zu entscheiden und nicht alle Erwartungen gleichermaßen als sehr wichtig zu charakterisieren. Wir berichten hier nur die Ergebnisse der Rangreihenfolge, weil sie mehr Varianz aufweisen und wir sie später für die Cluster verwenden. Die folgende Abbildung zeigt für jede Erwartung den Anteil an Personen, die die jeweilige Erwartung auf Platz eins oder zwei gesetzt haben.

Die Funktion der persönlichen Unterstützung und die Sprachrohrfunktion sind die mit Abstand am wichtigsten Erwartungen, gefolgt von der Kontroll- und Informationsfunktion. Die (Co-)Managementfunktion wird am wenigsten häufig als besonders wichtig erachtet. Im Folgenden werden die schon vorgestellten Items daraufhin untersucht, ob sie Unterschiede im Hinblick auf die Wichtigkeit der jeweiligen Erwartung aufweisen.

Abbildung 19 zeigt die Abweichungen vom Durchschnittsalter (40,99 Jahre) für die einzelnen Erwartungsgruppen. Ob man persönliche Unterstützung von seiner Interessenvertretung erwartet oder nicht hängt sehr wahrscheinlich nicht mit dem Alter zusammen; beide Gruppen haben denselben Altersschnitt. Signifikante Unterschiede gibt es nur bei der Sprachrohrfunktion – hier sind die Befürworter signifikant älter – und Unterschiede bei der Managementfunktion, die eher von jüngeren Befragten erwartet wird.

Das Geschlechterverhältnis ist ziemlich ausgeglichen und die Erwartungen der persönlichen Unterstützung und der Kontrolle weisen signifikante Unterschiede auf. Bei der ersten Funktion sind es mehr Frauen die diese Erwartung äußern, Männer erwarten eher Kontrolle.

Abb. 18: Erwartungen an eine Interessenvertretung: erst- und zweitrangige Nennungen

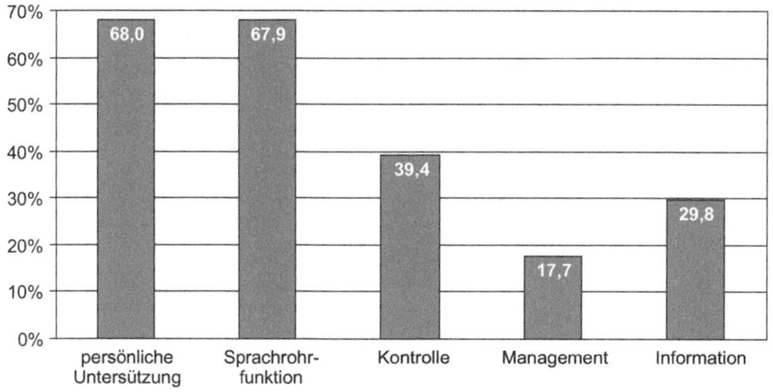

Abb. 19: Erwartungsgruppen: Abweichungen vom Durchschnittsalter

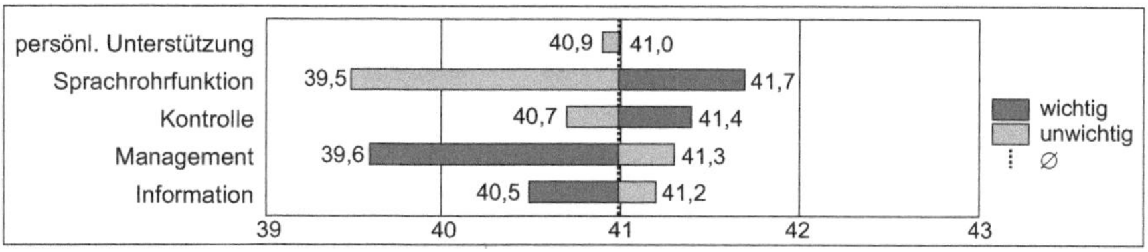

Abb. 20: Erwartungsgruppen: Frauenanteil

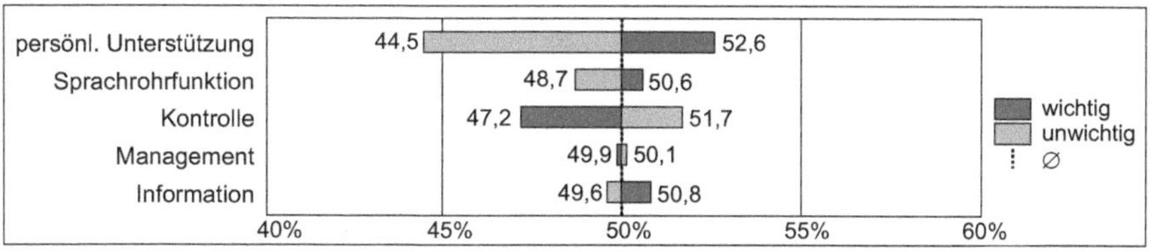

Auf dem 5%-Niveau signifikante Unterschiede bezüglich des Migrationshintergrunds, der im Durchschnitt bei 19,9% liegt, finden sich bei den Erwartungen ‚Sprachrohr' und ‚Management'. Befragte mit Migrationshintergrund beurteilen die Sprachrohrfunktion seltener als wichtig und erwarteten häufiger die Managementfunktion.

Wie aus der Abbildung schon deutlich sichtbar wird, unterscheiden sich die Arbeitnehmer und Arbeitnehmerinnen aus den neuen Bundesländern nicht signifikant von denen aus den alten Bundesländern, wenn es um die Erwartungen an Interessenvertretungen geht. Es gibt 12,26% Befragte aus den neuen Bundesländern.

Von den Befragten leben 44,6% in Haushalten mit Kindern. Diese Befragten erwarten signifikant häufiger Informationen von ihrer Interessenvertretung und halten die Sprachrohrfunktion signifikant seltener für wichtig.

Abb. 21: Erwartungsgruppen: Befragte mit Migrationshintergrund

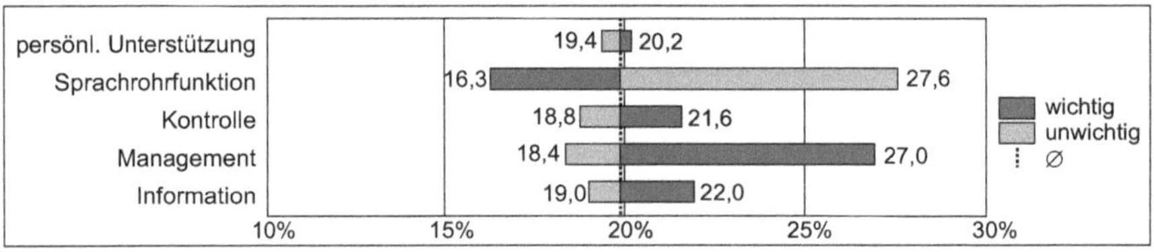

Abb. 22: Erwartungsgruppen: Befragte aus den neuen Bundesländern

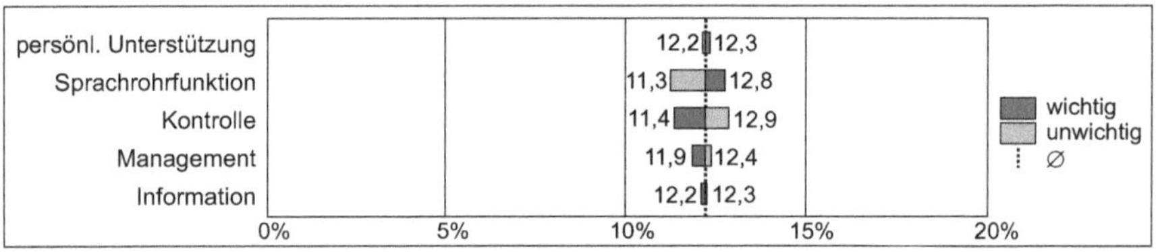

Abb. 23: Erwartungsgruppen: Befragte mit Kindern

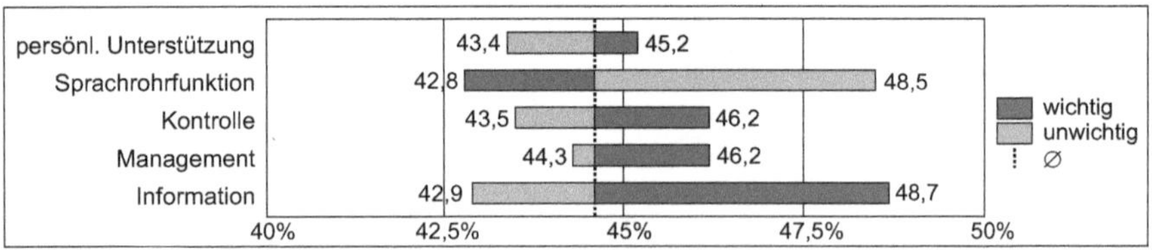

Die hier abgebildeten Wertvorstellungen differieren augenscheinlich nur wenig. Dennoch sind viele der Unterschiede statistisch signifikant. Die durchschnittliche Zustimmung für ‚fleißig und ehrgeizig sein' liegt bei 4,08 und die Unterschiede sind bis auf die Kontrollerwartung für alle Gruppen signifikant. Bei ‚einen hohen Lebensstandard haben' weichen nur die Gruppen mit den Erwartungen Kontrolle und Information nicht signifikant vom Mittelwert 3,43 ab. Die Gruppen mit der Erwartung Kontrolle sind auch die einzigen, die nicht signifikant von den Durchschnitten der Werte ‚Macht' (2,91) und ‚Sicherheit' (4,07) abweichen. Der Wert ‚anderen Menschen helfen' (3,86) wiederum erzeugt nur in den Erwartungsgruppen zur persönlichen Unterstützung signifikante Unterschiede. Für ‚Ordnung' (4,21) erzeugen die Gruppen zu den Erwartungen ‚persönliche Unterstützung' und ‚Information' signifikante Unterschiede.

Abb. 24: Erwartungsgruppen: Einfluss von Wertvorstellungen – ‚Fleiß'

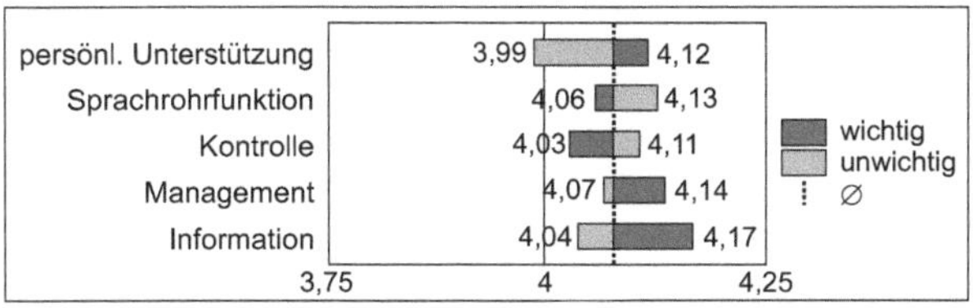

Abb. 25: Erwartungsgruppen: Einfluss von Wertvorstellungen – ‚Lebensstandard'

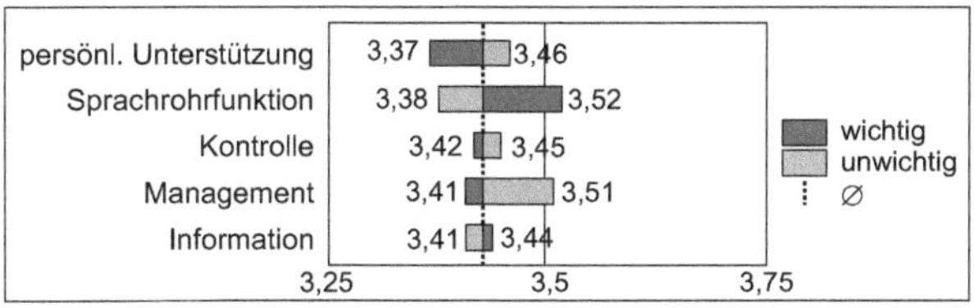

Abb. 26: Erwartungsgruppen: Einfluss von Wertvorstellungen –‚Macht'

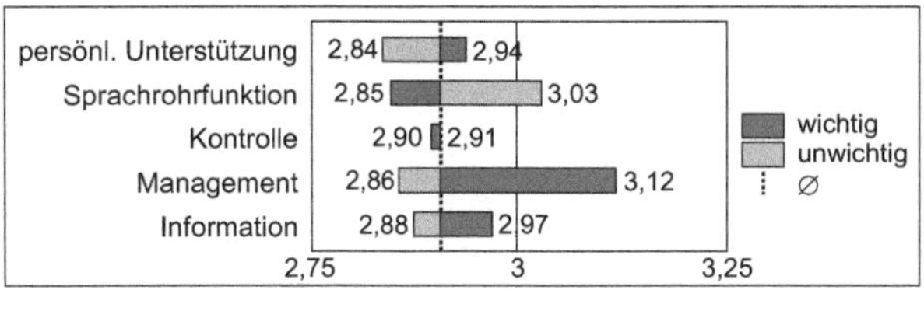

Abb. 27: Erwartungsgruppen: Einfluss von Wertvorstellungen – ‚Sicherheit'

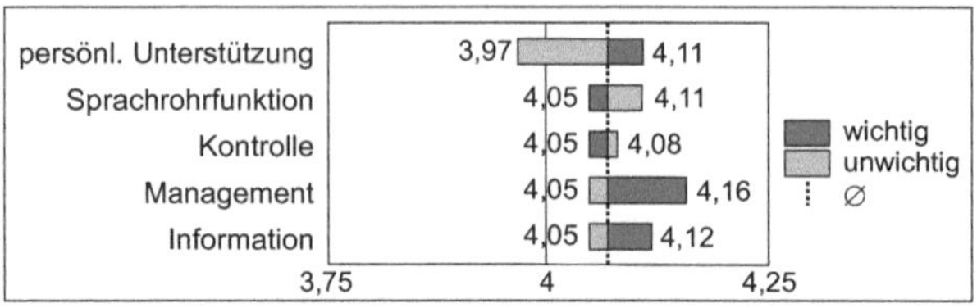

Abb. 28: Erwartungsgruppen: Einfluss von Wertvorstellungen – ‚Helfen'

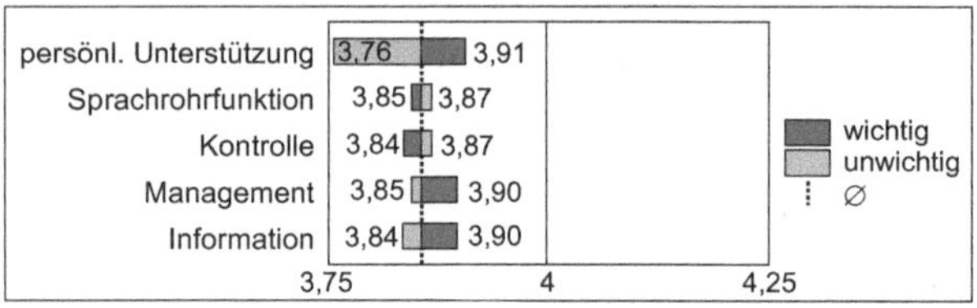

Abb. 29: Erwartungsgruppen: Einfluss von Wertvorstellungen – ‚Ordnung'

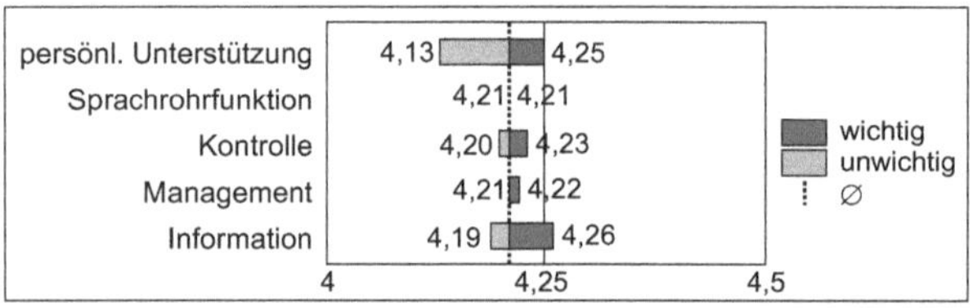

Das Politikinteresse liegt im Durchschnitt bei einem Wert von 3,26. Die Gruppen – bis auf die Erwartung ‚Information' – unterscheiden sich signifikant im Ausmaß ihres Politikinteresses. Befragte, die die persönliche Unterstützung durch die Interessenvertretung unwichtig finden, haben in der Regel ein höheres Politikinteresse als Befragte, die diese Unterstützung erwarten. Dieser Zusammenhang findet sich auch bei der Erwartung ‚Management'. Umgekehrt sieht es bei der Sprachrohrfunktion und der Kontrollfunktion aus: Interviewte, die dies erwarten haben ein höheres Interesse an Politik, im Vergleich zu denen, die dies nicht so stark erwarten.

Bei der Sonntagsfrage geht es um die Parteipräferenzen der Befragten. Die CDU/CSU würde von 18,3% der interviewten Personen gewählt werden. In Bezug auf die Erwartungen ist der einzige signifikante Unterschied, dass mehr CDU-nahe-Personen die Kontrollfunktion relativ unwichtig finden. Bei den SPD-Anhängern (15,2%) finden sich signifikant häufiger Befragte, die persönliche Unterstützung sowie vor allem Managementfunktionen von ihrer Interessenvertretung erwarten. FDP-Wähler (8,5%) erwarten signifikant häufiger Informationen. Bei den Wählern der Linkspartei (4,7%) gibt es keine signifikanten Präferenzen hinsichtlich der Erwartungen. Befragte, die mit den Grünen sympathisieren (10,9%), erwarten häufiger Kontrolle und seltener die persönliche Unterstützung und Informationen.

Abb. 30: Erwartungsgruppen: Einfluss des Politikinteresses

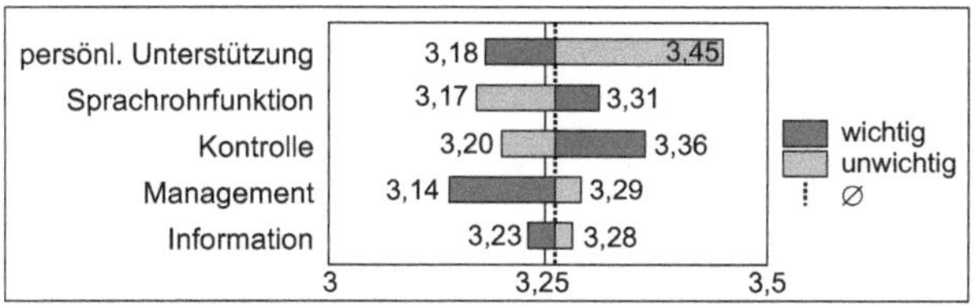

Abb. 31: Erwartungsgruppen: Einfluss der Parteipräferenz – CDU/CSU

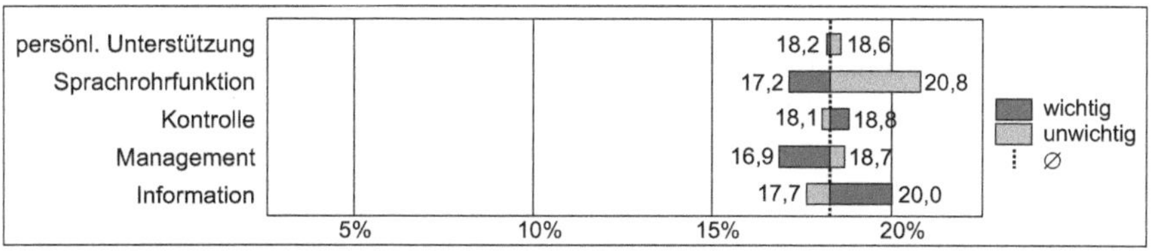

Abb. 32: Erwartungsgruppen: Einfluss der Parteipräferenz – SPD

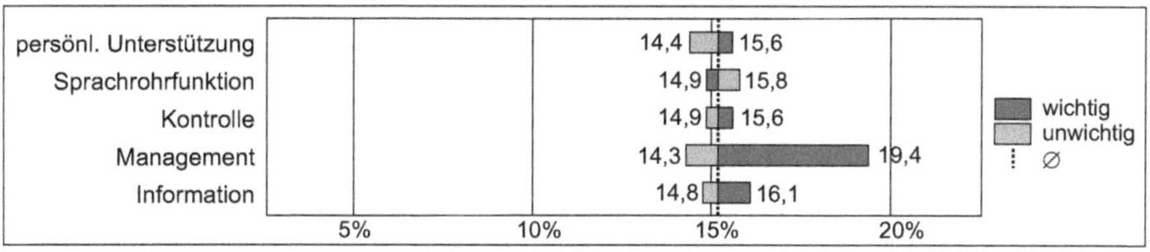

Abb. 33: Erwartungsgruppen: Einfluss der Parteipräferenz – FDP

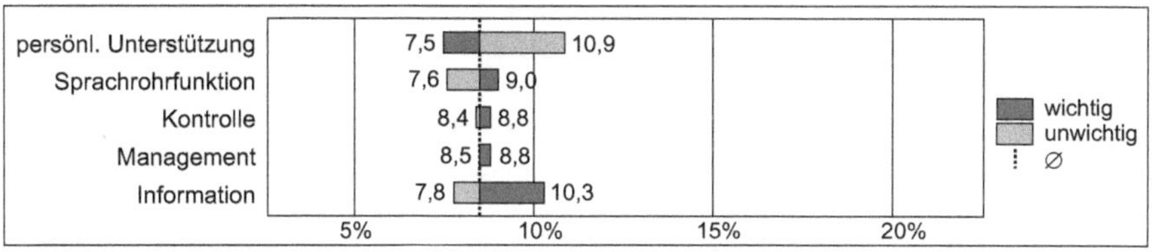

Abb. 34: Erwartungsgruppen: Einfluss der Parteipräferenz – Die Linke

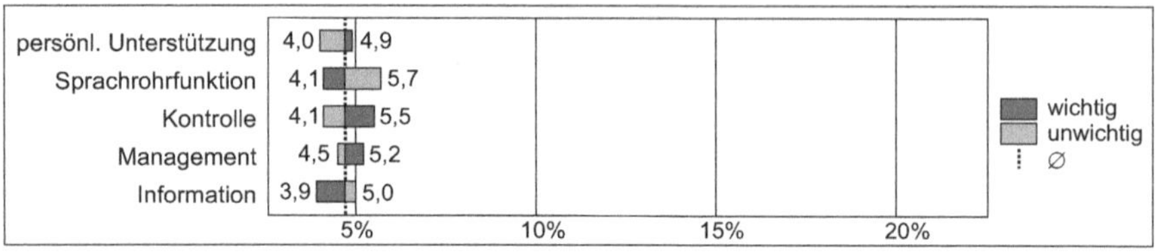

Abb. 35: Erwartungsgruppen: Einfluss der Parteipräferenz – Die Grünen

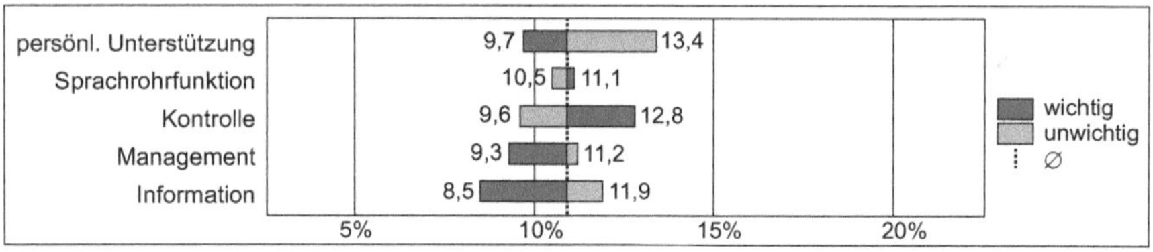

Un- und Angelernte Beschäftigte (9,4%) erwarten signifikant häufiger die Sprachrohrfunktion, alle anderen Erwartungen werden nicht signifikant beeinflusst. Ein akademischer Abschluss (21,6%) hingegen hat nur auf die Managementerwartung keinen Einfluss. Vor allem persönliche Unterstützung wird signifikant seltener erwartet, dies gilt auch, jedoch weniger stark, für die Informationsfunktion.

Abb. 36: Erwartungsgruppen: Einfluss der Qualifikation – Un- und Angelernte

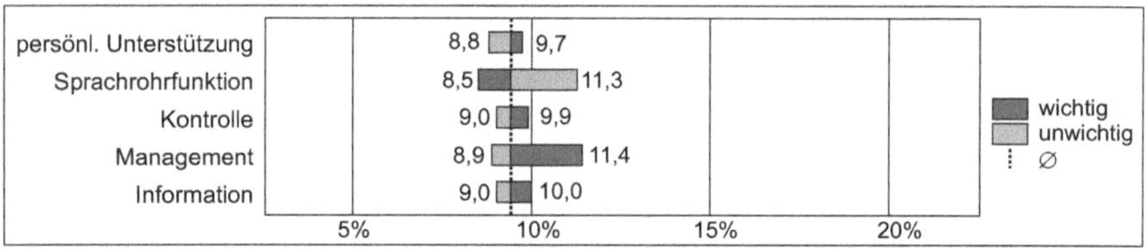

Die Einkommensvariablen haben nur einen geringen Einfluss. Personen mit höherem Einkommen – der Mittelwert liegt bei 2,6 – erwarten signifikant seltener die persönliche Unterstützung, dafür häufiger die Kontrollfunktion. Befragte, die nur einen geringen Anteil am Haushaltseinkommen erwirtschaften, scheinen keine signifikanten Präferenzen hinsichtlich ihrer Erwartungen an Interessenvertretungen zu haben.

Abb. 37: Erwartungsgruppen: Einfluss der Qualifikation – (Fach-) Hochschulabsolventen

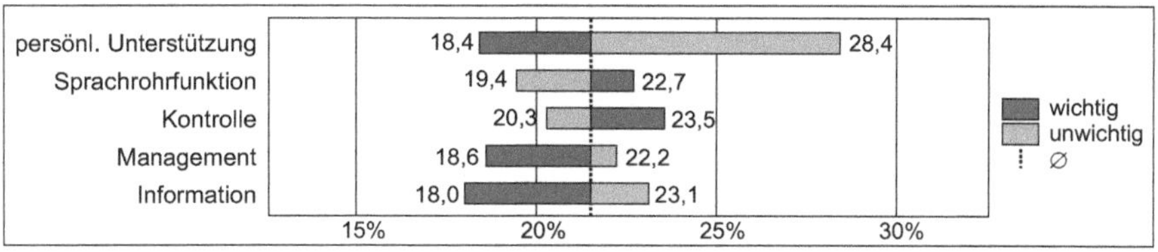

Abb. 38: Erwartungsgruppen: Einfluss des persönlichen Einkommens

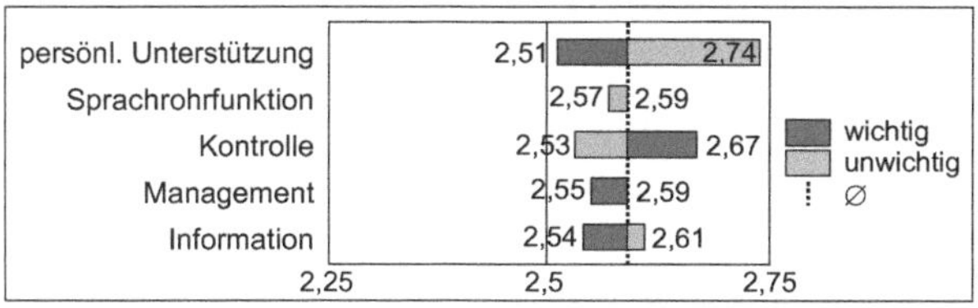

Abb. 39: Erwartungsgruppen: Einfluss eines geringen eigenen Anteils am Haushaltseinkommen

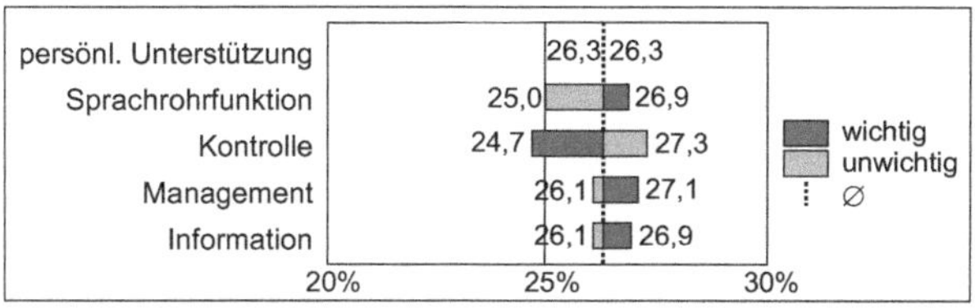

Personen mit einem höheren Berufsprestige erwarten signifikant viel seltener, dass die Interessenvertretung sie persönlich unterstützt. Das gilt auch für die Management und Informationsfunktion. Die Sprachrohrfunktion wird hingegen signifikant häufiger von Befragten mit hohem Berufsprestige erwartet. Der durchschnittliche Prestigewert (77,3) unterscheidet sich nicht signifikant im Hinblick darauf, ob man die Kontrollfunktion erwartet oder nicht.

Im Durchschnitt bekleiden 6,2% der Befragten eine Führungsposition. Personen in Führungspositionen erwarten von einer Interessenvertretung signifikant seltener, dass sie persönlich unterstützt werden. Die anderen Erwartungen werden nicht signifikant beeinflusst. Bei Personen die im Vergleich zur Elterngeneration einen Aufstieg geschafft haben (44,8%) wird signifikant häufiger die Übernahme der Sprachrohrfunktion durch die Interessenvertretung erwartet. Weniger häufig werden Management und Informationen erwartet. Die anderen Erwartungen unterscheiden sich nicht signifikant.

Abb. 40: Erwartungsgruppen: Einfluss des Berufsprestiges

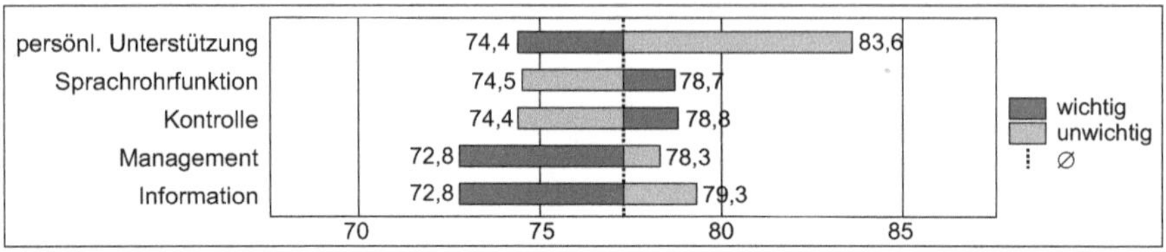

Abb. 41: Erwartungsgruppen: Einfluss der eigenen Führungsposition

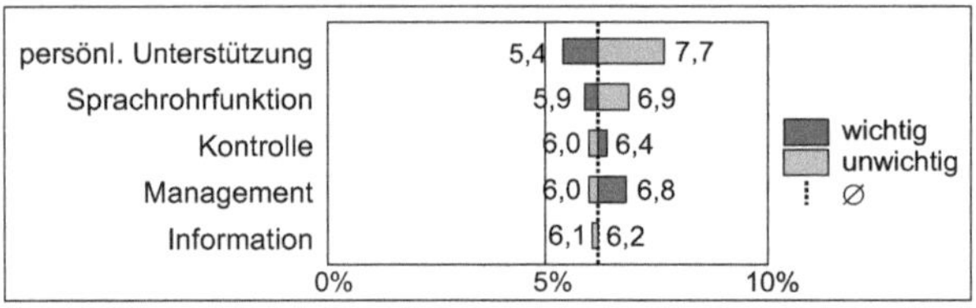

Abb. 42: Erwartungsgruppen: Einfluss des eigenen beruflichen Aufstiegs

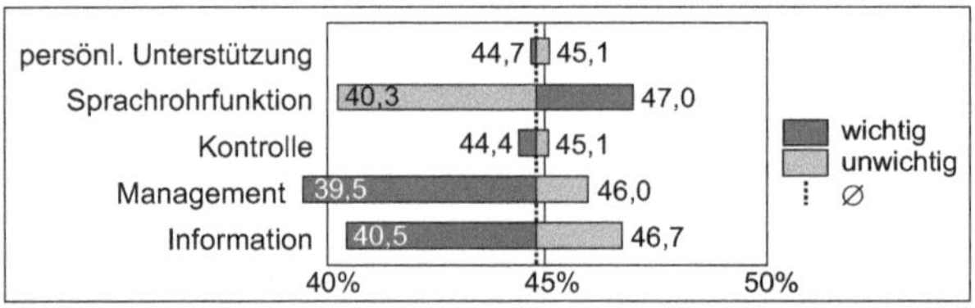

Als nächstes werden verschiedene Indikatoren ‚atypischer' Beschäftigungsverhältnisse geprüft. Der Anteil der befristet Beschäftigten (15,6%) ist bei denjenigen, die die Managementfunktion erwarten signifikant höher, bei denjenigen, die die Sprachrohrfunktion erwarten signifikant niedriger. Teilzeitarbeitende (28,8%) erwarten signifikant häufiger die Funktion der persönlichen Unterstützung, haben allerdings bei den anderen Erwartungen keine statistisch belastbaren Präferenzen. Personen in Zeit- und Leiharbeit (6,4%) erwarten weniger häufig die Übernahme der Sprachrohrfunktion und häufiger die Managementfunktion durch die Interessenvertretung. Die Kurzarbeiter (9,0%) schließlich favorisieren keine der Erwartungen.

Die Betriebszugehörigkeitsdauer beträgt im Mittel 11,5 Jahre. Wie Abbildung 47 zeigt, schwanken die verschiedenen Gruppen nicht einmal um ein Jahr, so ist es auch wenig verwunderlich, dass diese Unterschiede nicht signifikant sind.

Abb. 43: Erwartungsgruppen: Einfluss einer befristeten Beschäftigung

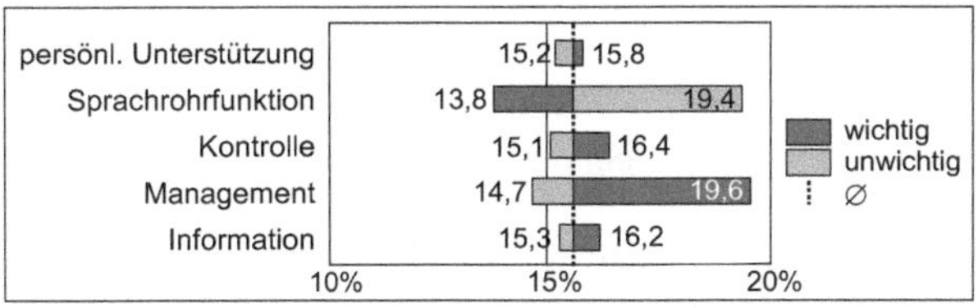

Abb. 44: Erwartungsgruppen: Einfluss einer Teilzeitbeschäftigung

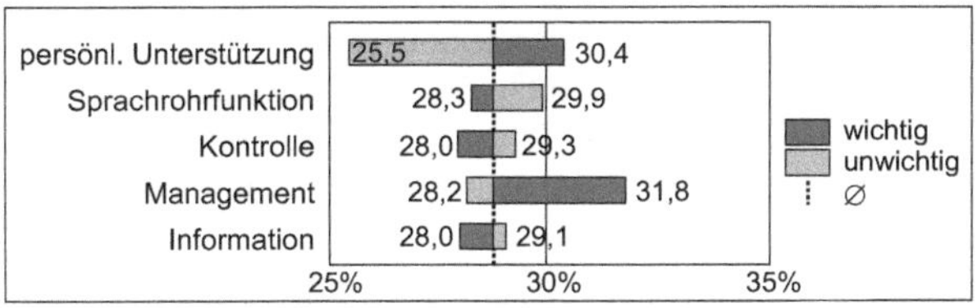

Abb. 45: Erwartungsgruppen: Einfluss einer Zeit- oder Leiharbeitsbeschäftigung

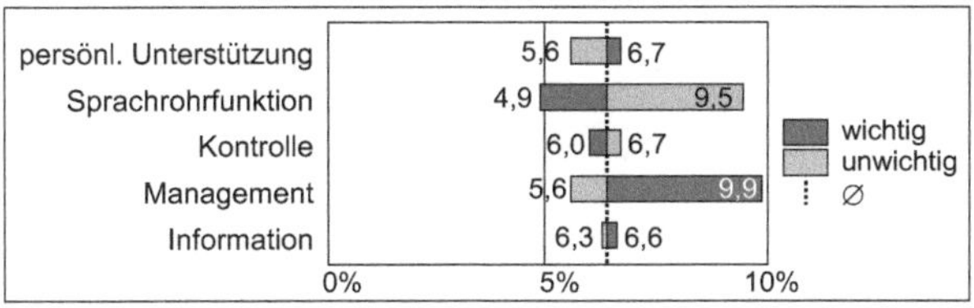

Abb. 46: Erwartungsgruppen: Einfluss von eigener Kurzarbeit

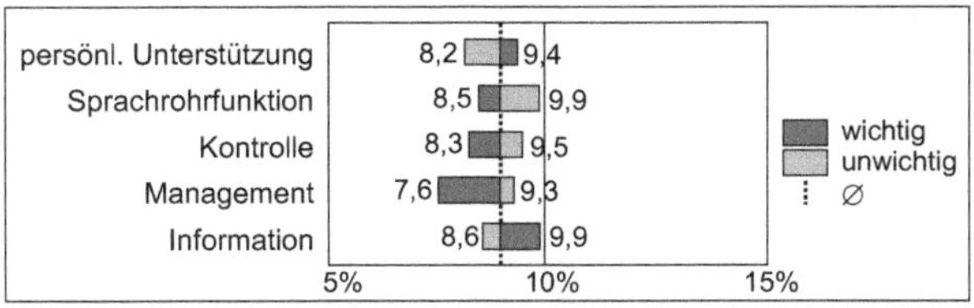

Abb. 47: Erwartungsgruppen: Einfluss der Dauer der Betriebszugehörigkeit

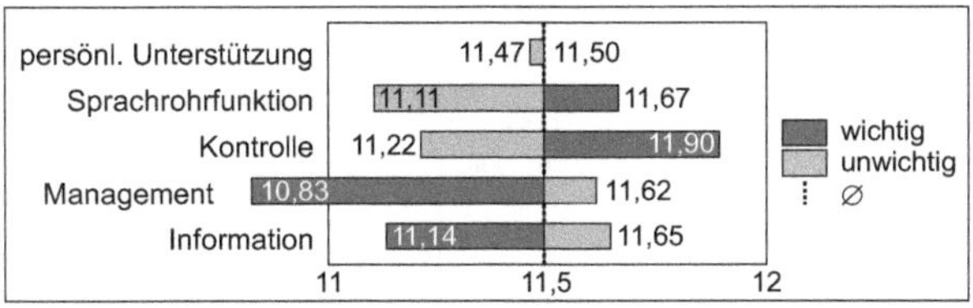

Die Chance einen Arbeitsplatz zu finden wird mit 2,63 im Durchschnitt eher vorsichtig eingeschätzt. Befragte, die nicht unbedingt persönliche Unterstützung erwarten, schätzen ihre Chance einen anderen Arbeitsplatz zu finden höher ein als Befragte, die persönliche Unterstützung erwarten. Dieser Zusammenhang findet sich bei der Management Erwartung genau umgekehrt: Hier sind es diejenigen, die ein Co-Management erwarten, die ihre Chancen etwas höher einschätzen. Bei der Relevanz der Arbeitsplatzsicherheit (4,49) halten diejenigen, die persönliche Unterstützung erwarten die Arbeitsplatzsicherheit für wichtiger, als diejenigen, die diese persönliche Unterstützung nicht (unbedingt) erwarten.

Von den Befragten im öffentlichen Dienst (26,8%) scheint nur die Informationserwartung signifikant beeinflusst zu werden. Sie erwarten seltener Informationen vonseiten der Interessenvertretung. Auch die Tatsache, dass es eine gesetzliche Interessenvertretung vor Ort gibt (54,3%), hat relativ wenig Einfluss auf die Erwartungen der Beschäftigten. Einzig die Kontrollfunktion wird signifikant häufiger erwartet.

Abb. 48: Erwartungsgruppen: Einfluss der Wahrnehmung der eigenen Chancen bei der Arbeitsplatzsuche

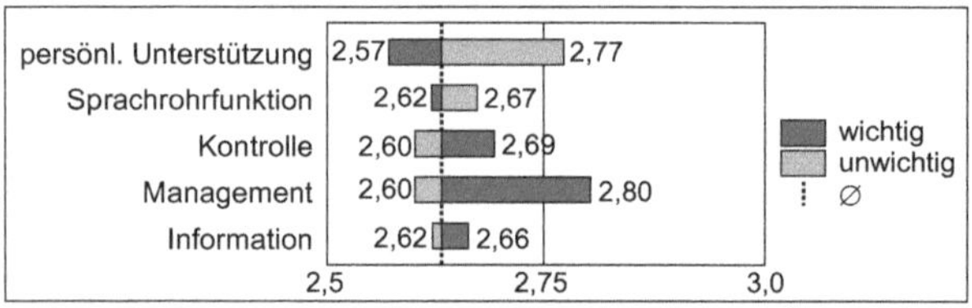

Abb. 49: Erwartungsgruppen: Einfluss der Bedeutung der Arbeitsplatzsicherheit

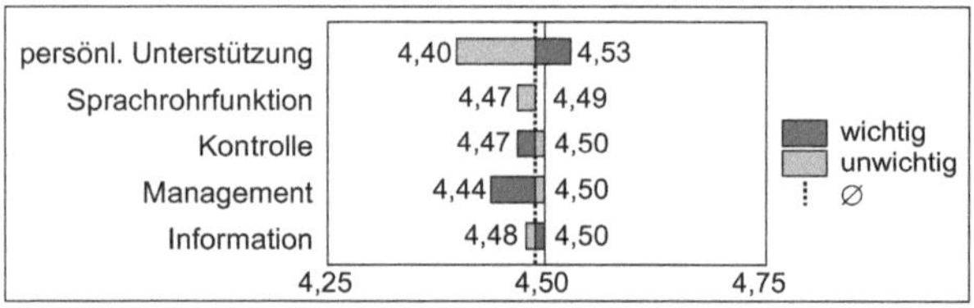

Abb. 50: Erwartungsgruppen: Einfluss der Beschäftigung im öffentlichen Dienst

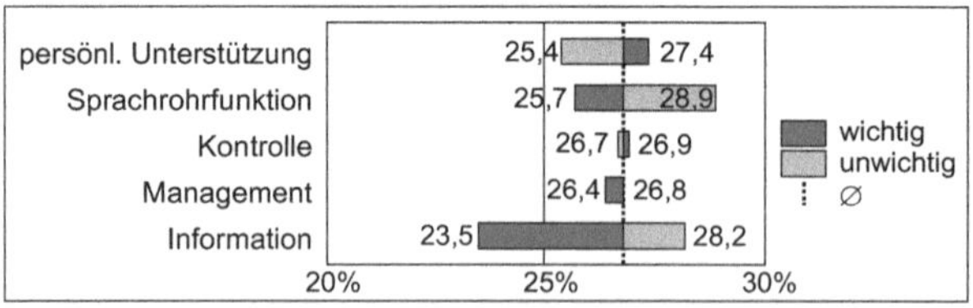

Abb. 51: Erwartungsgruppen: Einfluss des Vorhandenseins einer Interessenvertretung

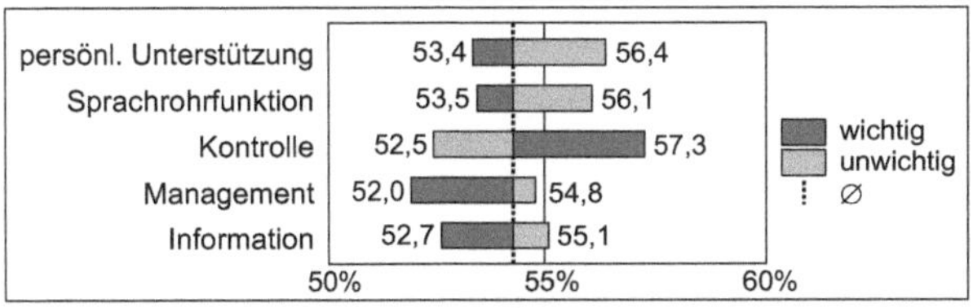

Die Betriebsgröße beträgt im Durchschnitt über die Kategorien 3,07, das entspricht in etwa 50 bis 199 Mitarbeitern. Zwei signifikante Unterschiede finden sich hier. Zum einen arbeiten Personen, die Kontrollfunktion durch die Interessenvertretung erwarten, in signifikant größeren Betrieben und zum anderen arbeiten Befragte, die Informationen erwarten, in signifikant kleineren Betrieben, jeweils im Vergleich zu der Gruppe die eben diese Erwartungen nicht hegt.

Der Einfluss der Mitbestimmungsaffinität (4,20) wirkt sich auf drei Erwartungen aus: Personen, die persönliche Unterstützung und die Sprachrohrfunktion von der Interessenvertretung erwarten, haben eine signifikant höhere Mitbestimmungsaffinität als Personen, die diesen Erwartungen weniger Gewicht beimessen. Genau umgekehrt ist es bei der Informationsfunktion, diese wird von hoch mitbestimmungsaffinen Beschäftigten eher weniger erwartet.

Abb. 52: Erwartungsgruppen: Einfluss der Betriebsgröße

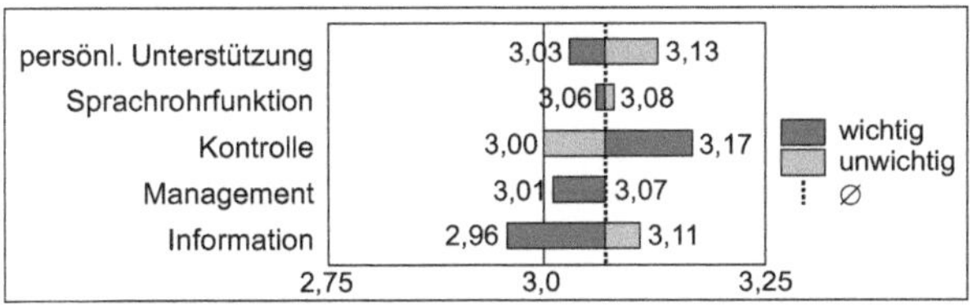

Abb. 53: Erwartungsgruppen: Einfluss der eigenen Mitbestimmungsaffinität

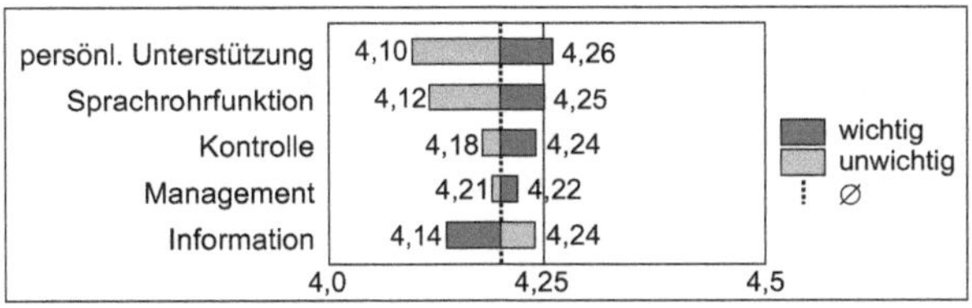

Ganz im Gegensatz zur Mitbestimmungsaffinität, scheint die Mitgliedschaft in einer Gewerkschaft keinerlei Auswirkung auf die Erwartungshaltung der Beschäftigten auszuüben.

Abb. 54: Erwartungsgruppen: Einfluss der eigenen Gewerkschaftsmitgliedschaft

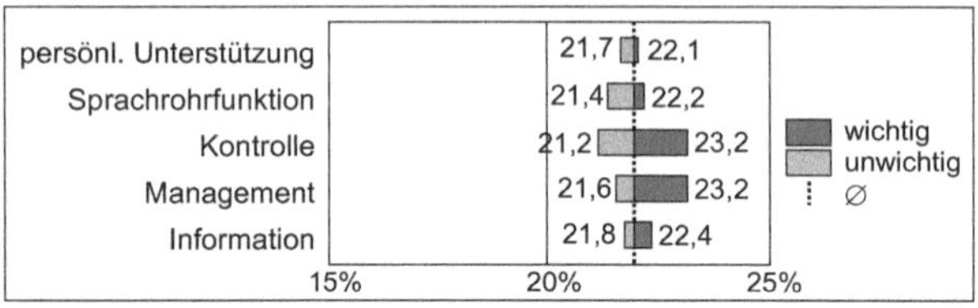

Abb. 55: Erwartungsgruppen: Einfluss der bevorzugten Art der Beziehungen zwischen Interessenvertretung und Geschäftsleitung – ‚Konfrontation'

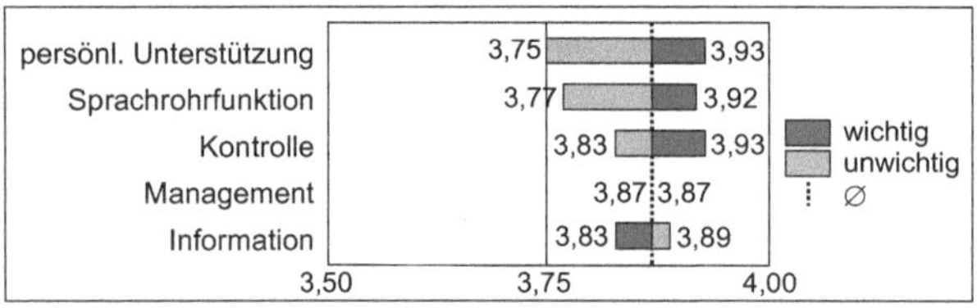

Abb. 56: Erwartungsgruppen: Einfluss der bevorzugten Art der Beziehungen zwischen Interessenvertretung und Geschäftsleitung – ‚Kompromiss'

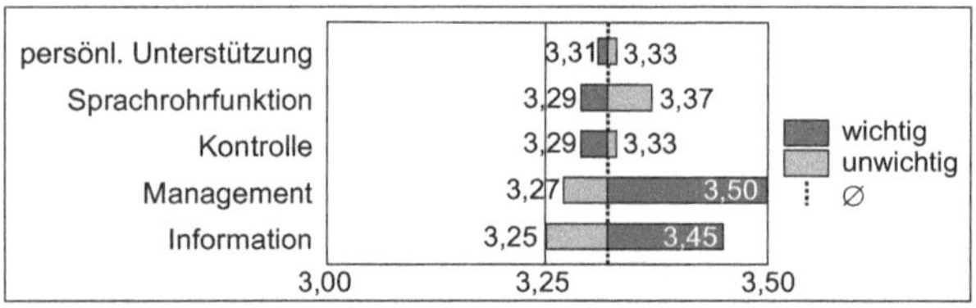

Zum Schluss dieses Kapitels betrachten wir noch zwei Variablen, die beschreiben, wie sehr sich die Befragten die folgenden Beziehungsstile der Interessenvertretung mit der Geschäftsführung – Konfrontation (3,87) und Kompromiss (3,32) – wünschen. Dabei stellt sich heraus, dass Beschäftigte, die persönliche Unterstützung, die Sprachrohrfunktion oder Kontrolle erwarten, eine signifikant höhere Zustimmung zur Konfrontation der Interessenvertretung mit der Geschäftsleitung haben, als Beschäftigte, die diese Erwartungen nicht haben. Management und Information hingegen wird von Befragten erwartet, die eher finden, dass Interessenvertretung und Geschäftsführung kompromissorientiert arbeiten sollen.

Der nächste Schritt unserer Ergebnisanalyse wird aufzeigen, welche Erwartungsmuster, d.h. welche Kombination von Erwartungen sich ergeben und wovon die Erwartungsmuster abhängen. Anschließend werden anhand der Ergebnisse die Erwartungsmilieus beschrieben, d.h. es wird aufgezeigt, wer über welche Erwartungsmuster verfügt. Dies geschieht mit Hilfe einer Clusteranalyse, die mittels entsprechender Gewichtungen die Größe der verschiedenen Milieus darstellt. Anschließend wird mit Hilfe multivariater Verfahren die Frage geklärt, wovon die unterschiedlichen Erwartungsfunktionen an Interessenvertretungen beeinflusst werden. Zunächst werden dazu aus den bisherigen Überlegungen Hypothesen gebildet und mittels logistischer Regressionen überprüft, welche unabhängigen Variablen die unterschiedlichen Ränge der Erwartungsbildung erklären.

9. Erwartungsmilieus

9.1 Konstitution der Erwartungsdimensionen

Wie bereits oben angedeutet, wurden die Typologien von Milieustudien (insbesondere den kommerziell genutzten Milieustudien) bislang nicht transparent gemacht, weil sie methodisch nicht hinreichend begründet werden. Weiterhin ist an bisherigen Milieumodellen zu bemängeln, dass die Achsen kein Kontinuum darstellen und die Anordnung der Milieugruppen in den Schaubildern keinen objektiven Kriterien im Hinblick auf Lage und Form genügen, d.h. die Visualisierung der Typologie ist in den Modellen, die im theoretischen Teil unserer Studie bereits vorgestellt wurden, aus sich heraus nicht verständlich. Es stellt sich beispielsweise die Frage, warum die Ausformung mancher Milieus bananenförmig ist und warum sich die Milieus genau an dieser oder jener Stelle überlappen. In Anlehnung an Schnell, Hill und Esser (1999) verstehen wir unter einer Typologie eine mehrdimensionale Tabelle, in der wir zwei lineare Achsen zugrunde legen, auf der jeweils eine Kombination der fünf Erwartungskategorien angeordnet wird. Die hier vorgestellt ‚Milieulandkarte' widersetzt sich damit bewusst konventionellen Sehgewohnheiten von Milieulandkarten. Beide Achsen werden durch Skalen gebildet und die Mittelpunkte der Milieus repräsentieren den Schnittpunkt beider Mittelwerte. Da auch die abhängige Variable auf der Milieulandkarte dargestellt werden sollte, haben wir uns für die unten näher beschriebenen ‚Milieuringe' entschieden. Die Ausfüllung der „Milieuringe" bezeichnet die jeweiligen Erwartungen. Die dargestellte Größe der Milieus, d.h. die Ausdehnung der ‚Milieuringe', repräsentiert die prozentuale Größe der Milieus in der Grundgesamtheit. Aus diesem Grunde existieren ‚Lücken' zwischen den Milieus. Diese Lücken mögen zwar für Betrachter, die an die Darstellungsform der Milieus (z.B. Sinus) gewöhnt sind, überraschend sein, stellen aber unserer Meinung nach die Datenlage angemessener dar, als die in anderen Milieulandkarten gewählte Visualisierungsform.

Diese fünf Erwartungskategorien sind persönliche Unterstützung, Sprachrohr der Belegschaft, Kontrollinstanz, Managementaufgaben und Informationsverbreitung. Diese Dimensionen sollten nach ihrer Wichtigkeit von den Befragten sortiert werden. Dadurch ergibt sich für jede der fünf Erwartungen ein Rangplatz, der die Wichtigkeit dieser Erwartung angibt. Platz 1 wäre dabei ‚am wichtigsten', Platz 5 ‚am unwichtigsten'. Diese Variablen wurden dann von uns dichotomisiert, so dass eins für eine hohe Wichtigkeit (Platz 1 oder 2 der Originalskalierung) und null für eine geringe Wichtigkeit (Platz 3 bis 5 der Originalskalierung) steht. Diese Kondensierung der Originalinformationen hat im Hinblick auf die Identifizierung von Erwartungsmilieus als Cluster dieser Variablen aus unserer Sicht mehrere Vorteile:

Erstens kann so besser abgebildet werden, was die Originalvariable als Ordinalvariable aussagen sollte, nämlich dass die befragte Person eine bestimmte Erwartung besonders wichtig findet und *gleichzeitig* eine bestimmte andere Erwartung eben nicht. Die Dichotomisierung hat zur Folge, dass spezielle Clusterbildungsverfahren (Aldenfelder/Blashfield 1984; Everitt et al. 2001) angewandt werden können. Wir nutzen das Ward-Verfahren im Rahmen einer hierarchischen Clusteranalyse. Durch die Dichotomisierung der Erwartungsvariablen können wir das ‚simple matching' Ähnlichkeitsmaß verwenden. Dieses Maß berücksichtigt neben übereinstimmenden Einschätzungen von Erwartungen bei verschiedenen Personen auch als wichtig, wenn diese Personen übereinstimmend Erwartungen als unwichtig einstufen.

Zweitens zeigt sich in der Darstellung der so gewonnenen Cluster ein weiteres Gütekriterium der Clusterlösung. Neben den in STATA 10 implementierten (und oft nicht eindeutigen) Maßzahlen (z.B. Calinski/Harabasz und Duda/Hart Index) zur Güte der Clusterlösungen kommt es bei dichotomen Variablen zu einem Anteilswert, der angibt, wie viele Personen in diesem Cluster eine bestimmte Erwartung favorisieren. Wenn die Zustimmung für bestimmte Erwartungen in einem Cluster entweder größer als 80% oder kleiner als 20% ist, kann das Cluster als recht gut bestimmt gelten. Die hier verwendeten Cluster wurden mit PASW 18 berechnet.

Die Clusteranalyse gilt als heuristisches Verfahren und soll zur Entdeckung von Strukturen in Daten dienen. Man kann im Grunde keine perfekte Lösung finden. Es gilt vielmehr Lösungen zu finden, die sowohl handhabbar sind, als auch eine ausreichende mathematische Trennschärfe aufweisen, um so entscheidende Gruppen identifizieren zu können. Da es keinen eindeutigen Modell-fit-Wert bei einer Clusterlösung gibt, sollte, neben der Trennschärfe, auch die inhaltliche Interpretierbarkeit der Cluster als Lösungskriterium herangezogen werden. Wir haben uns für eine elf Cluster Lösung entschieden, zu der wir manuell ein weiteres Cluster addieren, das wir das mitbestimmungsfrustrierte Milieu nennen. Diese Gruppe von Befragten hat generell geringe Erwartungen an Interessenvertretungen, obwohl sie eigentlich ein typisch mitbestimmungsaffines Cluster darstellen (siehe unten). Diese Gruppe schien uns so prägnant und wichtig, dass wir sie nicht unerwähnt lassen wollten. Da das Ward-Verfahren jedoch dazu neigt, möglichst gleich große Gruppen zu generieren, wäre diese Gruppe erst viel später, in einer 15-Cluster-Lösung in Erscheinung getreten. Die so gefundenen Cluster ordnen wir in einem Koordinatensystem an, dessen x-Achse die Mitbestimmungsaffinität und dessen y-Achse das Berufsprestige abbildet (siehe Kap. 7.4 für die Dimension des Berufsprestiges und Kapitel 10.2 für die Dimension der Mitbestimmungsaffinität). Das Berufsprestige nach Wegener (1985) wird über die Berufsangabe im Fragebogen gebildet und die Mitbestimmungsaffinität ist der Mittelwert der beiden Fragen nach der Wichtigkeit von Tarifverträgen und Gewerkschaften. Wie schon oben erläutert eignet sich das Berufsprestige besonders gut dazu, weil es sich als kontinuierliche Skala darstellen lässt. Außerdem ist für die Erwartung an die Interessenvertretung nicht nur der soziale Status, der sich in Einkommen und Bildung ausdrückt, sondern auch das Prestige des ausgeübten Berufs relevant. Die Mitbestimmungsaffinität stellt eine relevante gesellschaftliche Norm für die Einordnung der Erwartung an Interessenvertretungen dar.

Im Gegensatz zu den multivariaten Analysen (siehe Kapitel 10) haben wir die Cluster nicht in zwei Gruppen nach dem Wissen über Interessenvertretungen unterteilt. Das liegt daran, dass sich die Clusteranalysen für diese Subgruppen so gut wie gar nicht inhaltlich unterscheiden. Aufgrund der geringeren Fallzahl würden weniger Cluster gebildet werden können. Die multivariaten Analysen zeigen später auch, dass es vielmehr die Gründe für spezielle Erwartungen und deren generelle Kohärenz sind, bei denen sich die beiden Gruppen unterschieden, nicht aber die generellen Erwartungen und ihre Muster.

9.2 Erwartungsmilieus

Die Struktur der Erwartungsmilieus wird durch einen Ring mit fünf Segmenten dargestellt. Jedes Segment steht dabei für eine Erwartung (siehe Abb. 58). In 25%-Schritten wird dabei angezeigt, wie viele Personen in dem Milieu die entsprechende Erwartung haben.

9.3 Charakterisierung der Erwartungsmilieus

Die althergebrachten Unterscheidungen zwischen Arbeitern und Angestellten, Vollzeit und Teilzeit oder auch Männern und Frauen dominieren nicht wirklich einzelne Milieus. Wir können also nicht von einem Frauen-, Teilzeit- oder Arbeitermilieu sprechen. Die Unterschiede scheinen sich eher an der allgemeinen ökonomischen Lage und den Einstellungen und Werten zu manifestieren und auch da oft nur tendenziell. Nachfolgend werden die einzelnen Erwartungsmilieus auf ihre Besonderheiten hin charakterisiert. Dabei wird insbesondere auf Unterschiede zwischen den Milieus geachtet, was dazu führt, dass nicht in jeder Milieubeschreibung jede Variable wieder auftaucht, sondern den großen oder bedeutsamen Unterschieden mehr Platz eingeräumt wird.

Abb. 57: Erwartungsmilieus

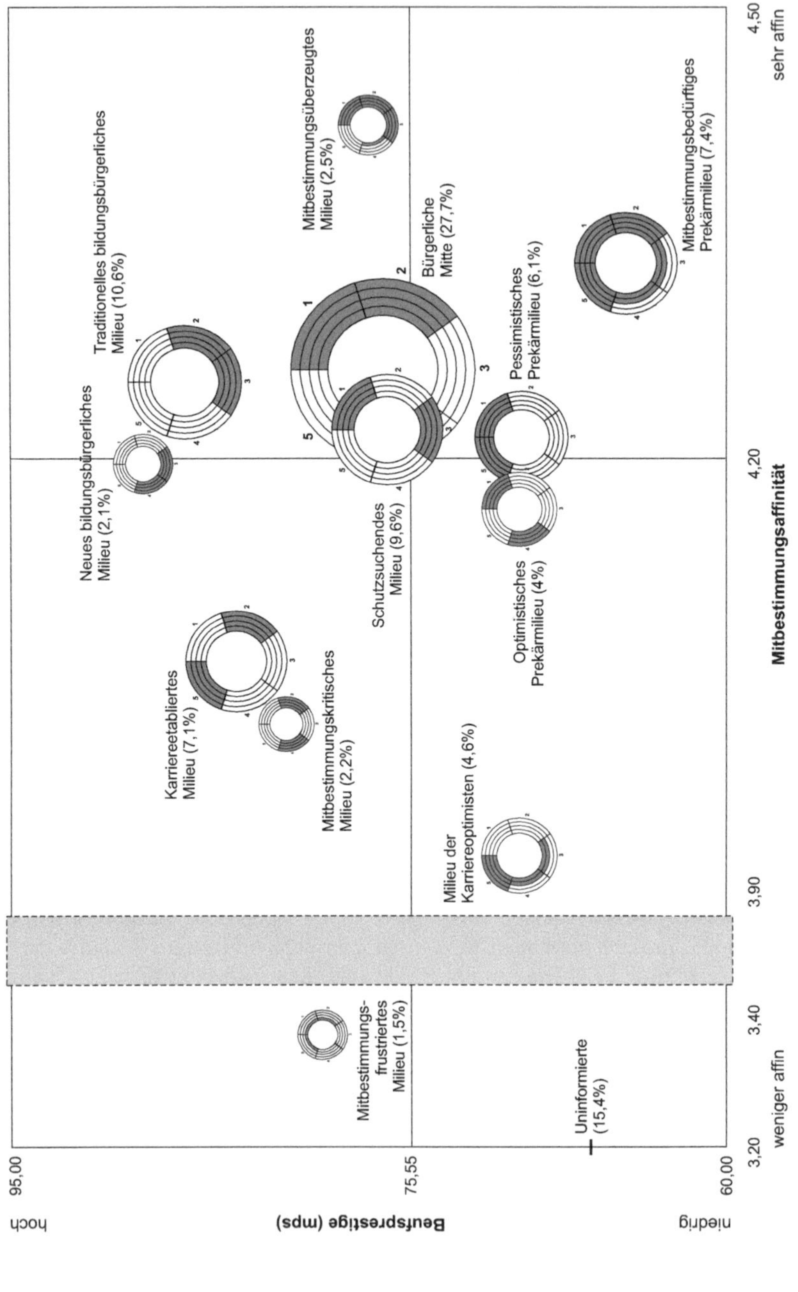

Abb. 58: Erwartungsring

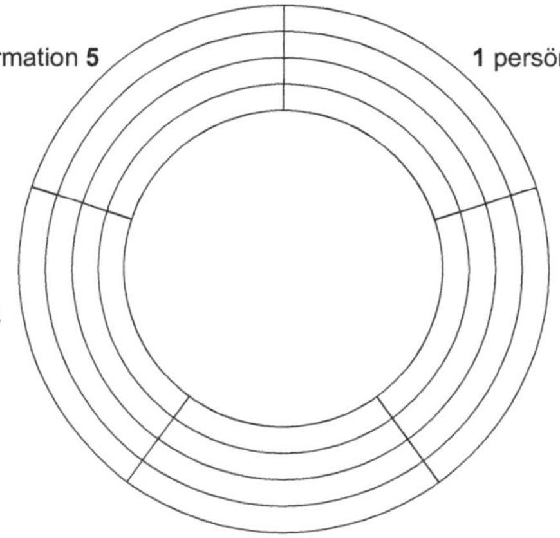

9.3.1 Die Uninformierten

Die Gruppe der Uninformierten konstituiert sich aus den Personen, die auf die Eingangsfrage ‚Wie schätzen Sie Ihr Wissen über Betriebsräte ein?' mit dem Minimalwert ‚gar keine Ahnung' geantwortet haben. Dieses Cluster ist nicht in der Gesamtübersicht (Abb. 58) als Erwartungsring dargestellt, da wir Personen, die kein Wissen über Betriebsräten haben auch nicht nach ihren Erwartungen an Betriebsräte und nach ihrer Mitbestimmungsaffinität fragen konnten. Allerdings haben wir die Uninformierten mit ihrem mps Wert (66,70) an der Y-Achse abgetragen, um auch diese Gruppe in der Gesamtübersicht zu zeigen. Der Anteil, die eine solche Antwort gaben, ist erfreulicherweise sehr gering: Etwas mehr als ein Achtel aller Befragten hat so geantwortet (15,4%). Auffällig ist das niedrige Bildungsniveau dieser Gruppe, welches sich an den unterdurchschnittlichen Anteilen von Personen mit Hochschulreife (25,7%, ø 43,7%) und Akademikern (9,2%, ø 19,5%) ablesen lässt. Ungefähr jeder vierte der Uninformierten hat keine formale Berufsausbildung (26,0%, ø 14,0%). Dementsprechend hat so gut wie niemand der Uninformierten eine Position mit Führungsverantwortung inne (1,1%, ø 5,4%). Auf der Karrierestufe ist diese Gruppe im Vergleich deutlich unter allen oben beschriebenen Milieus anzuordnen (3,58, ø 4,25). Auch das persönliche Einkommen ist absolut unterdurchschnittlich, was unter anderem auch auf den hohen Anteil der – überwiegend weiblichen (Weiblich Teilzeit: 39,1%, ø 26,4%, Frauenanteil insgesamt: 58,0%, ø 51,3%) – Teilzeitarbeitenden zurückzuführen ist (Vollzeit: 56,0%, ø 68,8%). Das durchschnittliche Haushaltseinkommen liegt ebenfalls deutlich unter dem Stichprobenmittelwert (3,10, ø 3,35). Eine Ursache der schlechten Informationslage ist neben dem geringen Bildungsniveau sicherlich auch, dass es lediglich bei ca. einem Viertel der Uninformierten eine Interessenvertretung im Betrieb gibt (25,6%, ø 49,5%), weil sie in Unternehmen mit kleiner Betriebsgröße arbeiten (fünf bis 49 Mitarbeiter 56,4%, ø 38,5%). Mit den Uninformierten addieren sich die Prozentzahlen aller Milieus auf 100%. Wir haben damit eine repräsentative Milieulandkarte der Erwartungen an Interessenvertretungen für alle abhängig Beschäftigte zwischen 18 und 64 Jahren in Deutschland erstellt.

9.3.2 Die bürgerliche Mitte

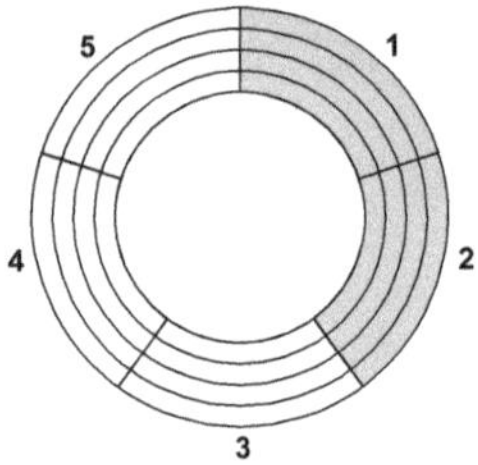

Bürgerliche Mitte (27,7%)

Erwartungspräferenz:
- persönliche Unterstützung (100%)
- Sprachrohr der Belegschaft (100%)

Die bürgerliche Mitte ist das größte Milieu (949 Befragte) und ist in fast allen Aspekten recht nahe am Durchschnitt das Gesamtsamples. Auch der berufliche Erfolg und die Affinität zur Mitbestimmung liegen recht nah am Gesamtmittelwert. Das Milieu ist etwas älter als der Durchschnitt (Durchschnittsalter 41,82, ø 40,98). Viele andere Unterschiede scheinen nicht aussagekräftig genug zu sein: Beispielsweise gibt es hier ca. 1,5% mehr Frauen als im Durchschnitt (51,3%, ø 52,7%), allerdings kann man bei 53% Frauen nicht wirklich von einem Frauenmilieu sprechen. In diesem Milieu manifestieren sich die allgemein stärksten und klassischen Erwartungen an Interessenvertretungen: die Übernahme persönlicher Unterstützung und die Funktion als Sprachrohr der Belegschaft. Die anderen Milieus zeigen andere Erwartungen, deren Muster sich oftmals in Abweichung zu diesem erklären lassen.

9.3.3 Das schutzsuchende Milieu

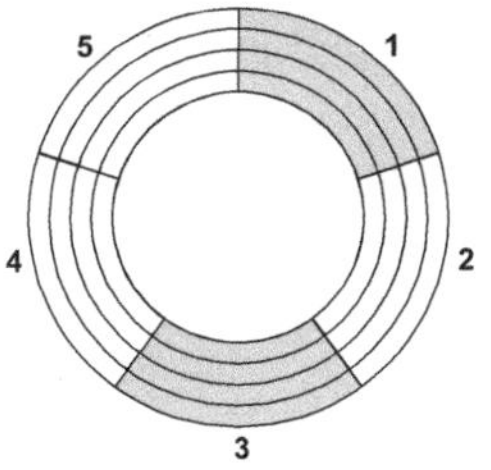

Schutzsuchendes Milieu (9,6%)

Erwartungspräferenz:
- persönliche Unterstützung (100%)
- Kontrolle (100%)

Dieses Milieu sucht aufgrund der familiären Situation eher Schutz durch die Interessenvertretung, indem persönliche Unterstützung und Kontrolle erwartet werden. Hinsichtlich des beruflichen Erfolgs (mps 76,77, ø 75,55; Abitur 49,0%, ø 43,7%; Akademiker 19,2%, ø 19,5%; persönliches Einkommen 2,67, ø 2,50; Haushaltseinkommen 3,46, ø 3,35) und der Mitbestimmungsaffinität (4,22, ø 4,20) liegt das schutzsuchende Milieu sehr nahe am Durchschnitt. Es befindet sich in der Nähe zur bürgerlichen Mitte. Die Angehörigen dieses Milieus verfügen über ein leicht überdurchschnittliches Einkommen bei einem entsprechenden Karrierestatus (4,39, ø 4,25). Es finden sich hier zudem etwas mehr Beamte (9,3%, ø 6,8%) und Beschäftigte im öffentlichen Dienst (24,5%, ø 20,6%) als im Durchschnitt. Dies schlägt sich vor allem in einer hohen Abdeckung in Bezug auf den Tarifvertrag (68,9%, ø 62,1%) und der Interessenvertretung (62,4%, ø 49,5%) sowie der etwas überdurchschnittlichen Betriebsgröße (3,20, ø 2,97) nieder, wobei es überdurchschnittlich viele Beschäftigte in sehr großen Betrieben (26,6%, ø 19,3%) gibt. Dies führt dazu, dass sich in den großen Betrieben die Arbeit der Interessenvertretung durch Professionalität auszeichnet. Der Interessenvertretung (4,15, ø 3,93) in diesem Milieu wird dementsprechend eine hohe Wichtigkeit zugeschrieben. Die Angehörigen dieses Milieus scheinen an sich etwas konservativer als der Durchschnitt eingestellt zu sein (CDU 22,8%, ø 18,3%; an Gott glauben 3,13, ø 2,99). Es findet sich hier auch ein leicht höherer Anteil an Familien mit kleinen Kindern (16,1%, ø 12,3%). Daraus kann man schließen, dass vielleicht eine etwas konservativere Gesinnung in Kombination mit einem etwas höheren Kinderanteil zu einem ‚Schutz-Betriebsrat' tendieren lässt. Erwartet werden individuelle und kollektive Schutzmaßnahmen von der Interessenvertretung, also persönliche Unterstützung der Mitarbeiter und Kontrolle der Geschäftsleitung.

Vergleich des Milieus der bürgerlichen Mitte und des schutzsuchenden Milieus:

Die Erklärung der Erwartungsmuster des schutzsuchenden Milieus scheint sich im Hinblick auf die bürgerliche Mitte zu erhärten: Das schutzsuchende Milieu ist im Schnitt etwas jünger (40,32 versus 41,82, ø 40,98). Allerdings finden sich im jüngeren schutzsuchenden Milieu mehr Familien mit kleinen Kindern (16,1% versus 10,3%, ø 12,2%) und ein höherer Anteil an CDU Wählern und Gottverbundenen (CDU 22,32% versus 16,6%, ø 18,3%; an Gott glauben 3,13 versus 2,96, ø 2,99). Auch der Anteil an Personen mit Migrationshintergrund (24,9% versus 15,4%, ø 19,8%) ist im schutzsuchenden Milieu höher als im Milieu der bürgerlichen Mitte.

9.3.4 Das traditionelle bildungsbürgerliche Milieu

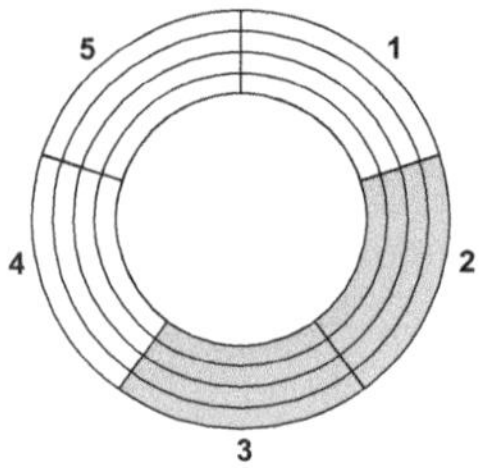

Traditionelles bildungsbürgerliches Milieu (10,6%)

Erwartungspräferenz:
- Sprachrohr der Belegschaft (100%)
- Kontrolle (100%)

Das traditionelle bildungsbürgerliche Milieu setzt sich zu einem Großteil aus gebildeten und gut situierten Personen mittleren Alters zusammen. Die Angehörigen dieses Milieus erwarten mit Sprachrohr- und Kontrollaufgaben eher kollektive Aspekte der Arbeit von Interessenvertretungsorganen. Die Gruppe ist im Durchschnitt gut ausgebildet und erfolgreich im Beruf (mps 86,92, ø 75,55; Abitur 61,7%, ø 43,7%; Akademiker 31,6%, ø 19,5%; persönliches Einkommen 2,74, ø 2,50; Haushaltseinkommen 3,51, ø 3,35). Die Affinität zur Mitbestimmung im Allgemeinen liegt ganz knapp über dem Durchschnitt (4,25, ø 4,20). Im traditionellen bildungsbürgerlichen Milieu sind überdurchschnittlich viele Männer (57,1%, ø 48,7%) und häufig Vollzeitbeschäftigte (74,6%, ø 68,8%) anzutreffen. Der Anteil derer, die Leistungsanteile in der Bezahlung haben, ist recht hoch (37,8%, ø 30,8%). Die Angehörigen dieses Milieus sind überdurchschnittlich häufig in größeren Firmen beschäftigt (3,28, ø 2,97) und verfügen häufig über eine Interessenvertretung (59,8%, ø 49,5%). Obwohl der Anteil an Leistungsanteilen hoch ist, bevorzugt man hier Lohnaushandlungen per Tarifvertrag (34,9%, ø 28,3%) als Mittel, während der Verbetrieblichung von Lohnaushandlungen eher Skepsis entgegengebracht wird (16,1%, ø 19,8%). Analog zum hohen Bildungsstand weisen sie ein hohes Politikinteresse (3,52, ø 3,26) auf. Ebenso sind hier sehr wenige Nichtwähler zu finden (4,2%, ø 11,3%). Überdurchschnittlich häufig werden die Grünen (16,0%, ø 10,8%) gewählt. Die Angehörigen des traditionellen bildungsbürgerlichen Milieus sind im Schnitt etwas älter (42,08, ø 40,98). Nahezu alle Werte sind niedriger ausgeprägt als im Durchschnitt, insbesondere Tradition (3,98, ø 4,12), an Gott glauben (2,71, ø 2,99) und Macht (2,69, ø 2,91). Einzig Toleranz (4,30, ø 4,23) wird knapp überdurchschnittlich bewertet. Die berufliche Situation und das hohe Bildungsniveau in diesem Milieu führen dazu, dass man das Vorhandensein betrieblicher Mitbestimmung schätzt und vor allem kollektive Erwartungen an die Interessenvertretung adressiert. Vermutlich sieht man sich selbst im Sinne der Vertretung persönlicher Interessen durch den Betriebsrat oder Personalrat bzw. alternative Mitbestimmungsinstanz nicht tangiert, hält es aber aus gesellschaftspolitischen Ansprüchen für erstrebenswert, dass Schwächere vertreten werden.

9.3.5 *Das neue bildungsbürgerliche Milieu*

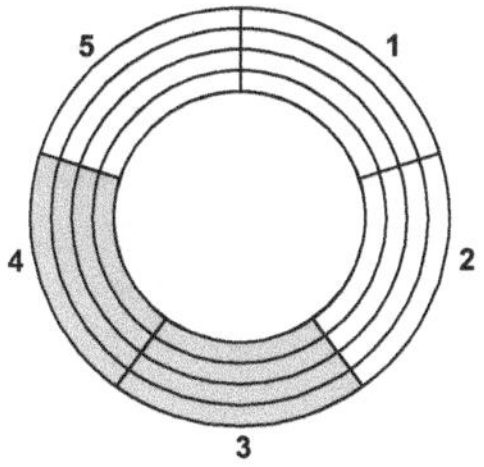

Neues bildungsbürgerliches Milieu (2,1%)

Erwartungspräferenz:
- Kontrolle (100%)
- Management (100%)

Das neue bildungsbürgerliche Milieu besteht ebenfalls aus gebildeten und gut situierten Personen, die sich allerdings in einer noch etwas früheren Familienphase befinden und sich in der Karriere nicht so weit weg vom Vater entwickeln konnten, wie die Vertreter im traditionellen bildungsbürgerlichem Milieu. Die Angehörigen dieses Milieus erwarten in erster Linie die Übernahme von Managementaufgaben und Kontrolle durch die Interessenvertretung. Das Milieu zeichnet sich durch beruflichen Erfolg (mps 88,82, ø 75,55; Abitur 59,5%, ø 43,7%; Akademiker 29,3%, ø 19,5%; persönliches Einkommen 2,88 ø 2,50; Haushaltseinkommen 3,64, ø 3,35) aus, während die Wichtigkeit von Mitbestimmung eher dem Durchschnitt entspricht (4,20, ø 4,20). Das Milieu der neuen Bildungsbürger beherbergt viele Beamte (12,2%, ø 6,8%) und Führungskräfte (10,6%, ø 5,4%). Der Anteil an Personen mit Leistungsanteil im Lohn liegt knapp unter dem Durchschnitt (29,2%, ø 30,8). Die durchschnittliche Betriebsgröße ist recht groß (3,38, ø 2,97) und damit einhergehend auch der Anteil an tarifgebunden Betrieben (70,7%, ø 62,1%) mit Interessenvertretung (55,4%, ø 49,5%). Die Beurteilung der Interessenvertretungsarbeit (3,53, ø 3,81) fällt eher unterdurchschnittlich aus. Bei Lohnverhandlungen wird jedoch neben Tarifverhandlungen (34,3%, ø 28,3%) auch die Interessenvertretung (26,9%, ø 19,8%) als Verhandlungspartner überdurchschnittlich häufig gewünscht. Dies ist insofern auffällig, als dass dieses Milieu sich für besonders bewandert im Wissen um Interessenvertretungen (3,34, ø 2,78) hält, gleichzeitig aber auch die Anpassung von Tarifverträgen durch Interessenvertretung eher weniger oft favorisiert (13,7%, ø 24,7%). Die Angehörigen des neuen bildungsbürgerlichen Milieus empfinden eine hohe Beeinträchtigung durch die Arbeit (3,39, ø 3,05), so dass der Wunsch nach flexibleren Arbeitszeiten überdurchschnittlich hoch ist (52,1%, ø 38,8%). Auffällig sind auch die relativ wenigen Aufstiege im Vergleich zum Vater (38,9%, ø 53,3%), ohne dass es sich hier um ein junges Milieu handelt (41,39, ø 40,98).Der Altersschwerpunkt liegt eher im mittleren Alter (zwischen 31 bis 50 Jahre: 60,1%, ø 54,2%). Ein Blick auf die Familiensituation zeigt, dass es sich hier eher um Haushalte mit kleinen Kindern handelt (17,0%, ø 12,3%). Das Politikinteresse ist sehr hoch ausgeprägt (3,54, ø 3,26), wobei die politische Ausrichtung eher linkslastig ist: Neben überdurchschnittlich vielen Linke- (7,5%, ø 4,7%) und SPD-Wählern (19,2%, ø 15,2%), finden vor allem die Grünen hier Unterstützer (19,5%, ø 10,8%), CDU (14,9%, ø 18,3%) und FDP (5,2%, ø 8,5%) hingegen eher weniger. Interessanterweise finden sich bei der Beurteilung der Wertedimensionen eher unterdurchschnittliche Zustimmungen, insbesondere Helfen (3,69, ø 3,86), aber auch Tradition (3,88, ø 4,1) und Genießen (3,79, ø 3,95); einzig Macht (2,97, ø 2,91) findet hier leicht überdurchschnittliche Zustimmung.

Vergleich traditionelles bildungsbürgerliches und neues bildungsbürgerliches Milieu:

Die beiden Milieus ähneln sich hinsichtlich der Affinität zur Mitbestimmung und der allgemeinen ökonomischen Lage. Dennoch bevorzugt das traditionelle bildungsbürgerliche Milieu die Sprachrohrfunktion der Interessenvertretung, während das neue bildungsbürgerliche Milieu eher die Übernahme von Managementaufgaben erwartet. Beide erwarten, dass das Management von der Interessenvertretung kontrolliert wird. Während im Milieu der neuen Bildungsbürger etwas mehr Beamte (12,2% versus 6,6, ø 6,8%) sind, finden sich im traditionellen bildungsbürgerlichen Milieu mehr Empfänger von Leistungslohn (37,8% versus 29,2%, ø 30,8%) und weniger Führungskräfte (6,5% versus 10,6%, ø 5,4%). Beruflich scheint der größte Unterschied allerdings zwischen beiden Milieus zu sein, dass im traditionellen bildungsbürgerlichen Milieu im Vergleich zur Elterngeneration eine bessere Karriere gelungen ist, während dies im neuen bildungsbürgerlichen Milieu (noch) nicht der Fall ist (48,3 versus 38,9%, ø 53,3%). Es könnte allerdings auch daran liegen, dass deren Eltern schon sehr hohe Positionen inne hatten (haben), so dass der Abstand zur Karriere des Vaters entsprechend geringer ausfällt. Das traditionelle bildungsbürgerliche Milieu ist im Durchschnitt geringfügig älter (42,08 Jahre) als das Nachbarmilieu (41,31 Jahre). Die familiäre Situation unterscheidet sich demnach auch: Während das traditionelle bildungsbürgerliche Milieu keine überdurchschnittliche Belastung in der Familie aufzuweisen hat, zeigen sich im neuen bildungsbürgerlichen Milieu überdurchschnittliche viele Familien mit kleinen Kindern (17,0% versus 10,0%, ø 12,3%). Im Milieu der neuen Bildungsbürger wird die Arbeit der eigenen Interessenvertretung (so vorhanden) schlechter bewertet als im Nachbarmilieu (3,53 versus 3,78, ø 3,81). Auch haben die Arbeitnehmer im neuen bildungsbürgerlichen Milieu weniger positive Erfahrungen mit ihrer Interessenvertretung gemacht, als das im traditionellen bildungsbürgerlichen Milieu der Fall ist (29,4% versus 39,0%, ø 30,4%). Das Milieu neuer Bildungsbürger sieht sich als sehr bewandert in Dingen der Interessenvertretung (3,34 versus 3,12, ø 2,78) und legt überraschend viel Gewicht in Lohnfragen auf die Verhandlungsmacht der Interessenvertretung allein (26,9% versus 16,1%, ø 19,8%). Angehörige des traditionellen bildungsbürgerlichen Milieus hingegen sehen hier eher eine Interessenvertretung, die einen Flächentarif an die betriebliche Situation vor Ort anpasst (25,4% versus 13,7%, ø 24,7%). Am häufigsten wird jedoch bei beiden Milieus der Flächentarifvertrag favorisiert. Unterschiede tun sich allerdings bei den Wertvorstellungen auf: Traditionelle Bildungsbürger finden Helfen (3,75 versus 3,69, ø 3,86) und Toleranz (4,30 versus 4,18, ø 4,23) wichtiger als neue Bildungsbürger, die hingegen Macht (2,98 versus 2,69, ø 2,91) für wichtiger halten.

9.3.6 Das mitbestimmungsüberzeugte Milieu

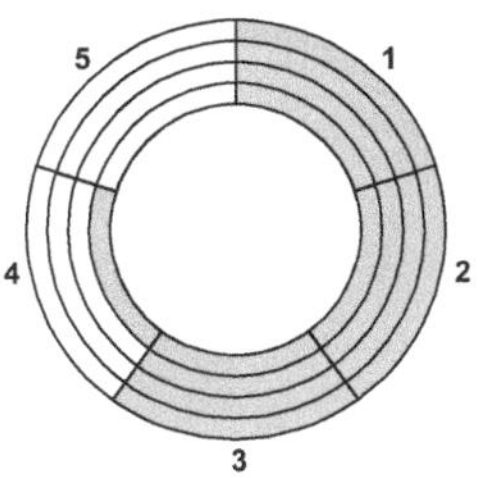

Mitbestimmungsüberzeugtes Milieu (2,5%)

Erwartungspräferenz:
- Kontrolle (100%)
- Persönliche Unterstützung (94%)
- Sprachrohr der Belegschaft (93%)
- Management (29%)

Das mitbestimmungsüberzeugte Milieu weist die höchste Mitbestimmungsaffinität auf und erwartet zum einen die klassischen Themen der Arbeit von Interessenvertretungen, d.h. Kontrolle, persönliche Unterstützung und Sprachrohr der Belegschaft, zum anderen scheint es tendenziell mitbestimmungsmodern eingestellt zu sein, indem in geringem Maße auch die Übernahme von Managementaufgaben erwartet wird. Das Milieu setzt sich vor allem aus durchschnittlich beruflich erfolgreichen (mps 77,79, ø 77,55) Erwerbstätigen mittleren Alters (40,95, ø 40,98) zusammen, die größtenteils vollzeitbeschäftigt (71,7%, ø 68,8%) sind. Sie arbeiten schon länger (12,34, ø 11,50) im Betrieb. Trotz eines überdurchschnittlichen Anteils an Abiturienten (48,8%, ø 43,7%) und Akademikern (26,4%, ø 19,5%), weist das Milieu den niedrigsten Anteil an Inhabern von Führungspositionen (3,0%, ø 5,4%) auf, was sich auch in der etwas unterdurchschnittlichen Karrierestufe (4,20, ø 4,25) und dem nur marginal überdurchschnittlichen Einkommen (2,57, ø 2,50) niederschlägt. Dies mag ein Grund für die tendenziell niedrigste Zufriedenheit mit den Aufstiegsmöglichkeiten des Arbeitsplatzes (2,66, ø 2,92) sein. Sie geben viel häufiger an, dass sie finanzielle Verantwortung für andere übernehmen (32,9%, ø 21,6%) als die Angehörigen anderer Milieus. Toleranz (4,34, ø 4,23) und tugendhafte Werte (4,21, ø 4,12), wie fleißig sein oder Gesetz und Ordnung respektieren, haben einen hohen Stellenwert. Es findet sich hier ein relativ hoher Anteil von Nichtwählern (18,6%, ø 11,3%) und zusätzlich ein höherer Anteil an Wählern der Grünen (17,6%, ø 10,8%) wieder. Sie tendieren eher zu kollektiven Lohnaushandlungen, weil sie ihre Selbstaushandlungsfähigkeit bei Lohnaushandlungen (17,7%, ø 27,2%) überdurchschnittlich gering einschätzen. Es wird daher erwartet, dass die Interessenvertretung sie zum einen persönlich unterstützt, zum anderen auch kollektive Interessen durchsetzt und diese kontrolliert. Das mitbestimmungsüberzeugte Milieu fühlt sich durch den Betriebsrat (wenn vorhanden) selten schlecht informiert (25,5%, ø 36,2%). Erfahrungen mit der Interessenvertretungsarbeit werden positiver als im Durchschnitt eingeschätzt (3,99, ø 3,81). Zwar liegt der Anteil an Gewerkschaftsmitgliedern leicht unter dem Durchschnitt (21,5%, ø 21,9%), allerdings findet sich hier eine der niedrigsten Austrittsraten (15,2%, ø 20,9%) aus der Gewerkschaft.

9.3.7 Das mitbestimmungsbedürftige Prekärmilieu

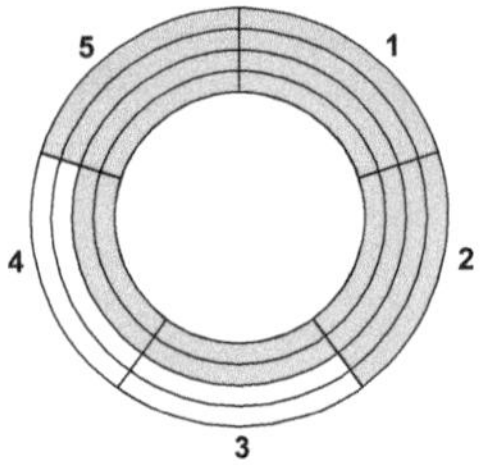

Mitbestimmungsbedürftiges Prekärmilieu (7,4%)

Erwartungspräferenz:
- Persönliche Unterstützung (100%)
- Sprachrohr der Belegschaft (100%)
- Information (95%)
- Kontrolle (68%)
- Management (54%)

Das mitbestimmungsbedürftige Prekärmilieu stellt die meisten Erwartungen an die Interessenvertretungen. Angefangen von persönlicher Unterstützung, Sprachrohr der Belegschaft und Information bis hin zu Kontrolle und Management wird keine Erwartungsdimension ausgelassen. Im mitbestimmungsbedürftigen Prekärmilieu finden sich die beruflich am wenigsten erfolgreichen abhängig Beschäftigten (mps 65,12, ø 75,55). Der mps Wert liegt damit sogar noch leicht unter dem Wert der Uninformierten. Es finden sich hier anteilig mehr Arbeiter (27,5%, ø 24,6%) als in anderen Milieus. Ein ähnlich hoher Anteil ist – abgesehen von den Uninformierten – nur noch im optimistischen Prekärmilieu zu verzeichnen. Wenngleich sie beruflich nicht sehr erfolgreich sind, ist ihnen nicht nur ihr Einkommen (4,40, ø 4,19) sehr wichtig, sondern auch die Nützlichkeit für Andere (4,17, ø 3,98). Auffällig ist auch der insgesamt hohe Anteil an Frauen (58,3%, ø 51,3%). Beruflich sind sie durch diese Beschäftigungssituation allerdings eher wenig erfolgreich (Karrierestufe 4,01, ø 4,25). Sie haben etwas mehr Kleinkinder als der Durchschnitt (13,6%, ø 12.3%). Insgesamt fühlen sie sich zudem in ihrem Privatleben eher weniger durch den Beruf beeinträchtigt als der Durchschnitt (2,92, ø 3,05). Politisch orientieren sie sich an der SPD (20,7%, ø 15,2%). Vom Elternhaus her wurden sie gewerkschaftlich geprägt (Eltern in Gewerkschaft 31,6%, ø 23,5%), was sich auch positiv auf die eigene Mitgliedschaft in der Gewerkschaft auswirkt (23,4%, ø 21,9%). Ihre eigenen Erfahrungen mit den Interessenvertretungen sind deutlich positiver (41,3%, ø 30,4%) als die Erfahrungen der Angehörigen anderer Milieus. Sie schätzen ihre Interessenvertretungen auch wesentlich kompetenter (4,13, ø 3,81), sympathischer (4,22, ø 3,94) und durchsetzungsstärker (3,49%, ø 3,35) ein als andere Milieus. Sie fühlen sich durch ihre Interessenvertretung auch viel besser über betriebliche Belange (3,84, ø 3,55), gewerkschaftliche Themen (3,57, ø 3,27) und über die eigentliche Arbeit der Interessenvertretung (3,49, ø 3,18) informiert. Sie trauen ihrer Interessenvertretung mehr als alle anderen Milieus zu, mit dem Arbeitgeber über die Anpassung von Tarifabschlüssen (29,7%ø 24,7%) im Betrieb zu verhandeln. Zudem erwarten sie von ihrer Interessenvertretung auch kollektives Engagement, indem beispielsweise die Einhaltung von Tarifverträgen kontrolliert wird oder Anliegen der Gesamtbelegschaft bei der Geschäftsführung vorgetragen werden. Insgesamt haben die Angehörigen dieses Milieus die meisten Erwartungen an Interessenvertretungen.

9.3.8 Das optimistische Prekärmilieu

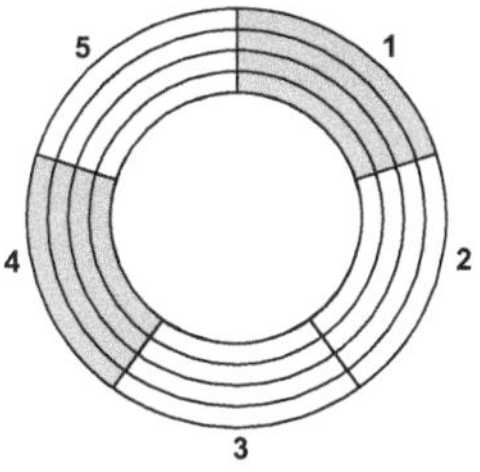

Optimistisches Prekärmilieu (4%)

Erwartungspräferenz:
- Persönliche Unterstützung (100%)
- Management (100%)

Die Angehörigen des optimistischen Prekärmilieus sind, wie der Name schon sagt, häufiger als andere Milieus in prekären Beschäftigungsverhältnissen berufstätig. Allerdings schätzen sie ihre berufliche Lage wesentlich optimistischer ein, als die Angehörigen des pessimistischen Prekärmilieus. Die Erwartungspräferenz liegt in der persönlichen Unterstützung und in der Übernahme von Managementaufgaben durch die Interessenvertretung. Karrieretechnisch zählen sie zu den zwei am wenigsten erfolgreichen Milieus (Karrierestufe 3,75, ø 4,25). Sie haben es selten geschafft, die Elterngeneration zu überflügeln (34,3%, ø 44,9%). Die Mitglieder dieses Milieus kommen häufiger als der Durchschnitt aus Elternhäusern mit Migrationshintergrund (36,4%, ø 19,8%). Der Anteil an Arbeitern (28,5%, ø 24,6%) ist höher als in anderen Milieus. Darüber hinaus findet sich hier zum einen der höchste Anteil an Zeit- und Leiharbeitern (19,7%, ø 6,5%), zum anderen sind mehr Angehörige dieses Milieus in befristeten Arbeitsverhältnissen (25,9%, ø 15,7%) und in Teilzeitverträgen (höchster Anteil an männlichen Teilzeitbeschäftigten 11,7%, ø 4,8%) beschäftigt. Das Einkommen ist aufgrund der prekären Arbeitssituation eher unterdurchschnittlich (2,44, ø 2,50). Die Arbeitsbedingungen werden daher im Vergleich zu Angehörigen anderer Milieuseher schlecht eingeschätzt, insbesondere die Arbeitszeitflexibilität (3,59, ø 3,79) und die Arbeitsplatzsicherheit (3,62, ø 3,91). Ein hohes Einkommen ist ihnen dabei überdurchschnittlich wichtig (4,27, ø 4,19). Trotz dieser prekären Beschäftigungsverhältnisse wird die Chance Arbeit zu finden, im Vergleich zu Angehörigen anderer Milieus, höher eingeschätzt (2,91, ø 2,62). In diesem Milieu sind mehr männliche (55,0%, ø 48,7%) Beschäftigte als im Durchschnitt zu finden. Die Personen in diesem Milieu sind im Durchschnitt vier Jahre jünger (36,78, ø 40,98), was dazu führt, dass die Betriebszugehörigkeit dementsprechend unter dem Durchschnitt (9,57, ø 11,50) liegt. Falls gewählt wird, dann am ehesten die politische Mitte und links davon (CDU 19,6%, ø 18,3%; SPD 20,3%, ø 15,2%). Im Hinblick auf ihre Erwartungen an Interessenvertretungen sind sie wenig kollektiv orientiert, d.h. sie neigen aufgrund der misslichen Arbeitsverhältnisse eher zu Erwartungen in Form von persönlicher Unterstützung. Zusätzlich erwarten sie von ihrer Interessenvertretung, dass sie Managementaufgaben übernimmt. Insgesamt haben sie mit ihren Interessenvertretungen eher positive als negative Erfahrungen (positive Erfahrungen 36,5%, ø 30,4%; negative Erfahrungen 7,2%, ø 10,4%) sammeln können. Trotzdem wird die Wirksamkeit ihrer Interessenvertretung (Abnicken 2,74, ø 2,54; wird nicht gefragt 2,67, ø 2,46) leicht unterdurchschnittlich eingeschätzt, was vielleicht auch daran liegt, dass sie sich durch ihre Interessenvertretung zu wenig informiert (40,9%, ø 36,2%) fühlen.

9.3.9 Das pessimistische Prekärmilieu

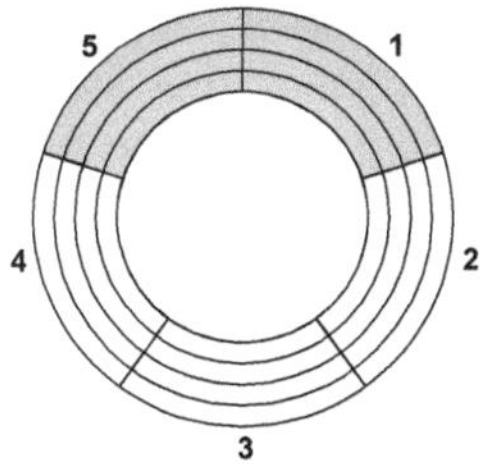

Pessimistisches Prekärmilieu (6%)

Erwartungspräferenz:
• Persönliche Unterstützung (100%)
• Information (100%)

Das pessimistische Prekärmilieu ist im Vergleich zur Elterngeneration, die ebenfalls beruflich nicht sehr erfolgreich war, beruflich leicht abgestiegen. Die Angehörigen dieses Milieus erwarten die persönliche Unterstützung ihrer Interessenvertretung sowie die Versorgung mit Informationen. Das Milieu setzt sich größtenteils aus beruflich weniger erfolgreichen (mps 70,22, ø 75,55) Beschäftigten jüngeren Alters (39,41, ø 40,98) zusammen. Der Frauenanteil in diesem Milieu ist etwasüberdurchschnittlich (54,8%, ø 51,3%). Zwar arbeiten hier – mehr als in allen anderen Milieus – viele Frauen in Vollzeit (33,2%, ø 24,9%), trotzdem handelt es sich um ein Milieu mit der niedriger Wochenarbeitszeit (36,6, ø 38,1) und niedrigem Einkommen (2,42, ø 2,50). Im Vergleich zur Elterngeneration haben nur sehr wenige Aufstiege stattgefunden (37,4%, ø 44,9%). Ebenso wie das optimistische Prekärmilieu und das mitbestimmungsbedürftige Milieu arbeitet das pessimistische Prekärmilieu verstärkt in prekären Beschäftigungsverhältnissen (befristeter Arbeitsvertrag 19,4%, ø 15,7%; Zeit-/Leiharbeit 8,4%, ø 6,5%). Die Chance Arbeit zu finden wird, im Vergleich zu Angehörigen anderer Milieus, sehr niedrig eingeschätzt (2,37, ø 2,62). Es scheint, als würden sie ihren Blick eher nach unten richten und somit ihre Lage pessimistischer einschätzen. Das mag daran liegen, dass sie zum einen kürzer in den Betrieben (Betriebszugehörigkeit bis ein Jahr 11,1%, ø 6,4%; bis fünf Jahre 30,9%, ø 27,6%) beschäftigt sind und zum anderen von allen Milieus am meisten von Kurzarbeit (13,5%, ø 9,1%) betroffen sind. Insgesamt sind die Angehörigen dieses Milieus eher konservativ eingestellt. Dies schlägt sich zum einen politisch in einem erhöhten CDU-Wähleranteil (20,9% 18,3%) und zum anderen in der Vorliebe für sekundärtugendhafte Werte (Tradition 4,25, ø 4,12) nieder. Ihrer Interessenvertretung trauen sie durchaus zu, über die Höhe ihres Gehalts zu verhandeln (IV 20,4%, ø 19,8%; Tarif + IV 27,1% 24,7%). Sie schätzen ihre Interessenvertretung auch etwas sympathischer (4,01, ø 3,94), leichter erreichbar (4,36, ø 4,27) und durchsetzungsstärker (3,40, ø 3,35) ein als Angehörige anderer Milieus. Vermutlich führt vor allem die oben beschriebene schlechte berufliche Situation dazu, dass sie hauptsächlich Informationen und persönliche Unterstützung von ihrer Interessenvertretung erwarten.

Vergleich optimistisches Prekärmilieu und pessimistisches Prekärmilieu:

Beide Milieus zeichnen sich durch den prekären Charakter ihres Beschäftigungsverhältnisses aus. Während das pessimistische Prekärmilieu den Blick eher ,nach unten' richtet, indem beispielsweise die Chance auf dem Arbeitsmarkt neue Arbeit zu finden sehr schlecht (2,37, ø 2,62) eingeschätzt wird, richtet sich der Blick des optimistischen Prekärmilieus eher ,nach oben' (2,91). Die gewählte Perspektive macht sich auch im Abstand zur Karrierestufe ihres Vaters bemerkbar: Bei den Angehörigen des pessimistischen Prekärmilieus fanden sehr wenige Aufstiege statt – unterboten nur durch das optimistische Prekärmilieu (37,4% versus 34,3%, ø 44,9%). Im pessimistischen Prekärmilieu finden sich überdurchschnittliche viele Frauen (54,6%), während im optimistischen Prekärmilieu Frauen unterrepräsentiert sind (45,0%). Im optimistischen Prekärmilieu ist der Anteil an Beschäftigten mit Migrationshintergrund überdurchschnittlich hoch. Charakteristisch für das pessimistische Prekärmilieu ist der hohe Anteil an kleinen Kindern (15,0% 12,3%). Während die finanzielle Belastung für Angehörige außerhalb des eigenen Haushalts im optimistischen Prekärmilieu etwas höher ist.

9.3.10 Das mitbestimmungskritische Milieu

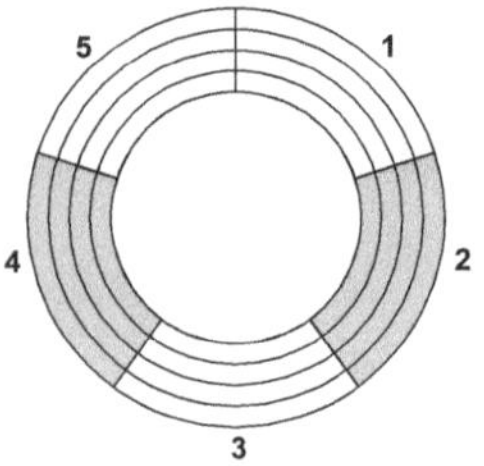

Mitbestimmungskritisches Milieu (2,2%)

Erwartungspräferenz:
- Sprachrohr der Belegschaft (100%)
- Management (100%)

Das mitbestimmungskritische Milieu legt höhere Ansprüche an das Thema Mitbestimmung als andere Milieus und ist entsprechend kritischer diesem Thema gegenüber eingestellt. Die vom mitbestimmungskritischen Milieu am häufigsten genannten Erwartungen sind die Funktionen Sprachrohr für die Belegschaft und Managementaufgaben. Die Mitbestimmungsaffinität dieses Milieus ist unterdurchschnittlich (4,03, ø 4,20), der berufliche Erfolg (mps 81,92, ø 75,55) liegt hingegen über dem Schnitt. Das Bildungsniveau des Milieus ist im Vergleich zu anderen Milieus hoch, es finden sich viele Abiturienten (57,9%, ø 43,7%) und Akademiker (30,2%, ø 19,5%). Dementsprechend haben die Angehörigen dieses Milieus eine überdurchschnittliche Karrierestufe (4,49, ø 4,25) erreicht. Momentan scheinen sie mit ihrer beruflichen Tätigkeit zufrieden sein, denn die Aufstiegsmöglichkeiten werden als nicht so relevant (3,37, ø 3,58) eingeschätzt. Das Durchschnittseinkommen (2,83, ø 2,50) sowie der Anteil der Vollzeitarbeitenden (74,6%, ø 68,8%) ist sehr hoch. Der Altersdurchschnitt liegt eher unter dem der anderen Milieus (39,23, ø 40,98). Aufgrund der Altersverteilung leben sie in etwas größeren Haushalten (2,82, ø 2,70). Ihre Wertvorstellungen betonen eher nach Macht streben (3,05ø 2,91) als anderen zu helfen (3,69, ø 3,86) oder tolerant zu sein (4,12, ø 4,23). Das Politikinteresse ist etwas geringer ausgeprägt (3,12, ø 3,26). Alles in allem scheint das Milieu der Mitbestimmungskritiker im Vergleich zum karriereetablierten Milieu, welches ihnen im Koordinatensystem der Milieus sehr nahe steht, stärker familien- und weniger berufsorientiert. Arbeitsaspekte sind ihnen im Vergleich zu den Karriereetablierten durchweg weniger wichtig. Für die etwas stärkere Fokussierung auf Familie und/oder Freizeit spricht auch die höhere Relevanz der flexiblen Arbeitszeiten (51,2%, ø 38,8%) im Vergleich zur Lohnhöhe (20,6%, ø 26,6%). Trotz der hohen Qualifikation wird die Selbstaushandlungsfähigkeit (3,76, ø 3,77) des Milieus lediglich durchschnittlich eingeschätzt. Interessenvertretungen existieren in etwas überdurchschnittlichen Maße (53,7%, ø 49,5%). Die Interessenvertretungen werden etwas weniger positiv bewertet als dies der überwiegende Teil des Samples tut (28,9%, ø 30,4%). Diese zurückhaltende Bewertung entstammt allerdings nicht einem Desinteresse oder der fehlenden Nähe zur Mitbestimmung. Im Gegenteil: Ein überdurchschnittlich hoch ausgeprägtes gewerkschaftliches Bewusstsein der Milieuangehörigen kann aufgrund des vergleichsweise hohen gewerkschaftlichen Organisationsgrades (24,1%, ø 21,9%) und des überdurchschnittlichen Anteils ehemaliger Interessenvertretungsmitglieder (15,4%, ø 13,3%) konstatiert werden. Dieses Erfahrungswissen und eventuell eine generell kritische Grundeinstellung führen möglicherweise zu einer kritischeren Beurteilung der Tarifverträge (4,19, ø 4,34), der Gewerkschaften (3,94, ø 4,07) und auch der Interessenvertretungen (3,85, ø 3,93), welche – wenn vorhanden – als weniger durchsetzungsstark (3,19, ø 3,35), wenig kompetent (3,47, ø 3,81), wenig sympathisch (3,55, ø 3,94) und schlecht erreichbar (4,02, ø 4,27) empfunden werden. Die Hälfte des Milieus ist der Meinung, dass sie zu wenige Informationen vonseiten der betrieblichen Interessenvertretung erhalten (50,7%, ø 36,2%).

9.3.11 Das karriereetablierte Milieu

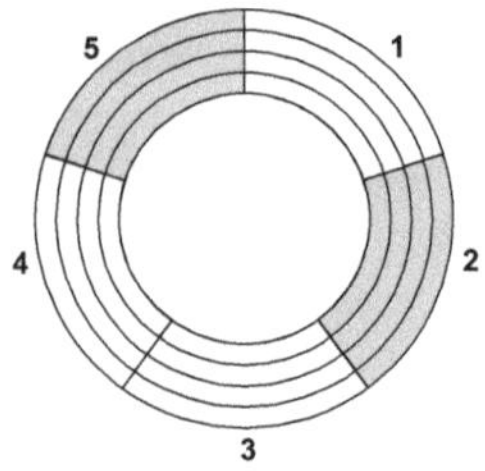

Karriereetabliertes Milieu (7,1%)

Erwartungspräferenz:
- Sprachrohr der Belegschaft (100%)
- Information (100%)

Das Milieu der Karriereetablierten besteht größtenteils aus Personen, die beruflich gut aufgestellt sind. Die Karriereetablierten erwarten in erster Linie, dass die Interessenvertretungen sie mit Informationen versorgen und sich als Sprachrohr für die Gesamtbelegschaft einsetzen. Im Durchschnitt haben die Milieuangehörigen eine im Vergleich gering ausgeprägte Mitbestimmungsaffinität (4,07, ø 4,20). Der Berufsprestige-Wert liegt im oberen Bereich der Skala (84,31, ø 75,55). Auf der Karriereleiter (Karrierestufe 4,73, ø 4,25) stehen die Mitglieder dieses Milieus ebenfalls weit oben. Einkommen (4,10, ø 4,19) und ein hoher Lebensstandard (3,29, ø 3,43) sind ihnen im Vergleich zu den anderen Milieus eher weniger wichtig, was sich darauf zurückführen lässt, dass sie bereits einen hohen Lebensstandard erreicht haben (pers. Eink. 2,71, ø 2,50). Mit der Nützlichkeit ihres Berufs sind sie ebenso zufrieden (4,11, ø 4,03) wie mit den Arbeitsinhalten (4,06, ø 3,88). Auch mit den Aufstiegsmöglichkeiten (3,04, ø 2,92) und der Weiterbildung (3,48, ø 3,37) sind die oftmals akademisch gebildeten Karriereoptimisten zufriedener als die Angehörigen anderer Milieus. Die Wochenarbeitszeit ist im Vergleich zu anderen Milieus überdurchschnittlich hoch. Demografisch auffällig ist der geringere Anteil von Personen mit Migrationshintergrund (13,3%, ø 19,8%) und der unterdurchschnittliche Frauenanteil (46,9%, ø 51,3%) in diesem Milieu. Die Angehörigen dieses Milieus sind politisch interessierter als Angehörige anderer Milieus (3,45, ø 3,26) und dem konservativ-liberalen Spektrum zuzuordnen (CDU/CSU 22,3%, ø 18,3%; FDP 11,1%, ø 8,5%). Der hohe Anteil derjenigen, die Lohnverhandlungen am liebsten persönlich führen möchten (32,4%, ø 27,2%), anstatt dieses Feld den Gewerkschaften und Interessenvertretungen zu überlassen, entspricht der hohen Selbstaushandlungsfähigkeit (3,88, ø 3,77) und verdeutlicht die hohe Selbstbestimmungsorientierung des Milieus. Die Bewertung der Interessenvertretungen fällt vergleichsweise schlecht aus. Gewerkschaftlich organisiert sind die Mitglieder dieses Milieus eher selten (20,9%, ø 21,9%). Ein Engagement der Interessenvertretung in den Bereichen persönliche Unterstützung und Management würde von den Karriereetablierten vermutlich als Einmischung in ihre eigenen Handlungsfelder empfunden werden, da sie selbst überdurchschnittlich häufig auch in Führungspositionen (8,0%, ø 5,4%) zu finden sind. Vermutlich schätzen sie sich selbst im Vergleich zu Interessenvertretungen als kompetenter (3,61, ø 3,81) ein. Die Verbreitung von Informationen sowie das Agieren als Sprachrohr der Belegschaft werden hingegen erwartet. Eine mögliche Interpretation dieser Erwartungen ist, dass diese beiden Arbeitsbereiche von Interessenvertretungen auch den Selbstbestimmten nicht schaden können und eventuell sogar als hilfreich empfunden werden. So kann die Interessenvertretung denen eine Stimme geben, welchen aus Sicht der Karriereetablierten nicht zugetraut wird, sich selbst zu artikulieren. Somit können sich die Angehörigen dieses Milieus via Interessenvertretung über die Stimmung ‚unten' in der Produktion informieren.[1]

9.3.12 Das Milieu der Karriereoptimisten

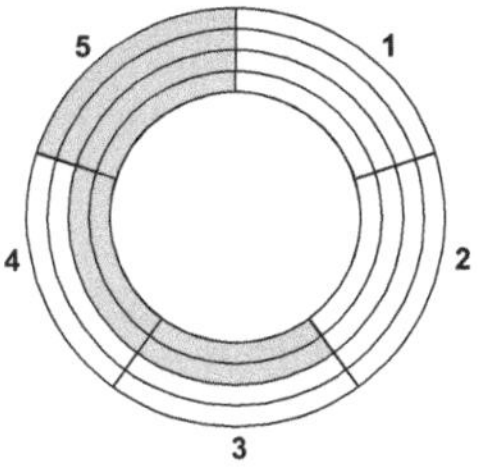

Milieu der Karriereoptimisten (4,6%)

Erwartungspräferenz:
- Information (100%)
- Kontrolle (59%)
- Management (48%)

Die Angehörigen des Milieus der Karriereoptimisten schätzen ihre Berufsaussichten angesichts der momentan erreichten Karrierestufe optimistischer ein als Angehörige anderer Milieus. Die Karriereoptimisten erwarten in erster Linie Informationen seitens der Interessenvertretung. Darüber hinaus erwarten sie Kontrolle und die Übernahme von Managementaufgaben durch die Interessenvertretung. Die Mitbestimmungsaffinität (3,94, ø 4,20) und das Berufsprestige (mps-Wert 70,44, ø 75,55) liegen unter dem Durchschnitt. Die Abiturientenquote dieses Milieus ist leicht überdurchschnittlich (46,1%, ø 43,3%), der Anteil der Personen mit akademischem Abschluss leicht unterdurchschnittlich (18,0%, ø 19,5%). Dennoch – oder gerade deshalb – sind den Angehörigen dieses Milieus Weiterbildungsmöglichkeiten wichtiger als dem Durchschnitt (3,96, ø 3,91), die Zufriedenheit mit diesen ist ebenfalls überdurchschnittlich (3,53, ø 3,37). Mit den Arbeitsinhalten sind die Karriereoptimisten hingegen unzufriedener als alle anderen Milieus (3,68, ø 3,88). Trotz geringerer Berufsprestige- und Karrierestufenwerte liegt die Einschätzung ihrer Arbeitsmarktchancen über dem Durchschnitt (2,94, ø 2,62), obwohl – oder gerade weil – sie überdurch-

1 Hinweise für diese Interpretation liefern auch die im Rahmen dieses Projektes durchgeführten leitfadengestützten Experteninterviews sowie die Führungskräftestudie von Kotthoff (1994).

schnittlich häufig in befristeten Beschäftigungsverhältnissen (20,7%, ø 15,7%) oder als Zeit- bzw. Leiharbeiter (9,0%, ø 6,5%) angestellt sind. Auffällig in diesem Milieu sind der etwas niedrige Frauenanteil (42,1%, ø 51,3%), der höhere Anteil an Personen mit Migrationshintergrund (34,5%, ø 19,8%) und das etwas geringere Durchschnittsalter (38,51, ø 40,98). Zudem gibt es in diesem Milieu mehr Haushalte mit kleinen Kindern (17,3%, ø 12,3%) und mehr Angehörigen, deren Pflege übernommen wird (14,7%, ø 13,0%). Das Milieu Karriereoptimisten wählt eher weniger die SPD (12,9%, ø 15,2%), dafür werden CDU/CSU (22,3%, ø 18,3%) und FDP (12,3%, ø 8,5%) überdurchschnittlich oft präferiert. Im Bereich der Mitbestimmung fallen der geringe Anteil von Gewerkschaftsaustritten (13,7%, ø 20,9%) sowie die leicht unterdurchschnittlich ausfallende Bewertung der Interessenvertretungsarbeit (3,30, ø 3,38) des Milieus ins Auge. Positive Erfahrungen mit betrieblichen Interessenvertretungen werden seltener geäußert (28,1%, ø 30,4%), negative hingegen häufiger im Vergleich zum Stichprobendurchschnitt (15,7%, ø 10,4%). Eventuell sind die Angehörigen des Milieus skeptischer gegenüber der Mitbestimmung, weil sie vor dem Hintergrund des hohen Migrationsanteils unter Umständen von Hause aus nicht unbedingt mit der gewerkschaftlichen und deutschen Mitbestimmungskultur aufgewachsen sind. Dies könnte ein Grund dafür sein, dass sie am meisten Wert auf Betriebsratsinformationen legen. Dagegen spricht allerdings, dass der selbst eingeschätzte Wert des Betriebsratswissens über dem Mittelwert liegt. Trotz dieses Widerspruchs lässt sich durch die Nähe im Koordinatensystem und auch anhand der eben genannten Charakteristika eine leichte Tendenz in Richtung der Mitbestimmungsfrustrierten ausmachen.

9.3.13 Das mitbestimmungsfrustrierte Milieu

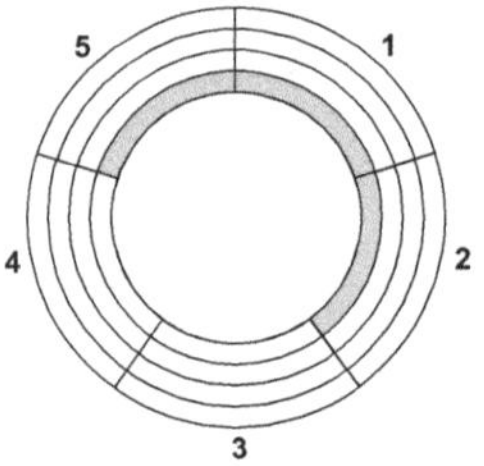

Mitbestimmungsfrustriertes Milieu (1,5%)

Erwartungspräferenz:
- persönliche Unterstützung (17%)
- Sprachrohr der Belegschaft (21%)
- Information (16%)

Die Angehörigen des mitbestimmungsfrustrierten Milieus sind den Themen der betrieblichen und überbetrieblichen Mitbestimmung gegenüber relativ negativ eingestellt. Die Frustration dieses Milieus zeigt sich auch in den Erwartungen – es sticht keine der fünf möglichen Erwartungen heraus. Im Gegenteil: Die einzelnen Erwartungen werden von diesem Milieu allesamt als wenig relevant eingestuft. Dementsprechend ist auch die Mitbestimmungsaffinität (3,36, ø 4,25) dieses Milieus am niedrigsten. Auf der Berufsprestigeskala (mps) (80,02, ø 75,55) sind die Mitbestimmungsfrustrierten über dem Durchschnitt der Stichprobe angeordnet. Angehörige des mitbestimmungsfrustrierten Milieus sind im Durchschnitt älter (44,05, ø 40,98) und der Männeranteil (60,7%, ø 48,7%) ist ebenfalls überdurchschnittlich hoch. Trotz eines höheren Einkommensniveaus (2,83, ø 2,50), welches auf das höhere Durchschnittsalter zurückgeführt werden kann, ist der Anteil an Abiturientinnen und Abiturienten hier eher unterdurchschnittlich (32,0%, ø 43,2%), was sich auch auf den niedrigen Anteil an Akademikerinnen und Akademikern (17,6%, ø 19,5%) in diesem Milieu niederschlägt. Die Mitbestimmungsfrustrierten arbeiten sehr häufig in kleinen Betrieben (2,58, ø 2,94), d.h. Tarifbindung (53,5%, ø 62,1%) und das Vorhandensein von Interessenvertretungen (36,1%, ø 49,5%) sind hier entsprechend seltener. Ein Indiz für die Frustration könnte das Arbeitszeitvolumen sein: Die Mitbestimmungsfrustrierten leisten beachtlich viele Überstunden, die wöchentliche Arbeitszeit ist hier mit Abstand am höchsten (44,3, ø 38,1), gleichzeitig fühlen sie sich mehr als andere Milieus durch den Beruf in ihrem Privatleben beeinträchtigt (3,37, ø 3,05). Die beruflichen Aspekte, wie Aufstiegs- (3,27, ø 3,58) und Weiterbildungsmöglichkeiten (3,57, ø 3,91), sind den Mitbestimmungsfrustrierten nicht wichtig, was möglicherweise ein Effekt des höheren Durchschnittsalters ist. Sie leben zwar in kleineren Haushalten (2,59, ø 2,70), sind aber darüber in hohem Maße finanziell verantwortlich für ihnen nahe stehenden Personen, wie z.B. nicht im Haushalt lebende Kinder (30,5%, ø 21,6%).

Zwar sind die Mitbestimmungsfrustrierten überdurchschnittlich sozialdemokratisch orientiert (SPD 25,9%, ø 15,2%), jedoch sind sie den Themen der betrieblichen und überbetrieblichen Mitbestimmung gegenüber negativ eingestellt. Fast ein Drittel der Frustrierten ist bereits aus einer Gewerkschaft ausgetreten (30,6%, ø 20,9%), der Anteil der aktuellen Gewerkschaftsmitglieder ist mit Abstand am geringsten (7,6%, ø 21,9%). Daran lässt sich erkennen, dass dieses Milieu nicht generell und immer so kritisch eingestellt war, sondern die negative Haltung aufgrund schlechter früherer Erfahrung beruht, d.h. Ergebnis einer Frustration ist. Auch das klassische gewerkschaftliche Feld der Tarifverhandlungen überlassen die Mitbestimmungsfrustrierten ungern den Gewerkschaften, stattdessen möchte fast die Hälfte der Mitbestimmungsfrustrierten die Tarifverhandlungen eigenständig führen (43,1%, ø 27,2%), was auch zu dem hohen Wert der Selbstaushandlungsfähigkeit (3,89, ø 3,77) passt. Auf betrieblicher Ebene fallen die Bewertungen der Betriebsratseigenschaften (3,39, ø 3,81) und der Betriebsratsfunktionen (2,69, ø 3,38) durchweg am wenigsten positiv aus. Der Anteil der negativen Bewertungen ist in diesem Milieu am höchsten. Die nicht vorhandene oder negativ bewertete Unterstützung durch die Mitbestimmungsorgane könnten mögliche Einflussfaktoren für die Nichterwartung sein. Insgesamt ist anzumerken, dass das Milieu der Mitbestimmungsfrustrierten mit einem Anteil von 1,5% des Gesamtsamples insgesamt sehr klein ist.

10. Erwartungsbeeinflussende Faktoren

Bislang haben wir verschiedene Erwartungsdimensionen und deren Kombination näher betrachtet. Nachfolgend werden wir der Frage nachgehen, von welchen Einflussfaktoren die fünf Erwartungsdimensionen jeweils beeinflusst werden. Auf der Grundlage von theoretischen Annahmen einerseits und den bisherigen empirischen Ergebnissen durch die qualitative Exploration, die deskriptiven Ergebnisse sowie durch die Ergebnisse der Clusteranalyse andererseits, werden wir nachfolgend Hypothesen zu potenziellen Einflussfaktoren auf die einzelnen Erwartungsdimensionen entwickeln, um diese mit multivariaten Modellen zu überprüfen.

10.1 Die abhängigen und unabhängigen Variablen

Da wir, wie bereits geschildert, Einflussfaktoren auf die fünf Erwartungsdimensionen untersuchen wollen, stellen die Erwartungsdimensionen jeweils unsere abhängige Variable dar. Daraus ergeben sich in unseren Berechnungen fünf Modelle mit folgenden abhängigen Variablen:

(1) Die persönliche Unterstützung,
(2) die Funktion der Interessenvertretung als Sprachrohr der Belegschaft,
(3) die Kontrollfunktion,
(4) die Managementfunktion und
(5) die Informationsfunktion.

Da es zu den Einflussfaktoren auf Erwartungen an Interessenvertretungen (noch) keine allgemeine Theorie existiert, muss die Hypothesenbildung aufgrund verschiedener theoretischer Überlegungen, der deskriptiven Clusteranalyse sowie der Ergebnisse der qualitativen Studie vorgenommen werden. Die Hypothesenbildung erfolgt deshalb nicht so (ästhetisch) schön aus klaren Theorieannahmen, sondern ähnelt eher dem Vorgehen von ökonometrischen Analysen. Eine entsprechende Theoriearbeit kann dann aber auf den hier vorgelegten empirischen Ergebnissen aufsetzen. Wir gehen aufgrund unserer theoretischen Vorüberlegungen davon aus, dass Erwartungen gelernt und je nach Situation angepasst werden. Daher besteht unser Erklärungsmodell aus zwei Dimensionen, d.h. den individuellen Einflussfaktoren und den betrieblichen Einflussfaktoren, die durch die aktuelle Arbeitssituation geprägt sind. Da der Fragebogen eine Vielzahl von potenziellen Einflussfaktoren enthält, haben wir uns in der multivariaten Analyse auf eine Auswahl beschränkt, die jedoch Aspekte beider Einflussdimensionen aufgreift. Im Folgenden werden wir aus unseren vorhergehenden Überlegungen Hypothesen ableiten, die die Auswahl der unabhängigen Faktoren begründet. Nachfolgend werden zunächst allgemeine Einflussfaktoren auf die Erwartungen an Interessenvertretungen hergeleitet, bevor konkrete Einflussfaktoren auf die fünf funktionsspezifischen Erwartungen benannt werden.

10.1.1 Allgemeine Einflussfaktoren auf die Erwartungen an Interessenvertretungen

Allgemeine Einflussfaktoren auf die Erwartungen an Interessenvertretungen liegen gewissermaßen quer zu den funktionsspezifischen Erwartungen an diese. Aufgrund der deskriptiven Ergebnisse und vor allem aufgrund der qualitativen Untersuchung vermuten wir, dass der Wissensgrad über Interessenvertretungen einen wichtigen Einflussfaktor auf die Erwartungen an Interessenvertretungen darstellt.

Wie aus den qualitativen Interviews in der explorativen Sequenz unserer Studie deutlich wurde, konnten die Befragten ihre Erwartungen an ihre Interessenvertretung immer dann genauer konkretisieren, je mehr sie über ihren Personalrat oder Betriebsrat und dessen Arbeit wussten. Im Gegensatz dazu richtete eine Vielzahl der Befragten aufgrund ihres geringen Kenntnisstandes zu Interessenvertretungen häufig diffuse Erwartungen an ihre Interessenvertretung. Dieses Phänomen tritt allgemein auf und ist weithin bekannt, d.h. Personen, die sich insgesamt nicht so sehr für ein Themengebiet interessieren, wissen weniger über dieses, weil sie sich kaum mit diesem Themengebiet beschäftigt haben. Wir vermuten daher, dass sich die Einflussfaktoren auf die fünf Erwartungsdimensionen an Interessenvertretungen der Gruppe der Befragten, die ihr eigenes Wissen zu Interessenvertretungen als eher gering (Likert-Skala 2 und 3) einstuft, von jener Gruppe der Befragten unterscheiden wird, die einen hohen Wissensgrad (Likert-Skala 4 oder 5) zu Interessenvertretungen angibt. Hieraus folgt unsere erste und allgemein adressierte Hypothese zu den Erwartungen an Interessenvertretungen.

> *H1 – Wissensgrad*
>
> Aufgrund des unterschiedlichen Wissensgrads unterscheiden sich die Einflussfaktoren der Gruppe mit hohem Wissen von der Gruppe mit niedrigem Wissen im Hinblick auf die Erwartungen an Interessenvertretungen.

In der multivariaten Analyse werden wir daher für jede Erwartungsdimension jeweils zwei Modelle schätzen, die den Wissensgrad der Befragten, d.h. hohes versus eher niedriges Wissen zu Interessenvertretungen, abbilden.

10.1.2 Einflussfaktoren auf die Erwartung der persönlichen Unterstützung

Sowohl die deskriptive Auswertung, als auch die Analyse der Erwartungsmilieus zeigen, dass die Erwartung der persönlichen Unterstützung vor allem von Beschäftigten erwartet wird, deren persönliche Arbeitssituation eher schlecht ist und deren Selbstaushandlungsfähigkeit eher als gering eingeschätzt wird. Die Dimension der Selbstaushandlungsfähigkeit umfasst in der nun folgenden multivariaten Analyse mehrere Faktoren. Die Befragten mit einer niedrig ausgeprägten Selbstaushandlungsfähigkeit haben eher keinen Universitätsabschluss und sind daher eher im unteren Bereich der Magnitude Prestige Skala (mps) angesiedelt. Auf der Milieulandkarte ist dies durch die y-Achse abgebildet worden. Dies bedingt auch die Tatsache, dass die Beschäftigten seltener Führungsaufgaben übernehmen. Das persönliche Einkommen und auch der Anteil am gesamten Haushaltseinkommen sind insgesamt eher gering. Durch die fehlende Fähigkeit zur Selbstaushandlung haben die Beschäftigten das Gefühl, keine ausreichend starke Verhandlungsposition inne zu haben, um direkt mit dem Arbeitgeber die Bedingungen der eigenen Beschäftigung zu verhandeln und bessere Bedingungen auszuhandeln. Dies führt dazu, dass sie vor allem die persönliche Unterstützung durch die Interessenvertretung erwarten.

H2 – niedrige Selbstaushandlungsfähigkeit

Eine geringe Selbstaushandlungsfähigkeit führt dazu, dass vor allem die persönliche Unterstützung vonseiten der Interessenvertretung erwartet wird.

Die Einstellung der Befragten zu ihrer überbetrieblichen Mitbestimmungsorientierung (Mitbestimmungsaffinität) haben wir bereits als x-Achse in der Clusteranalyse zu den Erwartungsmilieus zugrunde gelegt. Hinter der Mitbestimmungsaffinität verbirgt sich die Einstellung zur Wichtigkeit von Gewerkschaften und Tarifverträgen. Für die multivariate Analyse wird zusätzlich die Mitgliedschaft in der Gewerkschaft als weitere Operationalisierung dieses Faktors hinzugenommen. Wir vermuten, dass mitbestimmungsaffine Beschäftigte die klassischen Aufgaben der Mitbestimmung in Form von persönlicher Unterstützung als wichtig erachten.

H3 – Mitbestimmungsaffinität

Eine hohe Mitbestimmungsaffinität hat einen positiven Einfluss auf die Erwartungsdimension der persönlichen Unterstützung.

In einer Untersuchung von Nienhüser (2005), in welcher der Einfluss des wahrgenommenen Betriebsratstyps auf die Nutzung und Bewertung von Betriebsvereinbarungen durch Personalverantwortliche eingeschätzt wurde, zeigt sich, dass sowohl schwache kooperationsbereite, als auch schwache wenig kooperationsbereite Interessenvertretungen Betriebsvereinbarungen weniger gut in ihrem Interesse durchsetzen können. Daher vermuten wir, dass die persönliche Unterstützung für die Beschäftigten durch die Interessenvertretung wahrscheinlicher wird, je eher man der Interessenvertretung zutraut, dass diese sich gegenüber der Geschäftsleitung durchsetzen kann.

> *H4 – Durchsetzungsstärke*
>
> Die persönliche Unterstützung durch die Interessenvertretung wird erwartet, wenn diese durchsetzungsstark gegenüber der Geschäftsleitung auftreten soll.

Zu den weiteren individuellen Einflussfaktoren zählen vor allem Werte und Einstellungen, wie politische Einstellungen oder aber Einstellungen zur betrieblichen und überbetrieblichen Mitbestimmung (z.B. Gewerkschaftsnähe, generelle Einstellungen zur Mitbestimmung), die sich über alle fünf Erwartungsdimensionen hinweg bemerkbar machen können.

Wie bereits im Kapitel zu Lebensstilen und Milieus – insbesondere im Hinblick auf die demografische Segmentierung (z.B. Gilly/Enis 1982; Wilkes 1995) – vermuten wir im Sinne von Familienzyklen (siehe Kapitel 4.1.1), dass die Erwartungen an Interessenvertretungen durch das Vorhandensein von Kindern im Haushalt variieren. Gerade die Phase der Familiengründung bzw. in der Familienzyklusphase ‚volles Nest' (Gilly/Enis 1982) führen oft zu einer Änderung von Prioritäten. Im Zuge dessen werden berufliche Risiken eher vermieden und die Erwartungen an berufliche Interessenvertretungen angepasst, indem man in dieser Phase verstärkt die persönliche Unterstützung durch die Interessenvertretung erwartet (z.B. bei der Durchsetzung von Elternzeiten oder der Durchsetzung einer Halbtagsbeschäftigung).

> *H5 – Kinder im Haushalt*
>
> Das Vorhandensein von Kindern im Haushalt hat einen positiven Einfluss auf die Erwartung der persönlichen Unterstützung durch die Interessenvertretung.

10.1.3 Einflussfaktoren auf die Erwartung der Sprachrohrfunktion

Wie wir im deskriptiven Teil der Auswertung gesehen haben, steigen mit der Betriebsgröße auch die Erwartungen. Zudem gewinnt in größeren Unternehmen das Agieren der Interessenvertretung als Sprachrohr zum Zwecke der Regulierung kollektiver Interessen an Bedeutung. Während sich die Beschäftigten in kleineren Betrieben (auch ohne Interessenvertretung) – zumindest theoretisch –

Gehör verschaffen können, steigt mit zunehmender Größe der Bedarf an kollektiver Regulierung (Addison et al. 1998, 2001). Das Collective-voice-Modell von Freeman (1976) bzw. Freeman und Medoff (1979) lässt sich mit der Sprachrohrfunktion der Interessenvertretungen in Deutschland vergleichen (Freeman/Lazear 1995). Das Collective-voice-Modell beschreibt im US-amerikanischen Kontext die Funktion der Gewerkschaften, die Bedürfnisse der Arbeitnehmer gegenüber dem Management zu vertreten. Wenn sich die Arbeitsbedingungen für die Beschäftigten dadurch verbessern, kann sich in diesem Zusammenhang ein Free-Rider-Problem unter den Beschäftigten offenbaren.

> „Haben bessere Arbeitsbedingungen für die Belegschaft den Charakter öffentlicher Güter, dann hat der einzelne Arbeitnehmer nur einen geringen Anreiz, sich für eine Verbesserung der Arbeitsbedingungen einzusetzen und in entsprechende Verhandlungen mit dem Management einzutreten. Daher ist ein gemeinsames Sprachrohr der Beschäftigten erforderlich, das die Präferenzen der Arbeitnehmer aggregiert und entsprechende Informationen an das Management weiterleitet.“ (Jirjahn 2003b: 650)

Interessenvertretungen erfüllen in Deutschland ebenfalls eine solche Collective-voice-Funktion.

H6 – Große Betriebe

Beschäftigte in großen Betrieben erwarten von der Interessenvertretung die Wahrnehmung der Sprachrohrfunktion.

Wie bereits im Abschnitt zu den Erwartungen der persönlichen Unterstützung durch die Interessenvertretung angedeutet, vermuten wir, dass mitbestimmungsaffine Beschäftigte (siehe oben) die klassischen Aufgaben der Interessenvertretung in Form des Sprachrohrs für die Belegschaft als wichtig erachten. Die Kollektivorientierung, die man auf der überbetrieblichen Ebene erwartet, wird dementsprechend auch auf der innerbetrieblichen Ebene erwartet. Daraus folgt unsere siebte Hypothese:

H7– Mitbestimmungsaffinität

Eine hohe Mitbestimmungsaffinität hat einen positiven Einfluss auf die Erwartungsdimension der Sprachrohrfunktion für die Belegschaft.

Im Gegensatz zur Erwartungsdimension der persönlichen Unterstützung durch die Interessenvertretung, bei der wir vermuten, dass eine geringe Selbstaushandlungsfähigkeit diese Dimension beeinflusst, vermuten wir bei einer hohen Selbstaushandlungsfähigkeit, dass die Beschäftigten weniger die persönliche Unterstützung für sich selbst erwarten, sondern eher das Kollektivwohl im Auge haben. Dies legen auch die Ergebnisse der Erwartungsmilieus nahe. Beim traditionellen bildungsbürgerlichen Milieu wird auch die Sprachrohrfunktion erwartet, obwohl die Interessenvertretung nicht für die Durchsetzung persönlicher Belange gebraucht wird. Vielmehr gründet diese Erwartung in allgemeinen politischen Einstellungen. Daher formulieren wir folgende Hypothese:

> *H8 – hohe Selbstaushandlungsfähigkeit*
>
> Eine hohe Selbstaushandlungsfähigkeit führt dazu, dass die Funktion der Interessenvertretung als Sprachrohr der Belegschaft erwartet wird.

Das Vorhandensein von Kindern im Haushalt führt, wie wir bereits im vorherigen Abschnitt vermuten, einerseits zur Erwartung der persönlichen Unterstützung durch die Interessenvertretung. Andererseits, so vermuten wir darüber hinaus, kann das Vorhandensein von Kindern auch zu einer kollektiven Interessenvertretungsfunktion im Sinne der Sprachrohrfunktion für die Belegschaft führen. Im Falle von Betreuungsmöglichkeiten, Flexibilität von Arbeitszeiten o.ä. stellt dies nicht nur ein persönliches Interesse einzelner Beschäftigter dar. Daher vermuten wir, dass das Vorhandensein von Kindern im Haushalt auch einen Einfluss auf die Erwartung in kollektiver Vertretung von betrieblichen Interessen hat.

> *H9 – Kinder im Haushalt*
>
> Das Vorhandensein von Kindern im Haushalt hat einen positiven Einfluss auf die Erwartung der Sprachrohrfunktion für die Belegschaft durch die Interessenvertretung.

10.1.4 Einflussfaktoren auf die Erwartung der Kontrollfunktion

In den deskriptiven Ergebnissen konnten wir zeigen, dass die Wahrnehmung der Kontrollfunktion durch die Interessenvertretung die drittwichtigste Erwartung bei den Befragten darstellt. Ein leichter Anstieg der Wichtigkeit dieser Erwartung ist bei denjenigen zu verzeichnen, die sich beruflich selbst eher in einer schwächeren Position sehen, was mit einer niedrigen Selbstaushandlungsfähigkeit einhergeht. Je eher die Beschäftigten die eigene Verhandlungsposition als schwach ansehen, desto eher erwarten sie, das diese Position von der Interessenvertretung stellvertretend übernommen wird, d.h. wenn die Beschäftigten selbst keine Kontrolle über die Situation haben, so erwarten sie von ihrer Interessenvertretung, dass sie für die Beschäftigten die Kontrolle über die Situation erlangt.

> *H10 – niedrige Selbstaushandlungsfähigkeit*
>
> Eine geringe Selbstaushandlungsfähigkeit führt dazu, dass von der Interessenvertretung die Wahrnehmung einer Kontrollfunktion erwartet wird.

Darüber hinaus vermuten wir einen Einfluss in Form von individuellen Wertorientierungen der Befragten auf die Erwartung an Interessenvertretungen. Im Fragebogen haben wir die Items der Kurzskala des Wertesurveys von Klages und Gensicke (1999) als kontrollierende Variablen integriert, um den Zusammenhang von Wertvorstellungen auf die Erwartungsdimensionen zu testen. Im Hinblick auf die Kontrollfunktion vermuten wir, dass insbesondere konservative Werteinstellungen einen positiven Einfluss auf die Erwartung der Kontrollfunktion haben.

> *H11 – konservative Wertorientierung*
>
> Eine starke konservative Wertorientierung führt dazu, dass von der Interessenvertretung die Wahrnehmung einer Kontrollfunktion erwartet wird.

10.1.5 Einflussfaktoren auf die Erwartung der Managementfunktion

Die Diskussion der Übernahme von Managementaufgaben durch Interessenvertretungen ist zwar in der Mitbestimmungsliteratur präsent (z.B. Minssen/Riese 2007; Rehder 2006; Müller-Jentsch/Seitz 1998), allerdings wurde die Übernahme von Managementfunktionen durch die Interessenvertretung von den Interviewpartnern im explorativen Teil unserer Studie nicht einmal genannt. Darüber hinaus besitzt diese Funktion mit Abstand die geringste Priorität in der Rangfolge der fünf Erwartungsdimensionen. Allein in der Clusteranalyse der Erwartungsmilieus lässt sich eine leichte Tendenz in der Erwartung dieser Funktion feststellen. Die Übernahme von Managementaufgaben durch die Interessenvertretung scheint positiv mit den Aufstiegschancen der Beschäftigten assoziiert zu sein. Hier können wir nur eine vage Vermutung formulieren.

> *H12 – Aufstiegsorientierung*
>
> Aufstiegsorientierte Beschäftigte erwarten, dass die Interessenvertretung Aufgaben im Sinne des Co-Managements wahrnimmt.

10.1.6 Einflussfaktoren auf die Erwartung der Informationsfunktion

Die Informationsfunktion beschreibt einen Informationsfluss von oben nach unten, d.h. von der Interessenvertretung zu den Mitarbeitern. In der Operationalisierung wurde dies durch verschiedene Items (z.B. Informationen über den Betrieb, Informationen über die Betriebsratsarbeit und Informationen über allgemeine gewerkschaftliche Themen) erfasst. Es ist zu vermuten, dass Personen diese Informationen erwarten, wenn sie über diese Themen wenig mitbekommen. Dies trifft besonders auf Mitarbeiter zu, die auf einer niedrigen Hierarchiestufe arbeiten. Mitarbeiter aus höheren Hierarchiestufen bekommen aus dem Unternehmen mehr mit, da sie sich in ihrer täglichen Arbeit auch mehr mit betriebsrelevanten Themen beschäftigt sind. Deshalb lautet unsere dreizehnte Hypothese:

> *H13 – niedrige Hierarchiestufe*
>
> Beschäftigte auf einer niedrigen Hierarchiestufe im Betrieb erwarten Informationen von der Interessenvertretung.

Neben dem bereits in der ersten Hypothese genannten generellen Wissen über Interessenvertretungen, können Personen, die schon längere Zeit in einem Betrieb arbeiten, ebenfalls mehr Wissen über ihren Betrieb sammeln als Neulinge. Der Informationsbedarf, beispielsweise zur Lage des Betriebs, wird für langjährig Beschäftigte nicht so relevant sein, wie für Neulinge. Dieser Zusammenhang konnte bereits in anderen Forschungskontexten, z.B. der Professionssozialisation (z.B. Dreyfus/Dreyfus 1986; Pfadenhauer 2005) oder der empirisch-quantitativen Forschung zum Wissenstransfer (z.B. Wilkesmann 2009; Wilkesmann et al. 2009a, 2009b) nachgewiesen werden. Je länger die Beschäftigten in den Betrieben arbeiten, umso konkreter können sie Erwartungen an die Interessenvertretung aufgrund ihres Erfahrungswissens formulieren. Daher lautet unsere letzte Hypothese wie folgt:

> *H14 – Dauer der Beschäftigung*
>
> Eine lange Betriebszugehörigkeit der Beschäftigten führt dazu, dass eher weniger Informationen vonseiten der Interessenvertretung erwartet werden.

10.1.7 Übersicht der potenziellen Einflussfaktoren

Die nachfolgende Tabelle gibt einen Überblick über unsere unabhängigen Variablen (vgl. Tab. 16). Als Kontrollvariablen wurden neben dem Alter, das Geschlecht und der Migrationshintergrund in die Regressionsschätzungen aufgenommen.

Tab. 16: Unabhängige Variablen

Individuelle Einflussfaktoren	Mitbestimmungsaffinität	– Wichtigkeit von Gewerkschaften und Tarifverträgen – Mitgliedschaft in der Gewerkschaft
	Selbstaushandlungsfähigkeit	– Berufsprestige – Persönliches Einkommen – Führungsfunktion – Anteil am Haushaltseinkommen (niedrig) – Intergenerationaler Aufstieg – Chance einen Arbeitsplatz zu finden – Wichtigkeit der Arbeitsplatzsicherheit – Befristetes Beschäftigungsverhältnis – Zeit- und Leiharbeiter – Kurzarbeit – Teilzeitbeschäftigung
	Erfahrungswissen durch die Dauer der Betriebszugehörigkeit	– Dauer der Beschäftigung – weniger als ein Jahr – mehr als 20 Jahre – 1 bis19 Jahre (Referenzkategorie)
	Familiäre Situation	– Kind im Haushalt lebend
	Werteinstellungen	– Kurzskala zu den Wertdimensionen
	Politische Einstellung	– Interesse für Politik – Parteipräferenzen
	Persönliche Merkmale (Kontrollvariablen)	– Alter – Geschlecht – Migrationshintergrund
Betriebsbezogene Einflussfaktoren	Betriebsgröße	– Betriebsgröße – bis 5 Beschäftigten – 6 bis 49 Beschäftigte – 50 bis 199 Beschäftigte – 200 bis 499 Beschäftigte – über 500 Beschäftigte (Referenzkategorie)
	Arbeitsrechtliche Situation	– Öffentlicher Dienst
	Existenz von Interessenvertretung	– Interessenvertretung vorhanden

10.2 Operationalisierung

Im Folgenden werden nun zunächst die Variablen im Modell vorgestellt. Die abhängigen Variablen im Modell sind die dichotomen Erwartungen (siehe Kap. 9.1) persönliche Unterstützung, Sprachrohr, Kontrolle, Managementaufgaben sowie Informationsverbreitung. Diese werden mit Hilfe einer logistischen Regression (Hosmer/Lemeshow 2000) erklärt. Die Bildung der unabhängigen Variablen im Modell soll hier kurz erläutert werden.

Das Berufsprestige nach Wegener (1985) (siehe oben) wird aus der Angabe des Berufs der befragten Person gewonnen und wird als metrisch skalierte Variable in die Regressionsmodelle eingeführt. Das Berufsprestige als hierarchisch geordneter Indikator für die Karriere von Individuen soll ein eher objektives Maß für die Selbstaushandlungsfähigkeit darstellen.

Ähnlich gelagert ist das persönliche Einkommen, dessen fünf Kategorien hier als metrische Variablen einfließen, die ähnlich wie das Berufsprestige einen eher objektiven Blick auf die Selbstaushandlungsfähigkeiten erlauben, dabei jedoch strikt auf einer monetären Ebene bleiben, ohne das soziale Prestige mit zu berücksichtigen. Dazu stellen wir eine Variable, die angibt, ob das persönliche Einkommen nur einen geringen Anteil des Haushaltseinkommens ausmacht. So können z.B. teilzeitarbeitende Frauen, deren Männer den Großteil des Haushaltseinkommens aufbringen, von anderen Personen mit geringem Einkommen unterschieden werden. Diese Variable ist dichotom verkodet und zeigt den Wert eins, wenn das persönliche Einkommen mindestens zwei Kategorien unter dem Haushaltseinkommen liegt und den Wert null, wenn dem nicht so ist.

Die Variable Führungsposition ist aus der beruflichen Stellung entstanden und nimmt den Wert eins an, wenn die berufliche Stellung Personalverantwortung beinhaltet und eine null, wenn sie das nicht tut. Hiermit soll geprüft werden, inwieweit eine solche Position die Erwartungen an Interessenvertretungen ändert, aufgrund der Tatsache, dass die befragte Person sich unter Umständen selber eher dem ‚Arbeitgeberlager' zurechnet.

Ein intergenerationaler Aufstieg liegt vor, wenn die Karrierestufe der befragten Person größer ist als die Karrierestufe des Vaters. Dies wird in eine dichotome Form gebracht, so dass eine eins das Vorliegen eines Aufstieges indiziert und eine null angibt, dass dieser (noch) nicht erfolgt ist. Das Konzept der Karrierestufen ist Tölke und Diewald (2003) entnommen. Dabei wird jeder Position in der Stellung des Berufes eine hierarchische Position zugewiesen. Da wir diese Information für die befragte Person und die Elterngeneration abgefragt haben, können wir so einen Indikator für einen intergenerationalen Aufstieg erstellen. Dabei kann diese Variable neben den Indikatoren für beruflichen Erfolg (Berufsprestige und Einkommen) eine zusätzliche Information liefern, wie sich dieser Erfolg auf die Erwartungen auswirkt, wenn er über das Erwartbare hinausgeht. Ob dadurch eher ein individueller leistungsorientierter Blick auf die Arbeit von Interessenvertretungen geworfen wird oder aber durch die Erfahrungen im Elternhaus stärker kollektivorientierte Erwartungen herausgebildet werden als dies bei anderen beruflich erfolgreichen Befragten der Fall ist, wird sich zeigen.

Das Ausbildungsniveau wird in drei Stufen abgebildet. Von der Referenzkategorie heben sich in unseren Modellen jeweils die Befragten mit einem (Fach-)Hochschulabschluss und die ohne jeden Ausbildungsabschluss ab. Die Kategorien der Ausbildungsniveaus verweisen stärker als konkreten Angaben zur verwirklichten (beruflichen) Karriere auf die Möglichkeiten und Gefahren auf dem Arbeitsmarkt hin.

Die Arbeitssituation wird dann präzisiert durch die Abfrage folgender Merkmale: Arbeitszeit, Beschäftigungsverhältnis, Zeit- und Leiharbeit, sowie Kurzarbeit. Diese Dummyvariablen zeigen verschiedene Aspekte prekärer Beschäftigungsverhältnisse an und geben somit einen Hinweis auf eine niedrigere Selbstaushandlungsfähigkeit.

Dem schließt sich die Frage nach der Einschätzung der Chance momentan einen Arbeitsplatz zu finden an. Diese beleuchtet auf einer 5er-Likert-Skala die subjektive Sichtweise dessen, was das Ausbildungsniveau auf eine eher objektivierte Art ausdrückt: Die Ängste und Chancen der Beschäftigten im Arbeitsleben, welche in unserem Fall auch Auswirkungen auf die Erwartungen an Interessenvertretungen haben können.

Vervollständigt wird dieser Blick auf den Arbeitsmarkt durch die Relevanz der Arbeitsplatzsicherheit. Hier wurde gefragt, wie wichtig den Interviewten der Aspekt der Arbeitsplatzsicherheit ist. Gemessen wurde auch dieses Item auf einer 5er-Likert-Skala.

Als generelle Einschätzung der überbetrieblichen Mitbestimmungsaffinität dient uns der Mittelwert zweier Items. Die Fragen nach der Wichtigkeit von Gewerkschaften und Tarifverträgen wurde auf einer Skala von eins bis fünf gemessen. Als zweiter Hinweis auf die Mitbestimmungsaffinität wird festgehalten, ob die befragte Person Mitglied einer Gewerkschaft ist oder nicht.

Einen Migrationshintergrund weisen Personen auf, die entweder keine deutsche Staatsbürgerschaft besitzen oder zumindest ein Elternteil nicht die deutsche Staatsbürgerschaft besitzt. Das Geschlecht wurde mit 0 = ‚männlich' und 1 = ‚weiblich' kodiert. Das Alter wird in Jahren angegeben.

Bei der Dauer der Betriebszugehörigkeit unterscheiden wir zwei Spezialfälle: Einmal diejenigen, die erst sehr kurz, maximal ein Jahr im Betrieb sind und zum anderen diejenigen, die schon sehr lange, mindestens 20 Jahre in ein und demselben Betrieb tätig sind. Alle anderen dienen als Referenzkategorie. Eine kurze Betriebszugehörigkeitsdauer verweist auf mögliche Unsicherheiten im Beruf und auf eine Unerfahrenheit mit den Begebenheiten im Betrieb und möglicherweise mit der Interessenvertretung vor Ort. Eine besonders lange Betriebszugehörigkeit kann (muss aber nicht) etwas mehr Sicherheit vermitteln, sollte aber in jedem Falle ein Wissen über die Arbeit einer eventuell vorhandenen Interessenvertretung anzeigen.

Die Betriebsgröße wird über vier Kategorien abgebildet. Diese sollen jeweils Hinweise auf die Situation in den Betrieben geben: In den Betrieben mit weniger als fünf Mitarbeitern gibt es in der Regel keine Interessenvertretung. Ein gesetzlich verankertes Recht besteht nicht und meist sind die Beziehungen auch so eng, dass es kaum nötig wäre. Bei kleinen Betrieben von fünf bis 49 Mitarbeitern gibt es zwar die gesetzliche Möglichkeit eine Interessenvertretung zu gründen, diese wird aber relativ selten genutzt. In mittleren Betrieben von 50 bis unter 200 Mitarbeitern gibt es häufig Interessenvertretungen, diese sind aber wahrscheinlich nicht so professionell organisiert wie in mittleren Betrieben mit 200 bis 499 Mitarbeitern, wo es freigestellte Mitglieder der Interessenvertretungen gibt. Die großen Betriebe ab 500 Mitarbeitern dienen hier als Referenzkategorie.

Was für eine Art von Mitbestimmung die Befragten präferieren, fragen wir mittels zweier Likert skalierter Items ab, die die Zustimmung zu folgenden Aussagen messen: ‚Der Betriebsrat sollte der Geschäftsleitung die Stirn bieten' (= Konfrontation) und ‚Der Betriebsrat sollte der Geschäftsleitung entgegenkommen' (= Kompromiss).

Über jeweils eine dichotome Variable wird festgehalten, ob die befragte Person im öffentlichen Dienst tätig ist (1 = ‚ja') und ob in dem Betrieb eine gesetzlich verankerte Interessenvertretung vorhanden ist. Gesetzlich verankerte Interessenvertretungen sind Betriebsräte, Personalräte. Andere Mitbestimmungsformen, wie etwa runde Tische, fallen nicht darunter.

Inwieweit familiäre Verpflichtungen neben der Arbeit bestehen, wird über eine Dummyvariable abgefragt, die angibt, ob sich Kinder im Haushalt befinden oder nicht.

In einem relativ ausführlichen Block widmen wir uns dann noch allgemeinen Wertvorstellungen. Mit Hilfe einer 5er-Likert-Skala fragen wir, wie groß das Politikinteresse ist. Darauf folgt die berühmte Sonntagsfrage: „Welche Partei würden sie wählen wenn am Sonntag Wahlen wären?". Wir bilden hier die dichotome Zustimmung zu den großen Parteien CDU, SPD, FDP, Linke und Grüne ab. Der Block schließt mit einer modifizierten Wertekurzskala von Klages (1999) ab. Hier wird die Zustimmung zu folgenden Wertvorstellungen auf einer 5er-Likert-Skala erfasst: ‚fleißig und ehrgeizig sein', ‚einen hohen Lebensstandard haben', ‚Macht und Einfluss haben', ‚nach Sicherheit streben', ‚sozial Benachteiligten helfen', ‚Gesetz und Ordnung respektieren'.

In einem früheren Modell hatten wir auch Branchendummies berücksichtigt, diese Variablen wurden aber wieder herausgenommen, da sie extrem wenig zur Varianzaufklärung beitrugen und das Modell nur unnötig vergrößerten.

10.3 Ergebnisse

Im Folgenden werden die multivariaten Analysen zu den Einflussfaktoren auf verschiedenen Erwartungen an Interessenvertretungen vorgestellt. Es werden jeweils logistische Regressionen für die einzelnen Erwartungen geschätzt, die in zwei Schritten ausgeführt werden. In einem ersten Modell werden nur die objektiv messbaren Merkmale aufgeführt. Im zweiten Schritt kommen die subjektiven Einschätzungen, Einstellungen und Wertvorstellungen der Befragten hinzu. Einzige Ausnahme ist hier die Zugehörigkeit zu einer Gewerkschaft, die zwar objektiv messbar ist, aber nach unserem Ermessen inhaltlich besser in den Block mit Werten und Einstellungen passt.

10.3.1 Allgemeine Einflussfaktoren auf Erwartung an Interessenvertretungen

Bevor die Regressionen zu den einzelnen Erwartungen näher analysiert werden, gehen wir zunächst auf die allgemeine Hypothese ein. Zur Testung dieser Hypothese sind für alle Erwartungen die Regressionen getrennt nach hohem und niedrigem Wissen über Interessenvertretungen geschätzt worden. Dabei fällt auf, dass über alle fünf abhängigen Variablen die Regressionen der Gruppe mit hohem Wissen über Interessenvertretungen ein deutlich höheres Nagelkerkes r^2 aufweisen, als die Regressionen der Gruppe mit niedrigem Wissen. Der deutlich bessere Modell-fit in der Gruppe mit hohem Wissen über Interessenvertretungen zeugt von eindeutigeren Einflussfaktoren auf die Erwartungen. Der schlechte Modell-fit der Gruppe der Befragten mit niedrigem Wissen zeigt, dass sich weniger eindeutige Einflussfaktoren auf die verschiedenen Erwartungen zeigen. Die Befragten haben scheinbar eher diffuse Vorstellungen und diffuse Erwartungen an ihre Interessenvertretungen. Ebenso fällt beim Vergleich beider Gruppen über alle abhängigen Variablen auf, dass sich die signifikanten unabhängigen Variablen auch unterscheiden: Es sind nicht dieselben Faktoren, die einen Einfluss auf die Erwartungen bei den Befragten mit hohem Wissen und den Befragten mit niedrigem Wissen ausüben. Dies zeigt zudem, dass es sich hier nicht einfach um einen Größeneffekt handelt, der durch die größere Anzahl an Befragten mit geringerem Wissen über Interessenvertretungen bedingt ist. Die erste Hypothese, dass der Wissensgrad die Erwartungen differenziert, kann damit bestätigt werden. Gleichzeitig ergibt sich aus diesem Ergebnis auch schon eine erste praktische Folgerung: Eine große Gruppe der Beschäftigten hat nur wenig

Wissen über die Arbeit der Interessenvertretungen. Diese Gruppe ist daher im Urteil über die Interessenvertretungen sowie die eigenen Erwartungen an diese sehr diffus. Hier wäre Aufklärungsarbeit notwendig.

Aufgrund der bestätigten ersten allgemeinen Hypothese über den Wissensgrad, werden in den nun folgenden Betrachtungen der einzelnen Erwartungen die Gruppen der Personen mit viel und wenig Wissen über Interessenvertretungen getrennt analysiert.

Ein Vergleich der beiden Schätzmodelle, nur objektiv messbaren Merkmale auf der einen Seite und zusätzlich die subjektiven Einschätzungen, Einstellungen und Wertvorstellungen auf der anderen Seite, zeigt, dass die subjektiven Einschätzungen Nagelkerkes r^2 deutlich erhöhen und somit einen deutlichen Anstieg der Erklärungskraft des Modells darstellt. Die subjektive Wahrnehmung der jeweiligen Situation und die grundsätzliche Einstellung haben einen erheblichen Erklärungsanteil an den verschiedenen Erwartungen. Besonders ausgeprägt ist diese Differenz bei der Kontrollerwartung.

10.3.2 Einflussfaktoren auf die Erwartung der persönlichen Unterstützung

Bei der Gruppe mit hohem Wissen zeigt sich, dass die Höhe des persönlichen Einkommens und das Berufsprestige einen negativen Effekt auf die Erwartung der persönlichen Unterstützung haben, so lange nicht für Werte und Einstellungen kontrolliert wird. Analog dazu haben Beschäftigte, die sich in Kurzarbeit befinden eine höhere Chance persönliche Unterstützung von ihrer Interessenvertretung zu erwarten, auch diese wird nicht signifikant, wenn man subjektive Einschätzungen der Befragten hinzuzieht. Einzig der Einfluss der Zeit- und Leiharbeit ist stabil negativ: Aufgrund der Trennung von tatsächlichem Arbeitsplatz und dem Betrieb in dem sie angestellt sind, erwarten diese Befragten wenig persönliche Unterstützung. Hier zeigt sich ganz deutlich die schwierige Lage von Zeit- und Leiharbeitern. Keine unabhängige Variable aus dem Bereich der Selbstaushandlungsfähigkeit zeigt einen signifikanten Einfluss. Da aber zumindest das Politikinteresse einen signifikant negativen Einfluss zeigt, sollte nicht vorschnell die zweite Hypothese (niedrige Selbstaushandlungsfähigkeit) abgelehnt werden. Vielmehr wird im gestuften Modell deutlich, dass der Einfluss der Selbstaushandlungsfähigkeit über Werte und Einstellungen vermittelt wirkt. Die Mitbestimmungsaffinität hat einen positiven Einfluss auf diese Erwartung bei der Gruppe mit hohem Wissen, d.h. die dritte Hypothese (Mitbestimmungsaffinität) wird bestätigt. Die vierte Hypothese (Durchsetzungsstärke) kann indirekt bestätigt werden, zwar hat der Faktor Konflikt keinen signifikanten Einfluss, aber der Faktor, dass die Interessenvertretung eher eine kompromissorientierte Haltung gegenüber der Geschäftsleitung zeigen soll, hat einen negativen Einfluss auf die Erwartung persönliche Unterstützung. Mit Kompromissen sehen die Befragten scheinbar ihre persönliche Unterstützung nicht gewährleistet. Hervorzuheben ist, dass die Parteienpräferenz für die SPD einen positiven Einfluss auf die Erwartung der persönlichen Unterstützung hat. Kinder im Haushalt haben dagegen keinen Effekt, d.h. die fünfte Hypothese muss zurückgewiesen werden.

Für die Gruppe der Personen mit wenig Wissen über Interessenvertretungen lassen sich folgende Faktoren als signifikante Einflüsse beobachten: Ein Universitätsabschluss hat gegenüber der Lehre einen negativen Zusammenhang zur Erwartung der persönlichen Unterstützung. Die Betriebsgröße fünf bis 49 Mitarbeiter (gegenüber Großbetrieben) hat ebenso einen positiven Effekt, wie die Erwartung der Konfrontation zwischen Interessenvertretung und Geschäftsleitung, der öffentliche Dienst und die Chance einen Arbeitsplatz zu finden erhöhen die Wahrscheinlichkeit der Erwartung der persönlichen Unterstützung. Dagegen haben die Einschätzung der Wichtigkeit der Arbeitsplatzsicherheit sowie die Parteipräferenz für die Grünen einen negativen Effekt auf die Erwartung der persönlichen Unterstützung.

Insgesamt kann also die dritte (Mitbestimmungsaffinität) und die vierte Hypothese (Durchsetzungsstärke) zu dieser Erwartung – zumindest für die Gruppe mit hohem Wissen – bestätigt werden. Die fünfte Hypothese, dass ein Kind im Haushalt die Erwartung der persönlichen Unterstützung erhöht, muss zurückgewiesen werden. Die persönliche Situation in einer bestimmten Lebensphase (Kind im Haushalt) hat demnach keinen Einfluss auf persönliche Unterstützungserwartungen.

10.3.3 Einflussfaktoren auf die Erwartung der Sprachrohrfunktion

Zuerst wird wieder die Gruppe mit viel Wissen über Interessenvertretungen betrachtet. Bei der Betriebsgröße muss festgestellt werden, dass nur für mittelgroße Unternehmen (50 bis 199 Mitarbeiter) gegenüber Großbetrieben (über 500 Mitarbeiter) ein positiver Effekt besteht. Die sechste Hypothese (Betriebsgröße) kann somit nicht bestätigt werden. Die Zugehörigkeit zur Gewerkschaft hat einen positiven Einfluss auf die Erwartung der Sprachrohrfunktion. Die siebte Hypothese (Mitbestimmungsaffinität) kann also für diese Gruppe zumindest für den Fall der Gewerkschaftszugehörigkeit bestätigt werden. Interessant ist der positive Einfluss eines Universitätsabschlusses gegenüber der Lehre auf diese Erwartung: Befragte mit hohem Bildungsgrad erwarten von Interessenvertretungen die Sprachrohrfunktion. Dies ist vielleicht auf allgemeine gesellschaftspolitischer Vorstellungen zurückzuführen. Die achte Hypothese (hohe Selbstaushandlungsfähigkeit) kann also für den Fall bestätigt werden, dass ein Universitätsabschluss erreicht wurde. Bei den Kindern im Haushalt (neunte Hypothese) ist sogar ein negativer Zusammenhang zu beobachten, d.h. Beschäftigte mit Kin-

Tab. 17: Logistische Regression persönliche Unterstützung

Persönliche Unterstützung		hohes Wissen		niedriges Wissen	
		Exp(B)	Exp(B)	Exp(B)	Exp(B)
Berufsprestige		**0,815***	0,868	0,917	1,004
Persönliches Einkommen		**0,795***	0,811	0,891	0,898
geringer Anteil am Haushaltseinkommen (Dummy; 1 = ja)		0,805	0,742	0,808	0,830
Führungsposition (Dummy; 1 = ja)		1,067	1,082	1,019	1,067
Intergenerationaler Aufstieg (Dummy; 1 = ja)		0,919	0,914	0,959	0,918
Ausbildung	keine (Dummy; 1 = ja)	1,209	1,229	0,696	0,759
	Lehre u.ä.	1,000	1,000	1,000	1,000
	(Fach-)Hochschulabschluss (Dummy; 1 = ja)	1,009	1,036	**0,606****	**0,661****
Arbeitszeit (Dummy; 1 = Teilzeit)		1,006	1,006	0,952	0,975
Befristetes Beschäftigungsverhältnis (Dummy; 1 = ja)		0,958	0,984	1,022	1,053
Zeit- und Leiharbeit (Dummy; 1 = ja)		**0,419****	**0,424***	1,363	1,315
Kurzarbeit (Dummy; 1 = ja)		**1,740***	1,684+	1,094	1,016
Migrationshintergrund (Dummy; 1 = ja)		1,142	1,044	0,980	0,911
Geschlecht (Dummy; 1 = weiblich)		1,343+	1,259	1,204	1,112
Region (Dummy; 1 = neue Bundesländer)		0,772	0,765	0,996	0,937
Alter		1,015+	1,015	1,000	1,000
Betriebszugehörigkeit	1 Jahr oder weniger (Dummy; 1 = ja)	1,154	0,933	1,278	1,353
	zwischen 1 und 20 Jahren	1,000	1,000	1,000	1,000
	mehr als 20 Jahre (Dummy; 1 = ja)	0,928	0,881	1,188	1,101
Betriebsgröße	bis 4 MA (Dummy; 1 = ja)	0,690	0,749	1,569+	1,556+
	5 bis 49 MA (Dummy; 1 = ja)	0,702+	0,716	**1,429***	**1,466***
	50 bis 199 (Dummy; 1 = ja)	0,787	0,814	1,287	1,289+
	200 bis 499 MA (Dummy; 1 = ja)	0,879	0,900	1,166	1,245
	mehr als 500 MA	1,000	1,00	1,000	1,000

Tab. 17: (Fortsetzung)

Persönliche Unterstützung		hohes Wissen		niedriges Wissen	
		Exp(B)	Exp(B)	Exp(B)	Exp(B)
gesetzliche IV (Dummy; 1 = ja)		0,904	0,820	0,945	0,868
öffentlicher Dienst (Dummy; 1 = ja)		1,285	1,205	**1,378***	1,294+
Kind(er) im HH vorhanden (Dummy; 1 = ja)		1,169	1,212	0,957	0,975
Chance einen Arbeitsplatz zu finden			0,970		0,952
Relevanz der Arbeitsplatzsicherheit			1,072		**1,153***
Mitbestimmungsaffinität			**1,244****		1,110+
Gewerkschaftsmitglied (Dummy; 1 = ja)			0,857		1,184
Beziehung IV Geschäftsleitung	Konfrontation		0,952		**1,108***
	Kompromiss		**0,812****		0,951
Politikinteresse			**0,847***		**0,876***
Partei	CDU (Dummy; 1 = ja)		1,233		0,973
	SPD (Dummy; 1 = ja)		**1,698***		0,896
	FDP (Dummy; 1 = ja)		1,060		0,782
	Linke (Dummy; 1 = ja)		0,828		0,327
	Grüne (Dummy; 1 = ja)		0,944		**0,668***
Werte	Fleißig und ehrgeizig sein		1,223+		0,991
	Einen hohen Lebensstandard haben		1,098		1,053
	Macht und Einfluss haben		0,986		**1,136***
	Nach Sicherheit streben		1,085		1,028
	Sozial Benachteiligten helfen		1,139		1,081
	Gesetz und Ordnung respektieren		0,836+		1,062
Konstante		2,021	2,294	**2,525****	0,642
Nagelkerkes r^2		0,066	0,120	0,055	0,095
Signifikanzniveaus: + = .1; * = .05; ** = .01		n = 859	n = 859	n = 1.947	n = 1.947

Tab. 18: Logistische Regression Sprachrohrfunktion

Sprachrohrfunktion		hohes Wissen		niedriges Wissen	
		Exp(B)	Exp(B)	Exp(B)	Exp(B)
Berufsprestige		1,092	1,125	1,136+	1,086
Persönliches Einkommen		0,826	0,856	0,954	0,976
geringer Anteil am Haushaltseinkommen (Dummy; 1 = ja)		0,991	1,033	1,240	1,277+
Führungsposition (Dummy; 1 = ja)		0,642+	0,688	0,742	0,784
Intergenerationaler Aufstieg (Dummy; 1 = ja)		1,284	1,306+	**1,377****	**1,385****
Ausbildung	keine (Dummy; 1 = ja)	0,853	0,842	0,843	0,923
	Lehre u.ä.	1,000	1,000	1,000	1,000
	(Fach-)Hochschulabschluss (Dummy; 1 = ja)	**1,609***	**1,735***	0,942	0,976
Arbeitszeit (Dummy; 1 = Teilzeit)		0,665+	0,680	0,937	0,891
Befristetes Beschäftigungsverhältnis (Dummy; 1 = ja)		0,915	0,951	0,815	0,818
Zeit- und Leiharbeit (Dummy; 1 = ja)		0,547+	0,577	0,701+	0,773
Kurzarbeit (Dummy; 1 = ja)		0,823	0,809	0,917	0,967
Migrationshintergrund (Dummy; 1 = ja)		**0,576****	**0,594***	**0,586****	**0,585****
Geschlecht (Dummy; 1 = weiblich)		1,236	1,258	1,070	1,145
Region (Dummy; 1 = neue Bundesländer)		0,933	0,934	1,097	1,190
Alter		**1,019***	1,017+	**1,013***	1,010+
Betriebszugehörigkeit	1 Jahr oder weniger (Dummy; 1 = ja)	1,922	1,865	0,707	0,687+
	zwischen 1 und 20 Jahren	1,000	1,000	1,000	1,000
	mehr als 20 Jahre (Dummy; 1 = ja)	0,862	8,28	0,861	0,873
Betriebsgröße	bis 4 MA (Dummy; 1 = ja)	2,165+	2,410+	0,861	0,871
	5 bis 49 MA (Dummy; 1 = ja)	0,874	0,828	0,749+	0,760+
	50 bis 199 (Dummy; 1 = ja)	**1,574***	**1,731***	1,071	1,056
	200 bis 499 MA (Dummy; 1 = ja)	0,905	0,949	1,172	1,215
	mehr als 500 MA	1,000	1,000	1,000	1,000

Tab. 18: (Fortsetzung)

Sprachrohrfunktion		hohes Wissen		niedriges Wissen	
		Exp(B)	Exp(B)	Exp(B)	Exp(B)
gesetzliche IV (Dummy; 1 = ja)		1,222	1,150	0,794+	0,777+
öffentlicher Dienst (Dummy; 1 = ja)		**0,702***	**6,57***	0,794+	**0,739***
Kind(er) im HH vorhanden (Dummy; 1 = ja)		**0,629****	**0,616****	0,875	0,870
Chance einen Arbeitsplatz zu finden			0,979		1,057
Relevanz der Arbeitsplatzsicherheit			0,925		1,032
Mitbestimmungsaffinität			1,134		**1,136***
Gewerkschaftsmitglied (Dummy; 1 = ja)			**1,539***		0,818
Beziehung IV Geschäftsleitung	Konfrontation		1,025		**1,132***
	Kompromiss		1,158+		0,936
Politikinteresse			0,951		**1,130***
Partei	CDU (Dummy; 1 = ja)		1,202		**0,684****
	SPD (Dummy; 1 = ja)		1,529+		0,821
	FDP (Dummy; 1 = ja)		1,347		0,912
	Linke (Dummy; 1 = ja)		1,023		**0,424****
	Grüne (Dummy; 1 = ja)		1,047		0,838
Werte	Fleißig und ehrgeizig sein		1,172		0,940
	Einen hohen Lebensstandard haben		0,940		0,931
	Macht und Einfluss haben		**0,786****		0,996
	Nach Sicherheit streben		0,885		1,042
	Sozial Benachteiligten helfen		0,940		1,014
	Gesetz und Ordnung respektieren		0,990		1,024
Konstante		1,652	3,651	**2,163***	1,301
Nagelkerkes r^2		0,111	0,153	0,057	0,084
Signifikanzniveaus:+ = .1; * = .05; ** = .01		n = 875	n = 875	n = 1.947	n = 1.947

dern erwarten seltener die Sprachrohrfunktion durch die Interessenvertretung. Die neunte Hypothese ist somit zurückzuweisen. Befragte im öffentlichen Dienst erwarten die Sprachrohrfunktion gerade nicht. Vermutlich wird diese kollektive Interessenartikulationsform in der öffentlichen Verwaltung aufgrund des besonderen Arbeitsrechtes als weniger notwendig erachtet. Schwer zu interpretieren ist jedoch der negative Einfluss der Befragten mit Migrationshintergrund. Warum gerade sie keine Sprachrohrfunktion erwarten, obwohl sie sicherlich eine wichtige Zielgruppe von Interessenvertretungen in dieser Hinsicht sind, bleibt weiteren Analysen vorbehalten. Eine mögliche Interpretation wäre, dass der Gedanke der kollektiven Vertretung weniger verbreitet ist oder aber auch, dass man aus Erfahrung kollektiven Institutionen in Deutschland im Allgemeinen eher misstraut. Stark aufstiegsorientierte Personen (‚Macht und Einfluss haben') lehnen diese kollektive Form der Interessenvertretung ab.

In der Gruppe der Befragten mit wenig Wissen über Interessenvertretungen sind folgende Faktoren signifikant: Neben dem intergenerationalen Karriereaufstieg, dem negativen Effekt des öffentlichen Dienstes und dem negativen Einfluss des Migrationshintergrunds finden sich hier zusätzlich ein positiver Einfluss der Konflikterwartung zwischen Interessenvertretung und Geschäftsleitung. Auch hier scheint wieder eine allgemeine politische Auffassung ausschlaggebend zu sein, nämlich dass Interessenvertretungen eine Sprachrohrfunktion aufgrund allgemeiner politischer Überlegungen wahrnehmen sollten. Zu dieser Interpretation passt auch, dass die Parteienpräferenzen für die CDU und die Linkspartei einen negativen Effekt bewirken. Anhänger dieser Parteien wollen vielleicht erst keine Wahrnehmung der Sprachrohrfunktion durch die Interessenvertretungen oder erwarten von ihren Interessenvertretungen diese nicht mehr. Das Politikinteresse hat auch einen positiven Einfluss auf die Erwartung der Sprachrohrfunktion.

Zusätzlich lässt sich bei der Sprachrohrfunktion feststellen, dass – im Gegensatz zur persönlichen Unterstützung – subjektive und objektive Einflussfaktoren additiv wirken.

10.3.4 Einflussfaktoren auf die Erwartung der Kontrolle

Bei der Gruppe mit hohem Wissen hat eine niedrige Selbstaushandlungsfähigkeit keinen Einfluss auf die Kontrollerwartung, d.h. die zehnte Hypothese (niedrige Selbstaushandlungsfähigkeit) muss zurückgewiesen werden. Eine konservative Werteinstellung hat jedoch einen positiven Einfluss auf die Kontrollerwartung. In diesem Fall hat das Item „Gesetz und Ordnung respektieren" einen positiven Effekt, während „fleißig und ehrgeizig sein" einen negativen Effekt hat. Das letzte Item drückt eher das eigene Engagement, die eigenen Verantwortung aus, während Befragte mit konservativer Werteinstellung eher die Verantwortung auf das System abschieben. Die elfte Hypothese (konservative Werteinstellung) ist damit auch bestätigt. Zusätzlich haben die beiden Faktoren der Konfrontation zwischen Interessenvertretung und Geschäftsleitung sowie die Parteienpräferenz für die Linkspartei einen positiven Effekt auf die Kontrollerwartung. Da zwischen den Faktoren Linksparteienpräferenz, Gesetz und Ordnung sowie Konfliktorientierung zwischen Interessenvertretung und Geschäftsleitung eine logische Übereinstimmung existiert, ist dieser Zusammenhang auch nicht verwunderlich.

Für die Gruppe der Personen mit wenig Wissen über Interessenvertretungen existieren nur zwei signifikante Einflussfaktoren: Migrationshintergrund und als negativer Einfluss die mittlere Betriebsgröße von 50 bis 199 Mitarbeitern gegenüber Großbetrieben mit mehr als 500 Mitarbeitern. In mittelgroßen Betrieben ist nach Einschätzung der dort tätigen Mitarbeiter die Kontrollfunktion nicht so wichtig wie in Großbetrieben. Das Politikinteresse hat einen positiven Einfluss auf die Erwartung der Kontrollfunktion durch die Interessenvertretung.

Insgesamt zeigt sich, dass die Erwartung zur Kontrollfunktion fast ausschließlich von subjektiven Einstellungen und Werten beeinflusst wird.

10.3.5 Einflussfaktoren auf die Erwartung der Managementfunktion

In der Gruppe der Befragten mit viel Interessenvertretungswissen lässt sich nicht direkt feststellen, dass aufstiegsorientierte Beschäftigte die Erwartung der Managementfunktion präferieren. Vielmehr scheint dies über eine starke Selbstwirksamkeit, wie sie in der Einschätzung einen geeigneten Arbeitsplatz zu finden transportiert wird, abgebildet zu werden. In zweiter Hinsicht zeigt sich ein positiver Effekt der Werteinstellung „Macht und Einfluss haben". Es scheint sich von der Selbst- und Werteinschätzungen her um aufstiegsorientierte Charaktere zu handeln, die diese Erwartung präferieren. Die zwölfte Hypothese (Aufstiegsorientierung) kann somit bestätigt werden. Der einzige weitere signifikante Einfluss ist bei befristet Beschäftigten zu verzeichnen. Der Einfluss des Migrationshintergrundes im ersten Modell verschwindet, wenn die Variable „Chance einen neuen Arbeitsplatz zu finden" zusätzlich in die Schätzung aufgenommen wird. Es verbirgt sich somit in diesem Fall die Wahrnehmung der Arbeitsplatzsituation hinter der Migrationsvariablen.

Dieses Bild wird auch noch einmal bei der Gruppe der Beschäftigten mit wenig Wissen deutlich: Auch hier hat die Chance einen Arbeitsplatz zu finden einen positiven Einfluss. Dieser wird noch durch einen negativen Einfluss des Berufsprestiges unterstrichen: Nur diejenigen Personen, die nach oben wollen, nicht jene Personen, die schon oben sind, erwarten die Managementfunktion von ihrer Interessenvertretung. Abgerundet wird dieser Eindruck durch den negati-

Tab. 19: Logistische Regression Kontrollfunktion

Kontrollfunktion		hohes Wissen		niedriges Wissen	
		Exp(B)	Exp(B)	Exp(B)	Exp(B)
Berufsprestige		0,870	0,866	1,037	0,983
Persönliches Einkommen		1,147	1,181	1,109	1,086
geringer Anteil am Haushaltseinkommen (Dummy; 1 = ja)		0,840	0,897	1,053	1,012
Führungsposition (Dummy; 1 = ja)		0,673	0,674	1,060	1,069
Intergenerationaler Aufstieg (Dummy; 1 = ja)		1,085	1,084	0,884	0,893
Ausbildung	keine (Dummy; 1 = ja)	1,254	1,106	1,203	1,289
	Lehre u.ä.	1,000	1,000	1,000	1,000
	(Fach-)Hochschulabschluss (Dummy; 1 = ja)	1,276	1,165	1,166	1,118
Arbeitszeit (Dummy; 1 = Teilzeit)		1,330	1,400	1,126	1,097
Befristetes Beschäftigungsverhältnis (Dummy; 1 = ja)		0,962	0,860	1,295+	1,289+
Zeit- und Leiharbeit (Dummy; 1 = ja)		1,559	1,630	0,841	0,908
Kurzarbeit (Dummy; 1 = ja)		0,813	0,714	0,808	0,837
Migrationshintergrund (Dummy; 1 = ja)		0,945	0,922	1,197	1,261+
Geschlecht (Dummy; 1 = weiblich)		0,806	0,742+	0,895	0,961
Region (Dummy; 1 = neue Bundesländer)		0,841	0,939	0,974	0,998
Alter		1,005	0,997	1,008	1,008
Betriebszugehörigkeit	1 Jahr oder weniger (Dummy; 1 = ja)	1,161	1,206	0,993	0,974
	zwischen 1 und 20 Jahren	1,000	1,000	1,000	1,000
	mehr als 20 Jahre (Dummy; 1 = ja)	0,781	0,815	1,087	1,130
Betriebsgröße	bis 4 MA (Dummy; 1 = ja)	0,758	0,753	0,807	0,819
	5 bis 49 MA (Dummy; 1 = ja)	0,859	0,915	**0,729***	0,750+
	50 bis 199 (Dummy; 1 = ja)	0,979	1,050	**0,670****	**0,684****
	200 bis 499 MA (Dummy; 1 = ja)	1,144	1,143	0,770+	0,763+
	mehr als 500 MA	1,000	1,000	1,000	1,000

Tab. 19: (Fortsetzung)

Kontrollfunktion		hohes Wissen		niedriges Wissen	
		Exp(B)	Exp(B)	Exp(B)	Exp(B)
gesetzliche IV (Dummy; 1 = ja)		1,345	1,309	1,067	1,093
öffentlicher Dienst (Dummy; 1 = ja)		0,838	0,760	0,937	0,925
Kind(er) im HH vorhanden (Dummy; 1 = ja)		1,102	1,108	1,103	1,089
Chance einen Arbeitsplatz zu finden			0,992		1,067
Relevanz der Arbeitsplatzsicherheit			0,941		1,022
Mitbestimmungsaffinität			1,161+		0,981
Gewerkschaftsmitglied (Dummy; 1 = ja)			0,808		1,002
Beziehung IV Geschäftsleitung	Konfrontation		**1,335****		1,051
	Kompromiss		0,991		1,007
Politikinteresse			1,096		**1,104***
Partei	CDU (Dummy; 1 = ja)		1,053		1,025
	SPD (Dummy; 1 = ja)		1,182		0,977
	FDP (Dummy; 1 = ja)		0,939		1,105
	Linke (Dummy; 1 = ja)		**2,639****		1,201
	Grüne (Dummy; 1 = ja)		1,570+		1,275
Werte	Fleißig und ehrgeizig sein		**0,805***		0,905
	Einen hohen Lebensstandard haben		1,023		1,044
	Macht und Einfluss haben		1,040		0,961
	Nach Sicherheit streben		0,989		0,929
	Sozial Benachteiligten helfen		0,971		0,895+
	Gesetz und Ordnung respektieren		**1,231***		1,091
Konstante		**0,368***	**0,145***	**0,406****	**0,353****
Nagelkerkes r^2		0,039	0,109	0,028	0,043
Signifikanzniveaus:+ = .1; * = .05; ** = .01		n = 876	n = 876	n = 1.945	n = 1.945

Tab. 20: Logistische Regression Managementfunktion

Managementfunktion		hohes Wissen		niedriges Wissen	
		Exp(B)	Exp(B)	Exp(B)	Exp(B)
Berufsprestige		0,824	0,859	**0,750****	**0,750****
Persönliches Einkommen		1,303+	1,262+	1,068	1,026
geringer Anteil am Haushaltseinkommen (Dummy; 1 = ja)		1,040	0,966	0,970	0,969
Führungsposition (Dummy; 1 = ja)		1,523	1,260	1,438	1,332
Intergenerationaler Aufstieg (Dummy; 1 = ja)		0,880	0,874	0,852	0,852
Ausbildung	keine (Dummy; 1 = ja)	1,037	0,950	0,929	0,922
	Lehre u.ä.	1,000	1,000	1,000	1,000
	(Fach-)Hochschulabschluss (Dummy; 1 = ja)	0,649+	0,676	1,439+	1,456+
Arbeitszeit (Dummy; 1 = Teilzeit)		1,317	1,417	1,311	1,294
Befristetes Beschäftigungsverhältnis (Dummy; 1 = ja)		**1,956****	**1,962****	1,098	1,031
Zeit- und Leiharbeit (Dummy; 1 = ja)		1,124	0,944	1,568+	1,446
Kurzarbeit (Dummy; 1 = ja)		0,936	0,972	0,715	0,748
Migrationshintergrund (Dummy; 1 = ja)		**1,638***	1,545+	**1,391***	1,295
Geschlecht (Dummy; 1 = weiblich)		1,436+	1,459+	0,806	0,812
Region (Dummy; 1 = neue Bundesländer)		1,105	1,026	0,962	0,997
Alter		0,990	1,000	0,993	1,001
Betriebszugehörigkeit	1 Jahr oder weniger (Dummy; 1 = ja)	0,593	0,715	0,887	0,869
	zwischen 1 und 20 Jahren	1,000	1,000	1,000	1,000
	mehr als 20 Jahre (Dummy; 1 = ja)	0,970	0,948	0,880	0,883
Betriebsgröße	bis 4 MA (Dummy; 1 = ja)	0,852	0,899	0,948	0,929
	5 bis 49 MA (Dummy; 1 = ja)	1,443	1,449	1,134	1,080
	50 bis 199 (Dummy; 1 = ja)	0,888	0,873	1,026	1,002
	200 bis 499 MA (Dummy; 1 = ja)	0,813	0,786	1,093	1,054
	mehr als 500 MA	1,000	1,000	1,000	1,000

Tab. 20: (Fortsetzung)

Managementfunktion		hohes Wissen		niedriges Wissen	
		Exp(B)	Exp(B)	Exp(B)	Exp(B)
gesetzliche IV (Dummy; 1 = ja)		1,242	1,334	0,888	0,913
öffentlicher Dienst (Dummy; 1 = ja)		1,286	1,334	1,010	1,025
Kind(er) im HH vorhanden (Dummy; 1 = ja)		1,131	1,128	1,127	1,133
Chance einen Arbeitsplatz zu finden			**1,170***		**1,148****
Relevanz der Arbeitsplatzsicherheit			1,082		**0,829***
Mitbestimmungsaffinität			0,903		1,099
Gewerkschaftsmitglied (Dummy; 1 = ja)			1,380		1,026
Beziehung IV Geschäftsleitung	Konfrontation		1,031		0,970
	Kompromiss		1,109		**1,201****
Politikinteresse			0,880		0,925
Partei	CDU (Dummy; 1 = ja)		0,986		0,841
	SPD (Dummy; 1 = ja)		0,969		1,196
	FDP (Dummy; 1 = ja)		0,633		1,075
	Linke (Dummy; 1 = ja)		1,587		1,267
	Grüne (Dummy; 1 = ja)		1,053		1,125
Werte	Fleißig und ehrgeizig sein		0,935		0,965
	Einen hohen Lebensstandard haben		0,861		1,047
	Macht und Einfluss haben		**1,340****		1,117
	Nach Sicherheit streben		1,253+		1,023
	Sozial Benachteiligten helfen		0,913		1,012
	Gesetz und Ordnung respektieren		0,934		0,988
Konstante		**0,095****	**0,020****	**0,178****	**0,117****
Nagelkerkes r^2		0,080	0,126	0,034	0,059
Signifikanzniveaus:+ = .1; * = .05; ** = .01		n = 875	n = 875	n = 1.945	n = 1.945

ven Einfluss der Relevanz der Arbeitsplatzsicherheit: Je weniger relevant die Sicherheit des Arbeitsplatzes ist, desto eher erwarten die Befragten die Managementfunktion.

Allerdings zeigt sich auch ein generell schlechterer Fit des Modells bei der Gruppe mit wenig Interessenvertretungswissen. Anhand der verschiedenen Faktoren, die noch Einfluss auf die Erwartung der Managementfunktion haben, kann unter Umständen unsere These, dass diese Befragten uneinheitlicher antworten ein wenig Unterstützung erfahren: Befragte, die angaben wenig über Interessenvertretungen zu wissen und eher Kompromissbereitschaft von ihrer Interessenvertretung erwarten, erwarten auch eher die Übernahme der Managementfunktion durch die Interessenvertretung.

10.3.6 Einflussfaktoren auf die Erwartung der Informationsfunktion

Die erste Gruppe der Beschäftigten, die ihr Wissen über die Interessenvertretungen hoch einschätzen, zeigt in Bezug auf die Erwartung der Informationsfunktion ein zweigeteiltes Bild, sodass zwei Subgruppen zu vermuten sind. Zum einen hat der Faktor, dass die befragte Person wenig zum Haushaltseinkommen beiträgt, einen positiven Einfluss. Zum anderen hat aber auch der Faktor der Führungsverantwortung einen positiven Einfluss auf die Erwartung der Informationsfunktion. Hier handelt es sich vermutlich um eine zweite Subgruppe, die eher hierarchisch höher steht und sich nicht unbedingt als Klientel der Interessenvertretung ansieht. Beide Gruppen präferieren also die Informationsfunktion aus unterschiedlichen Gründen: Die erste Gruppe will wirklich über die Arbeit der Interessenvertretung informiert werden, wohingegen die zweite Gruppe über die Interessenvertretungsarbeit informiert werden will, weil sie sich eher als Verhandlungspartner mit der Interessenvertretung versteht. Aus diesem Grund kann die dreizehnte Hypothese (niedrige Hierarchiestufe) für die eine Subgruppe zu bestätigt und für die andere Subgruppe zurückgewiesen werden. Ebenso hat die Mitbestimmungsaffinität einen negativen Einfluss auf die Erwartung der Informationsfunktion. Dies ist wenig verwunderlich, da mitbestimmungsaffine Personen vermutlich auch viel über die Interessenvertretungsarbeit wissen und deshalb die Informationsfunktion als eine weniger wichtige Funktion eingestuft haben. Es handelt sich ebenso um Personen, die traditionelle Werte verfolgen. Die Bedeutung materieller Werte hat einen negativen Einfluss auf die Erwartung. Eine lange Betriebszugehörigkeit – wie in der vierzehnten Hypothese angenommen – hat hingegen keinen Einfluss auf die Erwartung der Informationsfunktion.

Für die Personengruppe mit wenig Wissen über Interessenvertretungen stellt der Berufsprestige-Wert (mps) einen negativen Einflussfaktor dar: eine als gering wahrgenommene Selbstaushandlungsfähigkeit führt zu der Erwartung der Informationsfunktion. Ebenso haben diese Erwartung eher Frauen, Beschäftigte in Kleinstbetrieben (wahrscheinlich aufgrund von mangelndem Kontakt zu Interessenvertretungsarbeit, was bei diesen Betrieben auch kaum überraschen dürfte) und diejenigen, die eher einen Kompromiss zwischen Interessenvertretung und Geschäftsleitung erwarten. Diese etwas widersprüchlichen Ergebnisse bei der Gruppe der weniger gut Informierten drückt eine diffuse Gemengelage aus. Dieser Personenkreis weiß nicht genau, was und warum etwas von den Interessenvertretungen erwartet werden soll. Außerdem ist – ähnlich wie bei der Managementfunktion – auch bei der Informationsfunktion eine gewisse Restkategorie zu vermuten. Diese Erwartung an die Interessenvertretung kann ‚nicht schaden'. Aus diesem Grund sind mit der Präferenz für diese Funktion auch keine klaren Ziele verknüpft.

Tab. 21: Logistische Regression Informationsfunktion

Informationsfunktion		hohes Wissen		niedriges Wissen	
		Exp(B)	Exp(B)	Exp(B)	Exp(B)
Berufsprestige		0,880	0,864	0,796*	0,797**
Persönliches Einkommen		1,140	1,160	0,994	0,970
geringer Anteil am Haushaltseinkommen (Dummy; 1 = ja)		**1,580***	**1,610***	0,869	0,856
Führungsposition (Dummy; 1 = ja)		**2,048****	**1,951***	0,839	0,750
Intergenerationaler Aufstieg (Dummy; 1 = ja)		0,750+	0,744+	0,879	0,892
Ausbildung	keine (Dummy; 1 = ja)	0,768	0,726	1,078	1,085
	Lehre u.ä.	1,000	1,000	1,000	1,000
	(Fach-)Hochschulabschluss (Dummy; 1 = ja)	0,834	0,941	1,073	1,091
Arbeitszeit (Dummy; 1 = Teilzeit)		1,049	1,101	0,787+	0,807
Befristetes Beschäftigungsverhältnis (Dummy; 1 = ja)		1,008	1,074	1,080	1,073
Zeit- und Leiharbeit (Dummy; 1 = ja)		1,732+	1,768+	0,809	0,717
Kurzarbeit (Dummy; 1 = ja)		0,911	1,079	1,130	1,195
Migrationshintergrund (Dummy; 1 = ja)		0,986	1,060	1,148	1,131
Geschlecht (Dummy; 1 = weiblich)		0,940	1,015	**1,368***	**1,348***
Region (Dummy; 1 = neue Bundesländer)		0,831	0,761	1,165	1,139
Alter		0,999	0,996	0,991	0,995
Betriebszugehörigkeit	1 Jahr oder weniger (Dummy; 1 = ja)	0,457+	0,474+	1,193	1,181
	zwischen 1 und 20 Jahren	1,000	1,000	1,000	1,000
	mehr als 20 Jahre (Dummy; 1 = ja)	1,130	1,083	1,051	1,090
Betriebsgröße	bis 4 MA (Dummy; 1 = ja)	1,147	1,125	**1,684***	**1,668***
	5 bis 49 MA (Dummy; 1 = ja)	1,429	1,469	1,156	1,103
	50 bis 199 (Dummy; 1 = ja)	1,147	1,165	1,126	1,097
	200 bis 499 MA (Dummy; 1 = ja)	1,472+	1,584+	1,184	1,169
	mehr als 500 MA	1,000	1,000	1,000	1,000

Tab. 21: (Fortsetzung)

Informationsfunktion		hohes Wissen		niedriges Wissen	
		Exp(B)	Exp(B)	Exp(B)	Exp(B)
gesetzliche IV (Dummy; 1 = ja)		0,845	0,833	1,110	1,150
öffentlicher Dienst (Dummy; 1 = ja)		0,857	0,920	0,802	0,831
Kind(er) im HH vorhanden (Dummy; 1 = ja)		1,278	1,181	1,216+	1,199+
Chance einen Arbeitsplatz zu finden			0,903		1,050
Relevanz der Arbeitsplatzsicherheit			1,187		0,933
Mitbestimmungsaffinität			**0,790***		0,899+
Gewerkschaftsmitglied (Dummy; 1 = ja)			1,374+		1,070
Beziehung IV Geschäftsleitung	Konfrontation		0,967		0,963
	Kompromiss		1,159+		**1,166****
Politikinteresse			1,087		1,003
Partei	CDU (Dummy; 1 = ja)		1,244		1,112
	SPD (Dummy; 1 = ja)		0,899		1,087
	FDP (Dummy; 1 = ja)		1,250		1,375+
	Linke (Dummy; 1 = ja)		0,621		0,950
	Grüne (Dummy; 1 = ja)		0,799		0,952
Werte	Fleißig und ehrgeizig sein		1,000		1,160+
	Einen hohen Lebensstandard haben		**0,784***		0,898+
	Macht und Einfluss haben		1,169+		1,031
	Nach Sicherheit streben		0,935		1,044
	Sozial Benachteiligten helfen		0,955		1,120+
	Gesetz und Ordnung respektieren		**1,428****		0,928
Konstante		**0,300***	**0,041****	**0,396****	**0,152****
Nagelkerkes r^2		0,043	0,128	0,037	0,059
Signifikanzniveaus: + = .1; * = .05; ** = .01		n = 876	n = 876	n = 1.945	n = 1.945

11. Resümee

Sowohl die Ergebnisse der qualitativen Studie, als auch die Ergebnisse der Clusteranalyse und der Regressionsanalyse konnten nicht nur die verschiedenen Erwartungen an Interessenvertretungen aufklären, sondern auch unterschiedliche Faktoren bestimmen, welche die Erwartungen an Interessenvertretungen beeinflussen. Neben den bereits referierten, detaillierten Ergebnissen lassen sich folgende sechs zentrale Ergebnisse zusammenfassen und entsprechende Schlussfolgerungen daraus ziehen:

1. Das Wissen über die Arbeit von Interessenvertretungen ist bei einer großen Gruppe von abhängig Beschäftigten eher niedrig. Lediglich 35,9% der Befragten gaben an, hohes Wissen über Interessenvertretungen zu haben, 64,1% der Befragten dagegen stuften ihr Wissen über Interessenvertretungen selbst als mittelmäßig oder niedrig ein. Dieser Wissensunterschied zu Interessenvertretungen beeinflusst zum einen die Erwartungen an Interessenvertretungen und zum anderen insbesondere die Einflussfaktoren auf diese Erwartungen. Während bei den Befragten mit niedrigem Wissen eher diffuse und zum Teil schwer zu interpretierende Zusammenhänge zwischen Einflussfaktoren und Erwartungen existieren, kommen bei Personen mit hohem Wissen klarer zu interpretierende Zusammenhänge zum Vorschein. Die deutlich unterschiedlichen Modell-Fits für beide Gruppen sind ein weiterer Indikator für die Wissensunterschiede und die dadurch bedingten Aussagen der Befragten. Einzige Ausnahme ist die Erwartung der persönlichen Unterstützung. Hier differiert Nagelkerkes r^2 nicht so stark zwischen beiden Gruppen. Dies ist damit zu erklären, dass die Erwartung der persönlichen Unterstützung jene Erwartung ist, die den Befragten naheliegend erscheint, weil sie eher mit konkreten Inhalten assoziiert wird als die anderen Erwartungsdimensionen und somit als erste Erwartung an Interessenvertretungen adressiert wird. Dagegen sind die anderen Erwartungen nicht mehr ganz so naheliegend und nicht alle Befragten können diese Erwartungen genau zuordnen. Aus diesem Grund unterscheiden sich die Ergebnisse für die beiden Gruppen in allen anderen Erwartungsdimensionen stark voneinander. Je spezifischer diese Erwartungen sind, desto mehr spielt das Wissen über Interessenvertretungen eine Rolle. Insgesamt hat uns aber der eher schwache Kenntnisstand zu Interessenvertretungen vieler abhängig Beschäftigter erstaunt. Hier gibt es sowohl für die Interessenvertretungen selbst als auch für die Gewerkschaften noch viel Informations- und Aufklärungsarbeit zur betrieblichen Mitbestimmung zu leisten. Für die Gewerkschaften ist diese Aufgabe insofern zu leisten, weil ein beachtlicher Anteil der Befragten (50,5%) über keine Interessenvertretung im Betrieb verfügt und daher überbetriebliche Aufklärungsarbeit gerade für die Beschäftigten ohne Interessenvertretung vor Ort von Nöten ist.

2. Ein weiterer Punkt, der nicht unbedingt so zu erwarten war, ist die insgesamt doch sehr hohe Mitbestimmungsaffinität unter den abhängig Beschäftigten. Es existiert kein Milieu, das die Mitbestimmung grundsätzlich und fundamental ablehnt. Es lässt sich kein neoliberales Milieu finden, welches aus politischer Überzeugung oder sonstigen Gründen überhaupt nichts vom Thema Mitbestimmung hält. Unser Ergebnis ist auch kein methodisches Artefakt, da wir keine systematische Verzerrung der Befragten zugunsten einer gewerkschaftlich-mitbestimmungsaffinen Auswahl haben. In unserer qualitativen Studie zeigte sich darüber hinaus, dass Interviewpersonen, die von der betrieblichen und überbetrieblichen Mitbestimmung enttäuscht waren, sich gerade als sehr auskunftsfreudig erwiesen. Die Personengruppe, die das Telefoninterview aus dem Grund abgelehnt hat, weil sie sich grundsätzlich nicht für das Thema interessiert oder aufgrund des Themas nicht antworten wollte, ist zudem sehr klein (5,3%). So können wir empirische Evidenzen vorweisen, dass Mitbestimmung in Deutschland zum akzeptierten Grundwertekanon gehört. Auch die Angehörigen der Milieus, die aufgrund ihrer beruflichen Stellung keinen persönlichen Vorteil aus der betrieblichen Mitbestimmung ziehen können, beurteilen die Mitbestimmung aus den unterschiedlichsten Gründen grundsätzlich begrüßenswert sowie als gesellschaftlich notwendig.

3. Dennoch existiert ein Milieu, das weniger mitbestimmungsaffin ist. Dieses mitbestimmungsfrustrierte Milieu repräsentiert aber keine grundsätzliche Ablehnung der Mitbestimmung gegenüber, sondern speist sich größtenteils aus enttäuschten Erwartungen. In diesem Milieu befinden sich hauptsächlich Personen, die in der Vergangenheit persönliche Erfahrungen mit ihrer Interessenvertretungen negativ bewerteten oder die sich durch ihre Interessenvertretung nicht unterstützt fühlen – dies waren aber eben schlechte Erfahrungen. Positiv anzumerken ist allerdings, dass dieses Milieu mit einem Anteil von 1,5% aller abhängig Beschäftigten insgesamt sehr klein ist.

4. Das in der Literatur zur industriellen Beziehung prominente Thema des Co-Managements findet sich – zumindest in der Dominanz und Wichtigkeit, wie die Literatur vermuten lässt – nicht in den Erwartungen der abhängig Beschäftigten wieder. Die klassischen Interessenvertretungsfunktionen, wie persönliche Unterstützung und Sprachrohr sind den abhängig Beschäftigten wesentlich wichtiger und liegen näher an ihren eigenen Bedürfnissen. Dies sagt nichts über die grundsätzliche Bedeutung dieses Themas für die alltägliche Arbeit in Betriebsräten aus, sondern gibt nur die, nicht vorhandene, Wahrnehmung der abhängig Beschäftigten wieder.

5. Bei den Einflussfaktoren auf die fünf verschiedenen Erwartungen spiegelt sich auch die Ausdifferenzierung der Gesellschaft wieder. Ebenso, wie es kein klares Arbeitermilieu mehr gibt, gibt es auch nicht die ein oder zwei dominanten Einflussfaktoren auf die Erwartung. Zwar existiert z.B. bei der Erwartung der persönlichen Unterstützung und der Kontrolle noch ein Zusammenhang zu einer links-politischen Einstellung, aber dies stellt noch kein generelles Deutungsmuster dar. Es lässt sich jedoch über alle Erwartungen feststellen, dass die einzelnen Faktoren der Selbstaushandlungsfähigkeit im weiten Sinne sehr häufig einen Einfluss auf die Erwartungen haben. Die empfundene individuelle Stärke, z.B. durch die berufliche Stellung oder den Bildungsabschluss, korrespondiert mit den Erwartungen an kollektive Interessenvertretungen. Ebenso auffällig ist, dass die idealtypische Vorstellung der Beziehung zwischen Interessenvertretung und Geschäftsleitung einen Einfluss auf bestimmte Erwartungsfunktionen hat. Es existiert so etwas wie ein kognitives Muster einer idealen Interessenvertretung. Zusätzlich – aber wenig erstaunlich – ist der bei allen Erwartungen gegebene Einfluss der Wertüberzeugungen. Hier haben zwar immer unterschiedliche Werte einen Einfluss auf die jeweilige Erwartung, dennoch ist es wichtig an dieser Stelle festzuhalten, dass es diesen generellen Zusammenhang zwischen bestimmten Werteinstellungen und Erwartungen an Interessenvertretungen gibt.

6. Wie wir im qualitativen Teil unserer Studie gesehen haben, müssen Erwartungen an Interessenvertretungen nicht immer realistisch sein. Sie können am Arbeitsalltag von Interessenvertretungen vollkommen vorbeigehen und damit auch schneller in Enttäuschungen umschlagen. Erwartet wird von den Interessenvertretungen insgesamt sehr viel, etwa dass sie mit gutem Beispiel voran gehen, d.h. sie sollen nicht nur Rechte einfordern, sondern auch Pflichten erfüllen und Engagement zeigen. Doch damit nicht genug: Die Beschäftigten erwarten zudem Informationen zur wirtschaftlichen Lage des Betriebes, welche jedoch im Rahmen von Betriebsversammlungen von der Geschäftsführung vermittelt werden müssten, d.h. sie sollen eine defizitäre Informationspolitik vonseiten der Geschäftsleitung substituieren.

Die hier referierten Ergebnisse können als Grundlage für die Entwicklung einer Theorie der Erwartungen an Interessenvertretungen genutzt werden. Eine solche Theoriearbeit steht jedoch noch aus.

Unsere Ergebnisse zeigen auch, dass Interessenvertretungen durch die geäußerten Erwartungen in verschiedene Erwartungsdilemmata geraten. Diese können sich negativ auf die Beziehung von Belegschaften und Interessenvertretungen auswirken, denn die Einlösung von Erwartungen ist entscheidend für das Entstehen und den Fortbestand von Vertrauensbeziehungen. Und damit stellt sich die Frage, ob Erwartungen an Interessenvertretungen nicht längst eine neue

Arena der Interessenregulierung darstellen. Dies ist gerade vor dem als relativ schlecht diagnostizierten Informationsstand weiter Teile abhängig Beschäftigter bedeutsam: Insgesamt kann im Hinblick auf die unrealistischen Erwartungen sicherlich mit einer veränderten Informationspolitik entgegen gesteuert werden, d.h. Gewerkschaften und Interessenvertretungen sollten sich diesen Erwartungen und insbesondere der Erwartungsbildung pro-aktiv stellen.

Literatur

Achatz, J./Gartner, H./Glück, T. (2004): Bonus oder Bias? Mechanismen geschlechtsspezifischer Entlohnung. IAB Discussion Paper 2

Addison, J. T./Schnabel, C./Wagner, J. (1998): Betriebsräte in der deutschen Industrie – Verbreitung, Bestimmungsgründe und Effekte. In: Gerlach, K./Hübler, O./Meyer, W. (Hg.): Ökonomische Analysen betrieblicher Strukturen und Entwicklungen: Das Hannoveraner Firmenpanel. Frankfurt/M., S. 59–87

Addison, J. T./Schnabel, C./Wagner, J. (2001): Works Councils in Germany: Their Effects on Firm Performance. In: Oxford Economic Papers, 53, S. 659–694

Addison, J. T./Schank, T./Schnabel, C./Wagner, J. (2003):German Work Councils in the production process. Bonn: Institute for the study of labor (Discussion paper, no. 812)

Aldenderfer, M. S./Blashfield, R. K. (1984): Clusteranalysis. Beverly Hills

Alderfer, C. (1972): Existence, relatedness, and growth. New York

ALLBUS (2002): Allgemeine Bevölkerungsumfrage der Sozialwissenschaften. In: Kölner Zeitschrift für Soziologie und Sozialpsychologie, 55 (4), S. 822

Allison, P. D. (2001): Missing Data. Thousand Oaks

Armingeon, K. (1989): Arbeitsbeziehungen und Gewerkschaftsentwicklung in den achtziger Jahren: ein Vergleich der OECD Länder. In: Politische Vierteljahresschrift, 30, S. 603–628

Artus, I. (2004): Testfeld Ost? Betriebliche Interessenvertretung in Ostdeutschland – Konsequenzen für den Westen. In: WSI-Mitteilungen, 57 (5), S. 271–276

Artus, I. (2008): Interessenhandeln jenseits der Norm. Mittelständische Betriebe und prekäre Dienstleistungsarbeit in Deutschland und Frankreich. Frankfurt/M., New York

Artus, I./Liebold, R./Lohr, K./Schmidt, E./Schmidt, R./Strohwald, U. (2001): Betriebliches Interessenhandeln (Bd. 2). Opladen

Artus, I./Böhm, S./Lücking, S./Trinczek, R. (2010): Jenseits der Mitbestimmung: Interessenhandeln in Betrieben ohne Betriebsrat (Arbeit – Interessen – Partizipation). Frankfurt/M.

Baethge, M. (1994): Arbeit 2000. Wie Erwerbsarbeit Spaß macht – Arbeitsansprüche der Beschäftigten und Herausforderungen für die Gewerkschaften. In: Gewerkschaftliche Monatshefte, 45 (11), S. 711–725

Bain, G. S./Elsheikh, F. (1976): Union Growth and the Business Cycle. London

Bandura, A. (1982): Self-Efficacy Mechanism in Human Agency. In: American Psychologist, 37, S. 122–147

Bandura, A. (1986): Social Foundations of Thought and Action: A Social Cognitive Theory. Englewood

Beck, U./Beck-Gernsheim, E. (1990): Das ganz normale Chaos der Liebe. Frankfurt/M.

Beck, U./Brater, M./Daheim, H. (1980): Soziologie der Arbeit und der Berufe. Reinbek

Becke, G. (2008): Soziale Erwartungsstrukturen in Unternehmen. Zur psychosozialen Dynamik von Gegenseitigkeit im Organisationswandel. Berlin

Behrens, M. (2005): Die Rolle der Betriebsräte bei der Werbung von Gewerkschaftsmitgliedern. In: WSI-Mitteilungen, 6, S. 329–338

Behrens, M. (2009): Unterscheiden sich Mitglieder von Betriebs- und Personalräten vom Rest der Belegschaften? In: Industrielle Beziehungen, 4, S. 303–326

Behrens, M./Kädler, J. (2008): Gesamtbetriebsräte – neue Zuständigkeiten und die Folgen für betriebliche Arbeitsbeziehungen. In: WSI-Mitteilungen, 61 (6), S. 297–304

Bertl W./Rudat R./ Schneider R. (1989): Arbeitnehmerbewußtsein im Wandel. Folgerungen für Gesellschaft und Gewerkschaft. Frankfurt/M., New York

Birg, H. (1991): A biographic/demographic Analysis of the Relationship between Fertility and Occupational Activity for Women and Married Couples. In: Siegers, J. J./Jong-Gierveld, J. de/van Immhoff, E. (eds.): Female Labour Market Behaviour and Fertility. A Rational Choice Approach. Berlin u.a.O., S. 133–157

Blume, L./Gerstlberger, W. (2007): Determinanten betrieblicher Innovation: Partizipation von Beschäftigten als vernachlässigter Einflussfaktor. Kassel: Universität Kassel (Manuskript; Bericht aus dem Projekt InnoPart)

Bolte, K. M. (1967): Deutsche Gesellschaft im Wandel. Opladen

Bormann, S. (2007): Angriff auf die Mitbestimmung. Unternehmensstrategien gegen Betriebsräte. Der Fall Schlecker. Berlin

Bortz, J./Döring, N. (2005): Forschungsmethoden und Evaluation. Heidelberg

Bosch, A. (1997): Vom Interessenkonflikt zur Kultur der Rationalität – Neue Verhandlungsbeziehungen zwischen Management und Betriebsrat. München, Mering

Bosch, A./Ellguth, P./Schmidt, R./Trinzczek, R. (1999): Betriebliches Interessenhandeln, Bd. 1. Opladen

Bothfeld, S./Klammer, U./Klenner, Ch./Leiber, S./Thiel, A./Ziegler, A. (2005): WSI-FrauenDatenReport 2005. Handbuch zur wirtschaftlichen und sozialen Situation von Frauen. Berlin

Bourdieu, P. (1982): Die feinen Unterschiede – Kritik der gesellschaftlichen Urteilskraft. Frankfurt/M.

Braun, M./Borg, I. (2004): Berufswerte im zeitlichen Ost-West-Vergleich. In: Schmitt-Beck, R./Wasmer, M./Koch, A. (Hg.): Sozialer und politischer Wandel in Deutschland. Analysen mit ALLBUS-Daten aus zwei Jahrzehnten. Wiesbaden, S. 179–199

Bronfenbrenner, U. (1981): Die Ökologie der menschlichen Entwicklung. Stuttgart

Bruhn, M. (2000): Kundenerwartungen – Theoretische Grundlagen, Messung und Managementkonzept. In: Zeitschrift für betriebswirtschaftliche Forschung, 70, S. 1031–1054

Bruhn, M./Richter, M./Georgi, D. (2006): Dynamik von Kundenerwartungen im Dienstleistungsprozess – Empirische Befunde eines experimentellen Designs zur Bildung und Wirkung von Erwartungen. In: Marketing ZFP, 28, S. 116–133

Chevalier, A. (2004): Motivation, Expectations and the Gender Pay Gap for UK Graduates. Bonn: Institute for the Study of Labor (IZA, Working Paper 1101)

Christoph, B. (2005): Zur Messung des Berufsprestiges. Aktualisierung der Magnitude-Prestigeskala auf die Berufsklassifikation ISCO88. In: ZUMA-Nachrichten, 57, S. 79–127

Conrad, M./Burnett, L. (1990): Life Style Research. Eine Konsumenten-Typologie (Kurzfassung). Frankfurt/M.

Creswell, J. W./Plano Clark, V. L. (2007):Designing and conducting mixed methods research. Thousand Oaks

Dahrendorf, R. (1966): Homo Sociologicus. Köln, Opladen

Dahrendorf, R.(1968): Gesellschaft und Demokratie in Deutschland. München

Diaz-Bone, R. (2004): Milieumodelle und Milieuinstrumente in der Marktforschung. In: Forum Qualitative Sozialforschung/Forum: Qualitative Social Research (Online Journal, 5 (2): http://www.qualitative-research.net/fqs-texte/2-04/2-04diazbone-de)

Dilger, A. (2002): Ökonomik betrieblicher Mitbestimmung: Die wirtschaftlichen Folgen von Betriebsräten. München, Mering

Dorsch-Schweitzer, M./Schulten, T. (2001): Betriebs- und Personalräte zwischen Belegschaft, Arbeitgeber und Gewerkschaft. In: WSI-Mitteilungen, 53, S. 113–123

Dreyfus, H.L./Dreyfus, S.E. (1986): Mind over machine: The power of human intuition and expertise in the era of the computer. New York

Egger-Subotitsch, A. (2006): Students' expectations. AMS info 78. Communication. Vienna

Ellguth, P. (2003): Quantitative Reichweite der betrieblichen Mitbestimmung. In: WSI-Mitteilungen, 56 (3), S. 194–199

Ellguth, P. (2006): Betriebe ohne Betriebsrat – Verbreitung, Entwicklung und Charakteristika – unter Berücksichtigung betriebsspezifischer Formen. In: Artus, I./Böhm, S./Lücking, S./Trinczek, R. (Hg.): Betriebe ohne Betriebsrat – Informelle Interessenvertretung in Unternehmen. Frankfurt/M., New York, S. 42–80

Endruweit, G. (1998): Beiträge zur Soziologie, Band 2: Allgemeine Soziologie. Kiel

Endruweit, G. (2000): Milieu und Lebensstilgruppe – Nachfolger des Schichtenkonzepts? München, Mering

Esser, H. (2000): Soziologie. Spezielle Grundlagen Bd. 3: Soziales Handeln. Frankfurt/M.

Everitt, B. S./Landau, S./Leese, M. (2001): Clusteranalysis. London

Filippin, A. (2003): Discrimination and workers' expectations: experimental evidence. IZA Discussion paper series 824

Filippin, A./Ichino, A. (2003): Gender wage gap in expectations and realizations. IZA Discussion paper series 825

Fitzenberger, B./Kohn, K./Wang, Q. (2006): The Erosion of Union Membership in Germany: Determinants, Densities, Decompositions. In: IZA Discussion Paper No. 2193

Flick, U. (2007): Qualitative Sozialforschung – eine Einführung (5. Auflage). Reinbek

Franz, W. (2005): Die deutsche Mitbestimmung auf dem Prüfstand: Bilanz und Vorschläge für eine Neuausrichtung. In: ZAF, 2–3, S. 268–283

Freeman, R. B./Lazear, E. P. (1995): An Economic Analysis of Works Councils. In: Rogers, J./Streeck, W. (eds.): Works Councils – Consultation, Representation and Cooperation in Industrial Relations. Chicago, S. 27–52

Freeman, R. B./Medoff, J. L. (1979): The Two Faces of Unionism. In: The Public Interest, 57, S. 69–93

Freeman, R. B./Rogers, J. (1999): What Workers Want. Ithaca

Frerichs, P./Morschhäuser, M./Steinrücke, M (1989): Fraueninteressen im Betrieb. Arbeitssituation und Interessensvertretung von Arbeiterinnen und weiblichen Angestellten im Zeichen neuer Technologien. Sozialverträgliche Technikgestaltung, Bd. 6. Opladen

Frick, B. (2008): Betriebliche Mitbestimmung unter Rechtfertigungsdruck. Die relative Bedeutung von Produktivitäts- und Umverteilungseffekten. In: Industrielle Beziehungen, 15 (2), S. 164–177

Gabler, S./Schürle, J. (2002): Zur Stabilität des Gabler-Häder-Auswahlrahmens. In: Gabler, S./Häder, S. (Hg.): Telefonstichproben. Methodische Innovationen und Anwendungen in Deutschland, Münster u.a.O., S. 59–67

Geißler, R. (2006): Die Sozialstruktur Deutschlands. Zur gesellschaftlichen Entwicklung mit einer Bilanz zur Vereinigung (4. Auflage). Wiesbaden

Geißler, R./Meyer, T. (2006): Struktur und Entwicklung der Bevölkerung. In: Geissler, R. (Hg.): Die Sozialstruktur Deutschlands. Zur gesellschaftlichen Entwicklung mit einer Bilanz zur Vereinigung. Wiesbaden, S. 41–68

Gensicke, T./Picot, S./Geiss, S. (2006): Freiwilliges Engagement in Deutschland 1999–2004. Ergebnisse der repräsentativen Trenderhebung zu Ehrenamt, Freiwilligenarbeit und bürgerschaftlichem Engagement. Durchgeführt im Auftrag des Bundesministeriums für Familie, Senioren, Frauen und Jugend. Berlin

Georg, W. (1998): Soziale Lage und Lebensstil. Eine Typologie. In: Kölner Zeitschrift für Soziologie und Sozialpsychologie, 52 (2), S. 376–377

Gilly, M. C./Enis, B. M. (1982): Recycling the family lifecycle: A proposal for redefinition. In: Mitchell, A./Arbor, A.: Advances in Consumer Research, Vol. 9. Michigan, S. 271–276

Glemser, A. (2002): ADM-Telefonstichproben in der Praxis. In: Gabler, S./Häder, S. (Hg.): Telefonstichproben. Methodische Innovationen und Anwendungen in Deutschland. Münster, S. 46–58

Goerke, L./Panneberg, M. (2007): Trade Union Membership and Works Councils in West Germany. In: Industrielle Beziehungen, 14 (2), S. 154–175

Groß, H. (2009): Zusammenhang von Regulierung, Arbeitszeitmanagement und gesellschaftlicher Verantwortung. Abschlussbericht. Köln

Hackman, J. R./Porter, L. W. (1968): Expectancy Theory Predictions of Work Effectiveness. In: Organizational Behavior and Human Performance, 3, S. 417–426

Häder, S./Glemser, A. (2006): Stichprobenziehung für Telefonumfragen in Deutschland. In: Diekmann, A. (Hg.): Methoden der Sozialforschung. Wiesbaden, S. 148–171

Hakim, C. (2000): Work-Lifestyle Choices in the 21th Century. Preference Theory. Oxford

Hansen, U./Bode, M. (1999): Marketing und Konsum. Von der Industrialisierung bis ins 21. Jahrhundert. München

Hartmann, P. H. (1999): Lebensstilforschung: Darstellung, Kritik und Weiterentwicklung. Opladen

Hasse, R./Krücken, G. (2005): Neo-Institutionalismus. Bielefeld

Hauser-Ditz, A./Hertwig, M./Pries, L. (2006a): Betriebsräte und andere Vertretungsorgane im Vergleich – Strukturen, Arbeitsweisen und Beteiligungsmöglichkeiten. In: WSI-Mitteilungen, 59 (9), S. 500–506

Hauser-Ditz, A./Hertwig, M./Pries, L. (2006b): Betriebsräte und „Andere Vertretungsorgane". Verbreitung und Kontext betrieblicher Beschäftigtenvertretungen in der deutschen Privatwirtschaft. In: Industrielle Beziehungen, 13 (4), S. 340–369

Hauser-Ditz, A./Hertwig, M./Pries, L. (2008): Betriebliche Interessenregulierung in Deutschland – Arbeitnehmervertretung zwischen demokratischer Teilhabe und ökonomischer Effizienz. Frankfurt/M.

Heckel, C. (2002): Erstellung der ADM-Telefonauswahlgrundlage. In: Gabler, S./Häder, S. (Hg.): Telefonstichproben. Methodische Innovationen und Anwendungen in Deutschland. Münster, S. 11–31

Heckhausen, H. (1989): Motivation und Handeln. Berlin, Heidelberg

Heller, S./Drexler, A./Fleischhacker, W. W. (2002): Berufsbezogene Werthaltungen. Vergleich von Studierenden eines psychotherapeutischen Propädeutikums und Studierenden am „MCI – Management Center Innsbruck“. In: Psychotherapeut, 47. Jg., S. 365–347

Heyde, C. von der (2002): Das ADM-Telefonstichproben-Modell. In: Gabler, S./Häder, S. (Hg.): Telefonstichproben. Methodische Innovationen und Anwendungen in Deutschland. Münster, S. 32–45

Hilbert, J./Sperling, H.-J./Fretschner, R. (1999): Interessenvertretung in Klein- und Mittelbetrieben. In: Müller-Jentsch, W. (Hg.): Konfliktpartnerschaft: Akteure und Institutionen der industriellen Beziehungen. München, Mering, S. 257–272

Hitzler, R./Honer, A./Pfadenhauer, M. (2008): Posttraditionale Gemeinschaften. Wiesbaden

Hochschild, A. R. (2003): The Second Shift. New York

Hoffmeyer-Zlotnik, J. H. P. (2003): ‚Stellung im Beruf‘ als Ersatz für eine Berufsklassifikation zur Ermittlung von sozialem Prestige. In: ZUMA-Nachrichten, 27 (53), S. 114–127

Holtrup, A. (2005): Interessen und Interessenvertretung heute – aus der Perspektive von Beschäftigten. In: IAW Arbeitspapier 16

Holtrup, A. (2008): Individualisierung der Arbeitsbeziehungen? Ansprüche von Beschäftigten an Arbeit und Interessenvertretung. München, Mering

Hosmer, D. A./Lemeshow, S. (2000): Applied Logistic Regression. Hoboken

Hradil, S. (1995). Die „Single-Gesellschaft“. München

Hradil, S. (2001): Soziale Ungleichheit in Deutschland (8. Auflage). Wiesbaden

Hradil, S. (2006) Die Sozialstruktur Deutschlands im internationalen Vergleich (2. Auflage). Wiesbaden

Inglehart, R. (1977): The Silent Revolution. Changing Values and Political Styles among Western Publics. Princeton

Inglehart, R. (1989): Kultureller Umbruch. Wertwandel in der westlichen Welt. Frankfurt/M.

Inglehart, R. (1998): Modernisierung und Postmodernisierung: kultureller, wirtschaftlicher und politischer Wandel in 43 Gesellschaften. Frankfurt/M.

Jakoby, N./Jacob, R.(1999): Messung von internen und externen Kontrollüberzeugungen in allgemeinen Bevölkerungsumfragen. In: ZUMA-Nachrichten, 23 (45), S. 61–71

Jirjahn, U. (2003a): Produktivitätswirkungen betrieblicher Mitbestimmung – Welchen Einfluss haben Betriebsgröße und Tarifbindung? In: Zeitschrift für Betriebswirtschaft Personalmanagement. Ergänzungsheft, S. 63–86

Jirjahn, U. (2003b): Betriebsräte, Tarifverträge und betriebliches Lohnniveau, Mitteilungen aus der Arbeitsmarkt- und Berufsforschung, 36, S. 649–660

Jirjahn, U. (2006): Ökonomische Wirkungen der Mitbestimmung in Deutschland. Überblick über den Stand der Forschung und Perspektiven für zukünftige Studien. In: Sozialer Fortschritt, 55 (9), S. 215–226

Keller, B. (2005a): Union Mergers as Organizational Problems. The German Case of Ver.di in a Comparative Perspective. In: Höland, A./Hohmann-Dennhardt, Ch./Schmidt, M./ Seifert, A. (eds.): Employee Involvement in a Globalising World. Berlin, S. 579–595

Keller, B. (2005b): Union Formation through Merger: The Case of Ver.di in Germany. In: British Journal of Industrial Relations, 43, S. 209–232

Keller, B. (2005c): The Industrial Relations Field in Germany: An Empirical and Comparative Analysis. In: Advances in Industrial and Labor Relations, 14, S. 239–277

Keller, B. (2006): Der nicht mehr so schleichende Abschied vom „dualen" System – und einige seiner Konsequenzen. In: Artus, I./Böhm, S./Lücking, S./ Trinczek, R. (Hg.): Betriebe ohne Betriebsrat – Informelle Interessenvertretung in Unternehmen. Frankfurt/M., New York, S. 425–438

Keller, B. (2007): Wandel der Arbeitsbeziehungen im öffentlichen Dienst: Entwicklungen und Perspektiven. In: Die Verwaltung, Zeitschrift für Verwaltungsrecht und Verwaltungswissenschaften, 40 (2), S. 173–202

Keller, B. (2008): Einführung in die Arbeitspolitik. Arbeitsbeziehungen und Arbeitsmarkt in sozialwissenschaftlicher Perspektive (7. völlig überarb. Auflage). München, Wien

Keller, B./Hennenberger, F. (1993): Privatwirtschaft und öffentlicher Dienst: Parallelen und Differenzen in den Arbeitspolitiken. In: Müller-Jentsch, W. (Hg.): Akteure und Institutionen der industriellen Beziehungen. München, Mering, S. 249–276

Keller, B./Schnell, R. (2003): Zur empirischen Analyse von Personalräten – Strukturdaten und Probleme der Interessenvertretung. In: WSI-Mitteilungen, 56, S. 185–193

Keller, B./Schnell, R. (2005): Sozialstruktur und Problemfelder der Interessenvertretung im öffentlichen Dienst. Eine empirische Untersuchung von Personalräten in West- und Ostdeutschland. In: Berliner Journal für Soziologie, 15, S. 87–102

Keller, B./Seifert, H. (Hg.) (2007): Atypische Beschäftigung – Flexibilisierung und soziale Risiken. Berlin

Kersley, B./Alpin, C./Forth, J./Bryson, A./Bewley, H./Dix, G./Oxenbridge, S. (2006): Inside the Workplace: Findings from the 2004 Workplace Employment Relations Survey. London

Kippels, G. (1990): Die Betriebs- und Personalvertretung. Vergleich und Analyse der Organisationsstrukturen sowie der Stellung der Beteiligten. Köln: Universität Köln (Dissertation)

Klages, H. (1984): Wertorientierungen im Wandel. Rückblick, Gegenwartsanalyse, Prognosen. Frankfurt/M.

Klages, H../Gensicke, T. (1999): Wertewandel und Bürgerschaftliches Engagement an der Schwelle zum 21. Jahrhundert. Speyer

Klages, H./Franz, G./Herbert, W. (1987): Sozialpsychologie der Wohlfahrtsgesellschaft. Frankfurt/M., New York

Klages, H./Kmieciak, P. (1981): Wertwandel und gesellschaftlicher Wandel. Frankfurt/M., New York

Klenner, C. (2004): Gender – Ein Fremdwort für Betriebsräte? In: WSI-Mitteilungen, 5, S. 277–286

Klippert, J./Potzner, Ch./Wölk, M. (2007): Wissenskultur und Partizipationsmöglichkeiten als Einflussgrößen des Erfolgs von Wissensmanagement-Prozessen. Kassel: Universität Kassel (Manuskript; Berichte aus dem Projekt InnoPart)

Klönne, A./Reese, H. (1989): Sozialstaat und Arbeitnehmermitbestimmung – ein Rückblick in die Gewerkschaftsgeschichte der letzten vier Jahrzehnte. In: Bremes, H.-E./Schumacher, M. (Hg.): Mit der Vergangenheit in die Zukunft: Felder gewerkschaftlicher Politik seit '45. Münster, S. 11–22

Kluckhohn, C. (1951): Values and value-orientations in the theory of action: An exploration in definition and classification. In: Parsons, T./Shils, E. (eds.): Toward a general theory of action. Cambridge, S. 388–433

Kluckhohn, C. (1954): Culture and behaviour. New York

Kohn, M. L. (1981): Persönlichkeit, Beruf und soziale Schichtung. Stuttgart

Kommission Mitbestimmung (1998): Mitbestimmung und neue Unternehmenskulturen – Bilanz und Perspektiven. Gütersloh

Kotler, P./Bliemel, F. (1992): Marketing – Management (7. Auflage). Stuttgart

Kotthoff, H. (1981): Betriebsräte und betriebliche Herrschaft. Eine Typologie von Partizipationsmustern im Industriebetrieb. Frankfurt/M.

Kotthoff, H. (1994): Betriebsräte und Bürgerstatus. Wandel und Kontinuität betrieblicher Mitbestimmung. Mering

Kotthoff, H. (1995): Betriebsräte und betriebliche Reorganisation. Zur Modernisierung eines ‚alten Hasen'. In: Arbeit, 4 (4), S. 425–447

Kotthoff, H. (1997): Führungskräfte im Wandel der Firmenkultur: Quasi-Unternehmer oder Arbeitnehmer? Berlin

Kotthoff, H. (2006): Mitbestimmungsphantasie am Ende? In: Artus, I./Böhm, S./Lücking, S./ Trinczek, R. (Hg.): Betriebe ohne Betriebsrat – Informelle Interessenvertretung in Unternehmen. Frankfurt/M., New York, S. 439–446

Kratzer, N./Sauer, D. (2003): Entgrenzung von Arbeit – Konzept, Thesen, Befunde. In: Gottschall, K./Voss, G. G. (Hg.): Entgrenzung von Arbeit und Leben – Zum Wandel der Beziehungen von Erwerbstätigkeit und Privatsphäre im Alltag. München, Mering, S. 87–123

Kroeber-Riel, W./Weinberg, P. (2003): Konsumentenverhalten. München

Lawler, E. E./Porter, L. W. (1967a): The Effects of Performance on Job Satisfaction. In: Industrial Relations, 7, S. 20–28

Lawler, E. E./Porter, L. W. (1967b): Antecedent Attitudes of Effective Managerial Performance. In: Organizational Behavior and Human Performance, 2, S. 122–142

Lengfeld, H. (2002): Eigeninteresse oder moralischer Anspruch? Gerechtigkeitsurteile zur eigenen Entlohnung. In: Liebig, S./Lengfeld, H.: Interdisziplinäre Gerechtigkeitsforschung. Zur Verknüpfung empirischer und normativer Perspektiven. Frankfurt/M., S. 103–128

Lengfeld, H. (2003): Mitbestimmung und Gerechtigkeit. Zur moralischen Grundstruktur betrieblicher Verhandlungen. München

Lengfeld, H. (2004): Gleichheit, Leistung, Markt. Entlohnungsgerechtigkeit im tarifpolitischen Strukturwandel. In: Liebig, S./Lengfeld, H./Mau, S. (Hg.): Verteilungsprobleme und Gerechtigkeit in modernen Gesellschaften. Frankfurt/M., New York, S. 223–245

Lengfeld, H./Liebig, S. (2000): Industrielle Beziehungen und soziale Gerechtigkeitseinstellungen. Eine gerechtigkeitstheoretische Erklärung der betrieblichen Mitbestimmung. In: Industrielle Beziehungen, 7, S. 10–42

Lengfeld, H./Liebig, S. (2002): Gruppenarbeit, Entlohnung und Gerechtigkeit. Zu einem vergessenen Feld der arbeitssoziologischen Reorganisationsforschung. In: Zeitschrift für Soziologie, 31, S. 211–231

Lesthaeghe, R. (ed.) (2002): Meaning and Choice: Value Orientations and Life Course Decisions. Den Haag

Lewin, K. (1936): Principles of topological psychology. New York

Lewin, K. (1963): Behavior and development as a function of the total situation. In: Carmichael, L. (ed.): Manual of child psychology. New York, Wiley 1946, S. 791–844 (Deutsch: Verhalten und Entwicklung als eine Funktion der Gesamtsituation. In: Feldtheorie in den Sozialwissenschaften. Bern, Stuttgart)

Lieber, B. (1995): Personalimage – Explorative Studien zum Image und zur Attraktivität von Unternehmen als Arbeitgeber. München, Mering

Liebig, S. (2002): Gerechtigkeit in Organisationen. Theoretische Überlegungen und empirische Ergebnisse zu einer Theorie korporativer Gerechtigkeit. In: Allmendinger, J./Hinz, T. (Hg.): Organisationssoziologie. Sonderheft der Kölner Zeitschrift für Soziologie und Sozialpsychologie, S. 151–188

Little, R. J. A./Rubin, D. B. (2002): Statistical Analysis with Missing Data. Hoboken

Losseff-Tillmanns, G. (1989): Zwei Schritte vor – keinen zurück: Gewerkschaftliche Frauenarbeit vor Ort – aller Anfang ist schwer. In: Bremes, H.-E./Schumacher, M. (Hg.): Mit der Vergangenheit in die Zukunft: Felder gewerkschaftlicher Politik seit '45. Münster, S. 127–144

Luhmann, N. (1984): Soziale Systeme. Grundriss einer allgemeinen Theorie. Frankfurt/M.

Maag, G. (1991): Gesellschaftliche Werte. Strukturen, Stabilität und Funktion. Opladen

March, J. G./Simon, H. A. (1976): Organisation und Individuum. Menschliches Verhalten in Organisationen. Wiesbaden, S. 129–159

Mayring, P. (2003): Qualitative Inhaltsanalyse. Grundlagen und Techniken (8. Auflage). Weinheim

Minssen, H. (1999): Direkte Partizipation contra Mitbestimmung? Herausforderung durch diskursive Koordinierung. In: Müller-Jentsch, W. (Hg.): Konfliktpartnerschaft: Akteure und Institutionen der industriellen Beziehungen. München, Mering, S. 129–156

Minssen, H./Riese, C. (2005): Der Co-Manager und seine Arbeitsweise. – Die interne Arbeitsorganisation von Betriebsräten im Öffentlichen Personennahverkehr. In: Industrielle Beziehungen, 12 (4), S. 367–392

Mitchell, A. (1985): Nine American Lifestyles. Who we are and where we're going. New York

Mitchell, T. R. (1985): Motivation: New directions for theory and research. In: Academy of Management Review, 17 (1), S.80–88

Moldaschl, M./Voß, G. G. (Hg.) (2002): Subjektivierung von Arbeit. München, Mering

Moog, P./Backes-Gellner, U. (2005): Arbeitsrechtliche Regulierungen und ihr Einfluss auf Unternehmensgründungen. In: Betriebswirtschaftliche Forschung und Praxis, 57(4), S. 348–365

Moore, H./Kleining, G. (1960): Das soziale Selbstbild der Gesellschaftsschichten in Deutschland. In: Kölner Zeitschrift für Soziologie und Sozialpsychologie, 12, S. 86–119

Müller-Jentsch, W. (1997): Soziologie der Industriellen Beziehungen. Eine Einführung (2. Auflage). Frankfurt/M., New York

Müller-Jentsch, W. (2006): Diesseits und jenseits des dualen Systems. In: Artus, I./ Böhm, S./ Lücking, S./Trinczek, R. (Hg.): Betriebe ohne Betriebsrat – Informelle Interessenvertretung in Unternehmen. Frankfurt/M., New York, S. 417–424

Müller-Jentsch, W. (2007): Strukturwandel der industriellen Beziehungen. Wiesbaden

Müller-Jentsch, W. (2008): Arbeit und Bürgerstatus. Wiesbaden

Müller-Jentsch, W./Malanowski, N./Seitz, B./Drescher, I. (1998): Betriebsräte-Befragung und Analyse der Industriepolitik im Maschinen- und Anlagebau. Abschlußbericht zum DFG-Forschungsprojekt „Modernisierung von Arbeitssystemen und industrielle Beziehungen im Maschinenbau“. Bochum

Müller-Jentsch, W./Seitz, B. (1998): Betriebsräte gewinnen Konturen. Ergebnisse einer Betriebsräte-Befragung im Maschinenbau. In: Industrielle Beziehungen – Zeitschrift für Arbeit, Organisation und Management, 5 (4), S. 361–387

Müller, M. (1997): Gewerkschaftsmarketing. Eine vergleichende empirische Analyse in den alten und in den neuen Bundesländern, exemplarisch durchgeführt am Beispiel der IG Metall. München, Mering

Murphy, P. E./Staples, W. A. (1979): A Modernized Family Life Cycle. In: Journal of Consumer Research, Vol. 6/No. 2, S. 12–22

Niedenhoff, H.-U. (1999): Die Praxis der betrieblichen Mitbestimmung – Zusammenarbeit von Betriebsrat und Arbeitgeber, Kosten des Betriebsverfassungsgesetzes, Betriebsrats- und Sprecherausschusswahlen. Köln

Nienhüser, W. (2005): Der Einfluss des Betriebsrats-Typus auf die Nutzung und Bewertung von Betriebsvereinbarungen. Ergebnisse einer empirischen Untersuchung. In: Industrielle Beziehungen – Zeitschrift für Arbeit, Organisation und Management, 12 (1), S. 5–27

Nienhüser, W. (2007): Betriebliche Beschäftigungsstrategien und atypische Arbeitsverhältnisse – eine Erklärungsskizze aus Sicht einer politischen Personalökonomik. In: Keller, B./Seifert, H. (Hg.): Atypische Beschäftigung – Flexibilisierung und soziale Risiken. Berlin, S. 45–65

Nienhüser, W./Hoßfeld, H. (2007): Regulierungsform und Verbetrieblichungsneigung von Managern und Betriebsräten. Ergebnisse einer empirischen Erhebung. In: Industrielle Beziehungen, 14 (4), S. 289–315

Nienhüser, W./Hoßfeld, H. (2010): Alles auf Betriebsebene regeln? Dezentralisierung der Tarifbeziehungen aus Sicht betrieblicher Akteure. In: WSI-Mitteilungen, 63, S. 126–134

Ollmann, G. (1989): DGB-Frauenarbeit in Nordrhein-Westfalen. In: Bremes, H.-E./Schumacher, M. (Hg.): Mit der Vergangenheit in die Zukunft: Felder gewerkschaftlicher Politik seit ’45. Münster, S. 127–144

Osnabrügge, G./Stahlberg, D./Frey, D. (1985): Die Theorie der kognizierten Kontrolle. In: Frey, D./Irle, M. (Hg.): Theorien der Sozialpsychologie. Bern, S. 127–174

Otte, G. (2004): Sozialstrukturanalysen mit Lebensstilen: eine Studie zur theoretischen und methodischen Neuorientierung der Lebensstilforschung. Wiesbaden

Pfadenhauer, M. (2005) (Hg.): Professionelles Handeln. Wiesbaden

Piorr, R./Wehling, P. (2002): Betriebsratshandeln als unternehmerischer Erfolgsfaktor? Einflussnahme von Arbeitnehmervertretungen bei der Durchführung von Reorganisationsmaßnahmen. In: Industrielle Beziehung, 9, S. 274–300

Plano Clark, V. L./Cresswell, J. W. (2008):The mixed methods reader. Thousand Oaks

Pries, L./Hauser-Ditz, A./Hertwig, M. (2006): Betriebliche Interessenregulierung in Deutschland. Survey+Strukturanalyse (BISS). Dokumentation der Abschlusstagung am 28.9. 2006, Berlin

Redondo-Bellón, I./Royo-Vela, M./Aldás-Manzano J. (2000): A family life cycle model adapted to the Spanish environment. In: European Journal of Marketing, 35, S. 612–638

Richter, M. (2005): Dynamik von Kundenerwartungen im Dienstleistungsprozess Konzeptionalisierung und empirische Befunde. Wiesbaden

Rooyen, J. van/du Plessis, P. J. (2003): A conceptual and empirical validation of the household lifecycle concept in South Africa. In: SA Journal of Industrial Psychology, 29 (3), S. 30–37

Rooyen, J. M. van/du Plessis, W. F. (2003): Biopsychosocial Determinants of Self-management in Culturally Diverse South African Patients with Hypertension, Journal of Health Psychology, 7 (5), S. 519–531

Rotter, J. B. (1966): Generalized expectancies for internal versus external control of reinforcement. In: Psychological Monographs, 80, S. 1–28

Schäfer, C./Seifert, H./Ziegler A. (2008): Wissen, was Betriebsräte bewegt. In: Magazin Mitbestimmung, 07+08

Schardt, L. (1979): Belegschaft und betriebliche Interessenvertretung – Ergebnisse einer Fallstudie ([URL http://library.fes.de/gmh/main/pdf-files/gmh/1979/1979-03-a-159.pdf; 15. 05.2009)

Schlömer, N./Key, R./Backes-Gellner, U./ Rudolph, W./Wassermann, W. (2007): Mittelstand und Mitbestimmung – Unternehmensführung, Mitbestimmung und Beteiligung in mittelständischen Unternehmen. Münster

Schmitt-Beck, R. (2000): Politische Kommunikation und Wählerverhalten. Ein internationaler Vergleich. Opladen

Schnabel, C./Wagner, J. (2001): Verbreitung und Bestimmungsgründe verschiedener Arbeitnehmerpartizipation in Industriebetrieben. Nürnberg: Diskussionspapier der Friedrich-Alexander-Universität, Lehrstuhl für Arbeitsmarkt- und Regionalpolitik

Schnabel, H. (2008): Zur Diskussion über die betriebliche Mitbestimmung. In: Industrielle Beziehungen, 15(2), S. 152–163

Schneider, N. F. (2002): Elternschaft heute. Gesellschaftliche Rahmenbedingungen und individuelle Gestaltungsaufgaben – Einführende Betrachtungen. In: Schneider, N. F./Matthias-Bleck, H. (Hg.): Elternschaft heute. Gesellschaftliche Rahmenbedingungen und individuelle Gestaltungsaufgaben. Opladen, S 9–21

Schnell, R. (1986): Missing-Data-Probleme in der empirischen Sozialforschung. Bochum: Ruhr-Universität Bochum (Dissertation)

Schnell, R./Hill, P. B./Esser, E. (1999): Methoden der empirischen Sozialforschung (6. Auflage). München, Wien

Schramm, F. (1999): Arbeitnehmerverhalten und Arbeitsmarkt – das sozioökonomische Panel in der Personalforschung. Stuttgart

Schulze, G. (1996): Die Erlebnisgesellschaft: Kultursoziologie der Gegenwart. Frankfurt/M.

Schumann, M. (2004): Vorwort. In: Kuhlmann, M./Sperling, H. J./Balzert, S. (2004): Konzepte innovativer Arbeitspolitik. Good-Practice-Beispiele aus dem Maschinenbau, der Automobil-, Elektro- und Chemischen Industrie. Berlin, S. 11–27

Schwarz-Kocher, M./Dispan, J./Richter, U./Seibold, B. (2010): Betriebsratshandeln im Modus arbeitsorientierter Innovationsprozesse. In: WSI-Mitteilungen, 2, S. 95–102

Scott, R. W. (2001): Institutions and Organizations. Thousand Oaks

Scott, R. W. (1994): Institutions and Organizations. Toward a Theoretical Synthesis. In: Scott, R. W./Meyer, J. W. (eds.): Institutional Environments and Organizations. Structural Complexity and Individualism. London, New Delhi, S. 55–80

Sigma Gesellschaft für internationale Marktforschung und Beratung mbH (2007): Die Sigma-Milieus (URL: http://www.sigma-online.com/de/SIGMA_Milieus/; 12.03.2007)

SINUS Sociovision GmbH: Die SINUS-Milieus (URL: http://www.sinus-sociovision.de; 28.05.2010)

SOEP Group (2001): The German Socio-Economic Panel (GSOEP) after more than 15 years-Overview. In: Holst, E./Lillard, D. R./DiPrete, T.A. (eds.): Proceedings of the 2000 Fourth International Conference of German Socio-Economic Panel Study Users (GSOEP 2000). In: Vierteljahrshefte zur Wirtschaftsforschung, 70 (1), S. 7–14

Stahlmann, M./Wendt-Kleinberg, W. (2008): Zwischen Engagement und innerer Kündigung – Fortschreitender Personalabbau und betriebliche Interaktionskulturen. Münster

Stettes, O. (2008): Betriebsräte und alternative Formen der Mitbestimmung – Ergebnisse aus dem IW-Zukunftspanel. In: IW-Trends Vierteljahresschrift zur empirischen Wirtschaftsforschungaus dem Institut der deutschen Wirtschaft Köln, 35 (3)

Strengmann-Kuhn W./Seel, B. (2004): Einkommensdiskriminierung und frauenspezifische Erwerbsbiographie. Aachen

Stroebe, W. (2002): Sozialpsychologie. Eine Einführung. Berlin. 2002

Tietel, E. (2006): Wenn die Rolle ins Rollen kommt – Betriebsräte als Grenzgänger zwischen Beschäftigten, Geschäftsleitung und Gewerkschaft. In: Mitteilungsblätter der Akademie für Arbeit und Politik, 31 (32), S. 6–12

Tölke, A./Diewald, M. (2003): Insecurities in Employment and Occupational Careers and their Impact on the Transition to Fatherhood in Western Germany. In: Demographic Research, 9, S. 42–68

Tolman, E. C. (1932):Purposive behavior in animals and man. New York

Trinczek, R. (2004): Management und betriebliche Mitbestimmung. Eine interessentheoretisch fundierte Typologie kollektiver Orientierungsmuster. In: Artus, I./Trinczek, R. (Hg.): Über Arbeit, Interessen und andere Dinge. Phänomene, Strukturen und Akteure im modernen Kapitalismus. München, Mering, S. 181–211

Trinczek, R. (2006): Betriebe ohne Betriebsrat: Zur Einleitung. In: Artus, I./Böhm, S./Lücking, S./Trinczek, R. (Hg.): Betriebe ohne Betriebsrat – Informelle Interessenvertretung in Unternehmen. Frankfurt/M., New York, S. 9–39

Trinczek, R. (2010): Betriebliche Regulierung von Arbeitsbeziehungen. In: Böhle, F./Voß, G./Wachtler G. (Hg.): Handbuch Arbeitssoziologie. Wiesbaden, S. 841–872

Vester, M. (2009): Sortierung nach Herkunft: Harte und weiche Mechanismen sozialer Selektion im deutschen Bildungssystem. Hamburg: Universität Hamburg (Discussion Paper des Zentrums für Ökonomische und Soziologische Studien, 16)

Vester, M. (1995): Milieuwandel und regionaler Strukturwandel in Ostdeutschland. In: Vester, M./Hofmann, M./Zierke, I. (Hg.): Soziale Milieus in Ostdeutschland. Köln, S. 7–50

Vester, M./Teiwes-Kügler, C. (2007): Unruhe in der Mitte: Die geprellten Leistungsträger des Aufschwungs. In: WSI-Mitteilungen, 60 (5), S. 231–238

Vester, M./Oertzen, P. von/Geiling, H. (1993): Soziale Milieus im gesellschaftlichen Strukturwandel. Zwischen Integration und Ausgrenzung. Frankfurt/M.

Voß, G. G./Pongratz, H. J. (1998): Der Arbeitskraftunternehmer. Eine neue Grundform der Ware Arbeitskraft? In: Kölner Zeitschrift für Soziologie und Sozialpsychologie, 50, S. 131–158

Vroom, V. H. (1964): Work and Motivation. New York

Wagner, G. G./Göbel, J./Krause, P./Pischner, R./Sieber, I. (2008): Das Sozio-oekonomische Panel (SOEP): Multidisziplinäres Haushaltspanel und Kohortenstudie für Deutschland – Eine Einführung (für neue Datennutzer) mit einem Ausblick (für erfahrene Anwender). In: AStA Wirtschafts- und Sozialstatistisches Archiv, 2 (4), S. 301–328

Wagner, J. (2005): German Work Councils and productivity: First evidence from a nonparametric test. Bonn: Institute for the study of labor (Discussion paper no. 1757)

Walgenbach, P. (2001): Institutionalistische Ansätze in der Organisationstheorie. In: Kieser, A. (Hg.): Organisationstheorien (4. Auflage). Stuttgart, S. 319–353

Walgenbach, P./Meyer, R. (2008): Neoinstitutionalistische Organisationstheorie. Stuttgart

Wassermann, W. (2002): Betriebsräte – Akteure für Demokratie in der Arbeitswelt. Münster

Weber-Menges, S. (2004): „Arbeiterklasse" oder Arbeitnehmer? Vergleichende empirische Untersuchung zu Soziallage, Lebenschancen und Lebensstilen von Arbeitern und Angestellten in Industriebetrieben. Wiesbaden

Weber, M. (1984): Die protestantische Ethik (7. Auflage). Tübingen

Wegener, B. (1985): Gibt es Sozialprestige? Zeitschrift für Soziologie, 14 (3), S. 209–235

Weitbrecht, H./Braun, W.-M. (1999): Das Management als Akteur der industriellen Beziehungen. In: Müller-Jentsch, W. (Hg.): Konfliktpartnerschaft: Akteure und Institutionen der industriellen Beziehungen. München, Mering, S. 79–101

Wells, W. D./Gubar, G. (1966): Life-Cycle Concepts in Marketing Research. In: Journal of Research, Vol. 3/No. 4, S. 355–363

Wells, W. D./Tigert, D. J. (1971): Activities, interests and opinions. In: Journal of Advertising Research, 11 (4), S. 27–35

Westle, B./Roßteutscher, S. (2008): Kritische Sichten auf das Konzept des Sozialkapitals und die Forschung zum Sozialkapital. In: Westle, B./Gabriel, O. W. (Hg.): Sozialkapital. Eine Einführung. Baden-Baden, S. 157–187

Wienemann, M. (1989): Krisenbranchen und Krisenregionen: das Beispiel Ruhrgebiet. In: Bremes, H.-E./Schumacher, M. (Hg.): Mit der Vergangenheit in die Zukunft: Felder gewerkschaftlicher Politik seit '45. Münster, S. 127–144

Wilkes, R. E. (1995): Household life-cycle stages, transitions, and product expenditures. In: Journal of Consumer Research, 22, S. 27–42

Wilkesmann, M. (2009): Wissenstransfer im Krankenhaus. Institutionelle und strukturelle Voraussetzungen. Wiesbaden

Wilkesmann, U./Wilkesmann, M./Virgillito, A. (2009a): The absence of cooperation is not necessarily defection: Structural and motivational constraints of knowledge transfer in a social dilemma situation. In: Organization Studies, 30 (10), S. 1141–1164

Wilkesmann, U./Virgillito, A./Wilkesmann, M. (2009b): Unterstützungsfaktoren für den Wissenstransfer im Kontext von sozialer Arbeit. In: Arbeit – Zeitschrift für Arbeitsforschung, Arbeitsgestaltung und Arbeitspolitik, 18 (1), S. 5–18

Witzel, A. (2000): Das problemzentrierte Interview. In: Forum: Qualitative Social Research/ Sozialforschung, 1 (1), Art. 22

WSI-Tarifarchiv (2008a): Tarifbindung 2007 Beschäftigte West. Quelle: IAB-Betriebspanel (URL http://www.boeckler.de/pdf/ta_tarifbindung_2007_besch_west.pdf; 15.05.2008)

WSI-Tarifarchiv (2008b): Tarifbindung 2007 Beschäftigte Ost. Quelle: IAB-Betriebspanel (URL http://www.boeckler.de/pdf/ta_tarifbindung_2007_besch_ost.pdf; 15.05.2008)

Zeithaml, V. A./Berry, L. L./Parasuraman, A. (1993): The nature and determinants of customer expectations of service. In: Journal of the Academy of Marketing Science, 21 (1), S. 1–12

Zimmer, S. (2002): Jenseits von Kapital und Arbeit? Unternehmerverbände und Gewerkschaften im Zeitalter der Globalisierung. Opladen

Verzeichnis der Abbildungen und Tabellen

Abbildungen

Tabellen

Anhang

Leitfaden

1. Zum Start/ Warming-up:

- Zunächst haben wir/ habe ich ein paar Fragen zu ihrem beruflichen Alltag. Können Sie kurz schildern, welche Aufgaben Sie hier täglich erledigen?

2. Allgemeine Fragen nach Erwartungen an Betriebs-/ Personalräte:

- Was erwarten Sie persönlich von Ihrem Betriebs-/Personalrat?
- Was erwarten Sie im Allgemeinen vom Betriebs-/Personalrat?
- Welche Aufgaben muss ein Betriebs-/Personalrat Ihrer Meinung nach unbedingt erfüllen?
- Was wünschen Sie sich darüber hinaus von Ihrem Betriebs-/Personalrat?
- Was macht aus Ihrer Sicht einen guten Betriebs-/Personalrat aus?
- Was erwarten Sie in Bezug auf den persönlichen Kontakt mit den Mitarbeitern vom Betriebs-/Personalrat?

3. Funktionsspezifisch:

Advokatorische Funktion

- Würden Sie Ihren Betriebs-/Personalrat zu Gesprächen mit Vorgesetzten, der Geschäftsleitung oder der Personalabteilung hinzu? Beispielsweise in Streitfällen oder zu Verhandlungen? Wenn ja, was erwarten Sie in solchen Fällen vom Betriebs-/Personalrat? (Optional: Falls nein, wieso nicht?)

Informationsfunktion

- Welche Informationen erwarten Sie von Ihrem Betriebs-/Personalrat? Wie sollen diese übermittelt werden?

Ordnungs- und Partizipationsfunktion

- An welchen Entscheidungen (der Geschäftsleitung) im Unternehmen sollte Ihr/ein Betriebs-/Personalrat beteiligt werden?
- Wie sollte das Verhältnis des Betriebs-/Personalrats zur Geschäftsleitung sein?

Tarifakteur

- Was erwarten Sie von ihrem Betriebs-/Personalrat in Bezug auf Ihre Entlohnung und auf Ihre Arbeitszeit?

4. Schluss

- Wenn Sie jetzt noch einmal auf unser Gespräch zurückblicken – welche Aspekte erscheinen Ihnen besonders wichtig im Hinblick auf die Arbeit eines „guten" Betriebs-/Personalrats?

Festzuhalten am Ende:

- Qualifikation
- Geschlecht
- Alter
- Größe des Unternehmens
- Größe des Betriebsrates

Fragebogen [Originalfassung]*

A Selektionsfragen

Guten Tag, mein Name ist...

vom Sozialwissenschaftliches Umfragezentrumin Duisburg. Wir führen derzeit im Auftrag der Technischen Universität Dortmund eine Studie zum Thema „Erwartungen an Betriebsräte“durch. In diesem Zusammenhang würde ich Sie gerne befragen. Alle Angaben, die Sie zu diesem Thema machen sind anonym, d.h. es sind keine Rückschlüsse auf Sie als Befragungsteilnehmer/in möglich.

Wir befragen erwerbstätige Personen im Alter von 18-65 Jahren. Daher habe ich zunächst einmal die Frage:

A.1 Sind Sie zurzeit abhängig erwerbstätig? Unter Erwerbstätigkeit wird jede bezahlte bzw. mit einem Einkommen verbundene Tätigkeit verstanden, egal welchen zeitlichen Umfang sie hat. Sind Sie ... [a1]

- ☐ vollzeitbeschäftigt?
- ☐ teilzeitbeschäftigt?
- ☐ in Altersteilzeit (unabhängig davon, in welcher Phase befindlich)?
- ☐ geringfügig erwerbstätig, in einem Mini Job?
- ☐ in einem Midi-Job (400-800€)?
- ☐ in einem „Ein-Euro-Job“ (bei Bezug von Arbeitslosengeld 2)?
- ☐ gelegentlich oder unregelmäßig beschäftigt?
- ☐ in einer beruflichen Ausbildung/Lehre?
- ☐ in Umschulung?
- ☐ im Wehrdienst/Zivildienst?
- ☐ in Mutterschafts-, Erziehungsurlaub, Elternzeit, oder sonstiger Beurlaubung?
- ☐ selbstständig
- ☐ im Ruhestand
- ☐ nicht abhängig erwerbstätig
- ☐ *Weiß nicht*
- ☐ *Keine Angabe*

} → *Abbruch:* „Dann gehören Sie leider nicht zur Zielgruppe unserer Befragung.“

A.2 Sagen Sie mir bitte, wie alt Sie sind. [a2_i]

☐*Keine Angabe*

* In den eckigen Klammern sind ergänzend die Itembezeichnungen des Datensatzes angegeben.

Alter: _______ → *Abbruch für Personen unter 18 Jahre und über 65 Jahre sowie für Personen, die keine Altersangabe machen:* „Dann gehören Sie leider nicht zur Zielgruppe unserer Befragung."

A.4 Sind Sie derzeit Mitglied eines Betriebs- oder Personalrates oder einer anderen Form von Mitarbeitervertretung? [a4]

- ☐ Ja, in einem Betriebsrat
- ☐ Ja, in einem Personalrat
- ☐ Ja, in einer kirchlichen Mitarbeitervertretung
- ☐ Ja, in einer anderen Form der Mitarbeitervertretung

} →*Abbruch* „Dann gehören Sie leider nicht zur Zielgruppe unserer Befragung."

- ☐ Nein
- ☐ *Weiß nicht*
- ☐ *Keine Angabe*

A.3 Wie schätzen Sie Ihr Wissen über Betriebsräte ein? Bitte benutzen Sie zur Beantwortung eine Skala von 1 „sehr gut" bis 5 „gar keine Ahnung". Mit den Werten dazwischen können Sie Ihre Einschätzung abstufen. [a3]

1 Sehr gut	**2**	**3**	**4**	**5** Gar keine Ahnung →*Kurzfragebogen*	*Weiß nicht*	*Keine Angabe*

F.4 Sind Sie gegenwärtig im öffentlichen Dienst beschäftigt? [f4]

- ☐ Ja →*F.5 bis F.7 auslassen.*
- ☐ Nein
- ☐ *Weiß nicht*
- ☐ *Keine Angabe*

A.5 Gibt es in ihrem Betrieb einen Betriebsrat, einen Personalrat oder eine Mitarbeitervertretung? [a5]

- ☐ Ja, es gibt einem Betriebsrat
- ☐ Ja, es gibt einem Personalrat
- ☐ Ja, es gibt einer kirchlichen Mitarbeitervertretung
- ☐ Ja, es gibt einer anderen Form der Mitarbeitervertretung

} → *Springe zu Block C, Block B auslassen, Labels anpassen*

- ☐ Nein
- ☐ *Weiß nicht*
- ☐ *Keine Angabe*

} → *Weiter mit Block B, Block C auslassen*

B Ohne Betriebsrat

Sie sagten gerade, dass es in Ihrem Betrieb keinen Betriebsrat gibt.

B.1 Wissen Sie, ob es jemals den Versuch gab, einen Betriebsrat zu gründen? [b1]

- ☐ Ja, es gab einen Versuch
- ☐ Nein, es gab keinen Versuch
- ☐ *Weiß nicht*
- ☐ *Keine Angabe*

(Nein / Weiß nicht / Keine Angabe) → *Weiter mit Frage E.4.1*

B.1.1 Wieso scheiterte dieser Versuch? → *Nach B.1.1 weiter mit Frage B.2*
Int.: Mehrfachantwort möglich **[b1_1o]**

- ☐ Die Geschäftsleitung hat Gründung verhindert**[b1_1_1]**
- ☐ Es fehlte der Rückhalt in der Belegschaft **[b1_1_2]**
- ☐ Sonstiges ______________________ **[b1_1_3]**
- ☐ *Weiß nicht* **[b1_1_4]**
- ☐ *Keine Angabe* **[b1_1_5]**

B.1.2 Wieso gab es keine Bestrebungen einen Betriebsrat zu gründen?
Int.: Mehrfachantwort möglich **[b1_2o]**

- ☐ Kein Bedarf **[b1_2_1]**
- ☐ Die Belegschaft lehnt die Gründung eines Betriebsrates ab **[b1_2_2]**
- ☐ Angst vor der Geschäftsleitung **[b1_2_3]**
- ☐ Betrieb ist zu klein **[b1_2_4]**
- ☐ Sonstiges ______________________ **[b1_2_5]**
- ☐ *Weiß nicht* **[b1_2_6]**
- ☐ *Keine Angabe* **[b1_2_7]**

In den nächsten Fragen geht es um Ihre persönliche Einschätzung.
Ich frage nach den Erwartungen an einen Betriebsrat, der Ihren Idealvorstellungen entspricht.

B.2 Mal angenommen, es würde einen idealen Betriebsrat in Ihrem Betrieb geben und Sie hätten einen persönlichen Konflikt mit Ihrem Vorgesetzten. Was würden Sie in solchen Fällen von einem Betriebsrat erwarten? Welcher Aussage stimmen Sie am ehesten zu? [b2]

- ☐ Ich würde Unterstützung vom Betriebsrat erwarten.
- ☐ Ich würde Unterstützung vom Betriebsrat nur als letzten Ausweg erwarten.
- ☐ Ich würde den Betriebsrat nicht um Unterstützung bitten.
- ☐ *Weiß nicht*
- ☐ *Keine Angabe*

B.3 Wenn Sie einen Betriebsrat hätten, wie wichtig wäre Ihnen, dass der Betriebsrat
Int.: Klammern nur auf Nachfrage vorlesen.

1 Sehr wichtig	2	3	4	5 Gar nicht wichtig	*Weiß nicht*	*Keine Angabe*

• Sie persönlich unterstützt? *(z.B. in Konfliktfällen)* **[b3_1]**	1	2	3	4	5	W	K
• als Sprachrohr der Belegschaft tätig ist? *(z.B. Anliegen der Belegschaft bei der Geschäftsführung vorträgt)* **[b3_2]**	1	2	3	4	5	W	K
• als Kontrollinstanz aktiv ist? *(z.B. Einhaltung von Gesetzen und Tarifverträgen)***[b3_3]**	1	2	3	4	5	W	K
• im Bereich der Arbeitszeiten Einfluss nimmt? *(z.B. Überstundenregelung, Gleitzeit)* **[b3_4]**	1	2	3	4	5	W	K
• im Personalmanagement aktiv mitgestaltet? *(z.B. Personalbedarfsplanung, Personalabbau, Personalführung, Personalentwicklung)* **[b3_5]**	1	2	3	4	5	W	K
• Informationen zum Betrieb verbreitet? *(z.B. wirtschaftliche Lage, Investitionsprogramm)* **[b3_6]**	1	2	3	4	5	W	K
• über die eigene Arbeit des Betriebsrates? *(z.B. was macht überhaupt ein BR? Welche Themen werden gerade vom BR bearbeitet?)* **[b3_7]**	1	2	3	4	5	W	K
• über gewerkschaftliche Themen informiert? *(z.B. Arbeitsrecht, Tarifentwicklungen, Streiks)* **[b3_8]**	1	2	3	4	5	W	K

BR.sel Bitte ordnen Sie die folgenden fünf Bereiche der Betriebsratsarbeit nach ihrer Wichtigkeit. Bitte vergeben Sie für den wichtigsten Bereich die 1, für den zweitwichtigsten Bereich die 2 usw. Es handelt sich dabei um:
Int.: es können sich auch zwei Bereiche denselben Platz teilen, wenn die ZP sich nicht entscheiden kann. Am Ende bitte die Rangfolge zur Kontrolle noch mal vorlesen. **[br_comp]**

Rang Bereich

___ Persönliche Unterstützung **[br_s1]**
___ Sprachrohr der Belegschaft **[br_s2]**
___ Kontrollinstanz **[br_s3]**
___ Managementaufgaben **[br_s4]**
___ Informationsverbreitung **[br_s5]**
☐ *Weiß nicht*

B.4 Wie sollte die Beziehung eines Betriebsrates zur Geschäftsleitung am ehesten sein?
Random: zufällige Reihenfolge der Items

1 Stimme voll und ganz zu	2	3	4	5 Stimme gar nicht zu	*Weiß nicht*	*Keine Angabe*

• Der Betriebsrat sollte der Geschäftsleitung die Stirn bieten. **[b4_1]**	1	2	3	4	5	W	K
• Der Betriebsrat sollte der Geschäftsleitung entgegenkommen. **[b4_2]**	1	2	3	4	5	W	K
• Der Betriebsrat sollte sich indie Entscheidungen der Geschäftsleitung nicht einmischen. **[b4_3]**	1	2	3	4	5	W	K

- Der Betriebsrat solltebetriebliche Maßnahmen von sich aus aktiv mitgestalten *(z.B. Arbeitszeit, Personalplanung, Reorganisation).* **[b4_4]**

1	2	3	4	5	W	K

B.5 Welcher Aussage würden Sie am ehesten zustimmen? [b5]

- ☐ Gewerkschaften sollten über Tarifverhandlungen die Gehälter beeinflussen.
- ☐ Der Betriebsrat vor Ort sollte mit dem Arbeitgeber über die Entlohnung verhandeln.
- ☐ Der Betriebsrat sollte mit dem Arbeitgeber über die Anpassung von Tarifabschlüssen im Betrieb verhandeln.
- ☐ Ich will selber über mein Gehalt verhandeln.
- ☐ *Weiß nicht*
- ☐ *Keine Angabe*

B.6 Wie wichtig wäre Ihnen die Gründung eines Betriebsrates? [b6]

1 Sehr wichtig	**2**	**3**	**4**	**5** Gar nicht wichtig	*Weiß nicht*	*Keine Angabe*

C Mit Betriebsrat

Sie sagten gerade, dass es in Ihrem Betrieb einen Betriebsrat gibt.

C.1 Kennen Sie Mitglieder ihres Betriebsrates? [c1]**

- ☐ Ja
- ☐ Nein
- ☐ *Weiß nicht*
- ☐ *Keine Angabe*

(Nein, Weiß nicht, Keine Angabe) *→Filter: In Frage C.2 die Items 3 + 4 auslassen!*

C.2 Wie würden Sie Ihren Betriebsrat beschreiben? Der Betriebsrat …

1 Trifft voll und ganz zu	**2**	**3**	**4**	**5** Trifft überhaupt nicht zu	*Weiß nicht*	*Keine Angabe*

• ist durchsetzungsstark. **[c2_1]**	1	2	3	4	5	W	K
• ist leicht erreichbar. **[c2_2]**	1	2	3	4	5	W	K
• ist sympathisch. **[c2_3]**	1	2	3	4	5	W	K
• ist fachlich kompetent. **[c2_4]**	1	2	3	4	5	W	K

** Im gesamten Block C bitte Labels Betriebsrat anpassen, also den Begriff Betriebsrat ggf. durch Personalrat oder Mitarbeitervertretung ersetzen. Ausschlaggebend ist die Art des Gremiums im Betrieb, welche in Frage A.5 genannt wurde.

In den nächsten Fragen geht es zunächst um die Einschätzung zu ihrem eigenen Betriebsrat und danach zu einem Betriebsrat, der ihren idealen Vorstellungen entsprechen würde.

C.3.1 Mal angenommen, es würde einen persönlichen Konflikt zwischen Ihnen und Ihrem Vorgesetzten geben. Was erwarten Sie von Ihrem eigenen Betriebsrat? Welcher Aussage stimmen Sie am ehesten zu? [c3_1]

- ☐ Ich erwarte Unterstützung von meinem Betriebsrat. →*Weiter mit C.3.2*
- ☐ Unterstützung von meinem Betriebsrat suche ich nur als letzten Ausweg.
- ☐ Ich würde den Betriebsrat nicht um Unterstützung bitten.
- ☐ *Weiß nicht*
- ☐ *Keine Angabe*

C.3.2 Wie wäre das bei einem idealen Betriebsrat? [c3_2]

- ☐ Ich würde Unterstützung vom Betriebsrat erwarten.
- ☐ Ich würde Unterstützung vom Betriebsrat nur als letzten Ausweg erwarten.
- ☐ Ich würde den Betriebsrat nicht um Unterstützung bitten.
- ☐ *Weiß nicht*
- ☐ *Keine Angabe*

C.4.1 Wie bewerten Sie die Leistung Ihres Betriebsrates …
Int.: Klammern nur auf Nachfrage vorlesen.

1 Sehr gut	2	3	4	5 Sehr schlecht	*Weiß nicht*	*Keine Angabe*

• als persönliche Unterstützung? *(z.B. in Konfliktfällen)* **[c4_1_1]**	1	2	3	4	5	W	K
• als Sprachrohr der Belegschaft? *(z.B. Anliegen der Belegschaft bei der Geschäftsführung vorträgt)* **[c4_1_2]**	1	2	3	4	5	W	K
• als Kontrollinstanz? *(z.B. Einhaltung von Gesetzen und Tarifverträgen)* **[c4_1_3]**	1	2	3	4	5	W	K
• im Bereich der Arbeitszeit? *(z.B. Überstundenregelung, Gleitzeit)* **[c4_1_4]**	1	2	3	4	5	W	K
• als aktiver Mitgestalter im Personalmanagement (z.B. bei Umstrukturierungen)? *(z.B. Personalbedarfsplanung, Personalabbau, Personalführung, Personalentwicklung)* **[c4_1_5]**	1	2	3	4	5	W	K
• als Informationsquelle zu betrieblichen Belangen? *(z.B. wirtschaftliche Lage, Investitionsprogramm)* **[c4_1_6]**	1	2	3	4	5	W	K
• als Informationsquelle über die Arbeit des Betriebsrates? *(z.B. was macht überhaupt ein BR? Welche Themen werden gerade vom BR bearbeitet?)* **[c4_1_7]**	1	2	3	4	5	W	K
• als Informationsquelle über gewerkschaftliche Themen? *(z.B. Arbeitsrecht, Tarifentwicklungen, Streiks)* **[c4_1_8]**	1	2	3	4	5	W	K

C.4.2 Wie wichtig ist Ihnen, dass der Betriebsrat …
Int.: Klammern nur auf Nachfrage vorlesen.

1 Sehr gut	2	3	4	5 Sehr schlecht	*Weiß nicht*	*Keine Angabe*

• Sie persönlich unterstützt? *(z.B. in Konfliktfällen)* **[c4_2_1]**	1	2	3	4	5	W	K
• als Sprachrohr der Belegschaft tätig ist? *(z.B. Anliegen der Belegschaft bei der Geschäftsführung vorträgt)* **[c4_2_2]**	1	2	3	4	5	W	K
• als Kontrollinstanz aktiv ist? *(Einhaltung von Gesetzen und Tarifverträgen)* **[c4_2_3]**	1	2	3	4	5	W	K
• im Bereich der Arbeitszeiten Einfluss nimmt? *(z.B. Überstundenregelung, Gleitzeit)* **[c4_2_4]**	1	2	3	4	5	W	K
• im Personalmanagement aktiv mitgestaltet? *(z.B. Personalbedarfsplanung, Personalabbau, Personalführung, Personalentwicklung)* **[c4_2_5]**	1	2	3	4	5	W	K
• Informationen zum Betrieb verbreitet? *(z.B. wirtschaftliche Lage, Investitionsprogramm)* **[c4_2_6]**	1	2	3	4	5	W	K
• über die Arbeit des Betriebsrates informiert? *(z.B. was macht überhaupt ein BR? Welche Themen werden gerade vom BR bearbeitet?)* **[c4_2_7]**	1	2	3	4	5	W	K
• über gewerkschaftliche Themen informiert? *(z.B. Arbeitsrecht, Tarifentwicklungen, Streiks)* **[c4_2_8]**	1	2	3	4	5	W	K

CR.sel Bitte ordnen Sie die folgenden fünf Bereiche der Betriebsratsarbeit nach ihrer Wichtigkeit. Bitte vergeben Sie für den wichtigsten Bereich die 1, für den zweitwichtigsten Bereich die 2 usw. Es handelt sich dabei um:
Int.: es können sich auch zwei Bereiche denselben Platz teilen, wenn die ZP sich nicht entscheiden kann. Am Ende bitte die Rangfolge zur Kontrolle noch mal vorlesen. **[cr_comp]**

Rang Bereich
___ Persönliche Unterstützung **[cr_s1]**
___ Sprachrohr der Belegschaft **[cr_s2]**
___ Kontrollinstanz **[cr_s3]**
___ Managementaufgaben **[cr_s4]**
___ Informationsverbreitung **[cr_s5]**

C.5.1 Wie würden Sie die Beziehung Ihres Betriebsrates zur Geschäftsleitung am ehesten beschreiben?
Random: zufällige Reihenfolge der Items

1 Trifft voll und ganz zu	2	3	4	5 Trifft überhaupt nicht zu	*Weiß nicht*	*Keine Angabe*

• Es gibt häufig unversöhnliche Konfrontationen. **[c5_1_1]**	1	2	3	4	5	W	K
• Es gibt durchaus abweichende Positionen, es wird aber letztlich ein Kompromiss gefunden. **[c5_1_2]**	1	2	3	4	5	W	K
• Der Betriebsrat nickt die Entscheidungen der Geschäftsleitung immer ab. **[c5_1_3]**	1	2	3	4	5	W	K

• Der Betriebsrat wird nicht gefragt. **[c5_1_5]**	1	2	3	4	5	W	K
• Der Betriebsrat gestaltet betriebliche Maßnahmen von sich aus aktiv mit *(Auf Nachfrage: z.B. Arbeitszeit, Reorganisation).* **[c5_1_4]**	1	2	3	4	5	W	K

C.5.2 Wie sollte die Beziehung eines Betriebsrates zur Geschäftsleitung am ehesten sein?

Random: zufällige Reihenfolge der Items

1 Trifft voll und ganz zu	**2**	**3**	**4**	**5** Trifft überhaupt nicht zu	*Weiß nicht*	*Keine Angabe*

• Der Betriebsrat sollte der Geschäftsleitung die Stirn bieten. **[c5_2_1]**	1	2	3	4	5	W	K
• Der Betriebsrat sollte der Geschäftsleitung entgegenkommen. **[c5_2_2]**	1	2	3	4	5	W	K
• Der Betriebsrat sollte sich in die Entscheidungen der Geschäftsleitung nicht einmischen. **[c5_2_3]**	1	2	3	4	5	W	K
• Der Betriebsrat solltebetriebliche Maßnahmen von sich aus aktiv mitgestalten. *(Auf Nachfrage: z.B. Arbeitszeit, Reorganisation)* **[c5_2_4]**	1	2	3	4	5	W	K

C.6 Welcher Aussage würden Sie am ehesten zustimmen? [c6]

- ☐ Gewerkschaften sollten über Tarifverhandlungen die Gehälter beeinflussen.
- ☐ Der Betriebsrat vor Ort sollte mit dem Arbeitgeber über die Entlohnung verhandeln.
- ☐ Der Betriebsrat sollte mit dem Arbeitgeber über die Anpassung von Tarifabschlüssen im Betrieb verhandeln.
- ☐ Ich würde lieber selbst über mein Gehalt verhandeln.
- ☐ *Weiß nicht*
- ☐ *Keine Angabe*

C.7 Sind Sie der Meinung, dass Sie vonseiten des Betriebsrates eher zu viel, genau richtig oder zu wenige Informationen erhalten? [c7]

- ☐ Zu viel
- ☐ Genau richtig
- ☐ Zu wenig
- ☐ *Weiß nicht*
- ☐ *Keine Angabe*

C.8 Wie wichtig ist es Ihnen, dass es einen Betriebsrat gibt? [c8]

1 Sehr wichtig	**2**	**3**	**4**	**5** Gar nicht wichtig	*Weiß nicht*	*Keine Angabe*

D Betriebsrat-Erfahrungswissen

Ich komme nun zu ein paar Fragen, die Ihre Erfahrung mit Betriebsräten, Personalräten oder Mitarbeitervertretungen betreffen.

D.1.1 Waren Sie früher einmal Mitglied eines Betriebsrates, eines Personalrats oder einer Mitarbeitervertretung? [d1_1]

- ☐ Ja →*Weiter mit Frage D.2.1*
- ☐ Nein
- ☐ *Weiß nicht*
- ☐ *Keine Angabe*

D.1.2 Ist ein Verwandter oder Bekannter Mitglied eines Betriebsrates, eines Personalrats oder einer Mitarbeitervertretung? [d1_2]

- ☐ Ja
- ☐ Nein
- ☐ *Weiß nicht*
- ☐ *Keine Angabe*

D.2.1 Haben Sie in der Vergangenheit schon einmal einen Betriebsrat, einen Personalrat oder eine Mitarbeitervertretung zu Rate gezogen? [d2_1]

- ☐ Ja →*Weiter mit Frage D.2.3*
- ☐ Nein
- ☐ *Weiß nicht*
- ☐ *Keine Angabe*

D.2.2 Hat jemand, den Sie gut kennen, in der Vergangenheit schon einmal einen Betriebsrat, einen Personalrat oder eine Mitarbeitervertretung zu Rate gezogen? [d2_2]

- ☐ Ja
- ☐ Nein
- ☐ *Weiß nicht*
- ☐ *Keine Angabe*

(Nein, Weiß nicht, Keine Angabe) →*Weiter mit FrageE.1.1*

D.2.3 Wie würden Sie diese Unterstützung beurteilen? [d2_3]

1 Sehr gut	2	3	4	5 Sehr schlecht	*Weiß nicht*	*Keine Angabe*

E Gewerkschaftszugehörigkeit

Ich komme nun zu einigen Fragen zu Gewerkschaften.

E.1.1 Sind Sie derzeit Mitglied einer Gewerkschaft oder eines Berufsverbands? [e1_1]

- ☐ Ja →*Weiter mit E.3*
- ☐ Nein
- ☐ *Weiß nicht*
- ☐ *Keine Angabe*

E.1.2 Waren Sie früher einmal Mitglied einer Gewerkschaft oder eines Berufsverbands? [e1_2]

- ☐ Ja
- ☐ Nein
- ☐ *Weiß nicht*
- ☐ *Keine Angabe*

(Nein, Weiß nicht, Keine Angabe) →*Weiter mit Frage E.4.1*

E.2.1 Wann sind Sie ausgetreten? [e2_1]

Jahr ___________________

E.2.2 Was war der Grund für den Austritt?
Int.: Mehrfachnennungen erlaubt. **[e2_2o]**

- ☐ Arbeitslosigkeit **[e2_2_1]**
- ☐ Geld (Mitgliedschaft zu teuer) **[e2_2_2]**
- ☐ Enttäuschung **[e2_2_3]**
- ☐ Sonstiger Grund: ___________________________________ **[e2_2_4]**
- ☐ *Weiß nicht* **[e2_2_5]**
- ☐ *Keine Angabe* **[e2_2_6]**

E.3 In welcher Gewerkschaft bzw. Berufsverband sind/waren Sie Mitglied? → *Weiter mit E.4.2*
Int.: Mehrfachnennungen erlaubt. **[e3o]**

- ☐ IG Metall **[e3_1]**
- ☐ ver.di (Vereinte Dienstleistungsgewerkschaft) **[e3_2]**
- ☐ IG BCE (IG Bergbau, Chemie, Energie) **[e3_3]**
- ☐ IG BAU (IG Bauen-Agrar-Umwelt) **[e3_4]**
- ☐ NGG (Gewerkschaft Nahrung-Genuss-Gaststätten) **[e3_5]**
- ☐ Transnet – Gewerkschaft der Eisenbahner Deutschlands (Transnet) **[e3_6]**
- ☐ GEW (Gewerkschaft Erziehung und Wissenschaft) **[e3_7]**
- ☐ GdP (Gewerkschaft der Polizei) **[e3_8]**
- ☐ Andere, und zwar ________________________________ *(auch Berufsverbände).* **[e3_9]**
- ☐ *Weiß nicht* **[e3_10]**
- ☐ *Keine Angabe* **[e3_11]**

E.4.1 Ist jemand den Sie gut kennen Mitglied einer Gewerkschaft? [e4_1]

- ☐ Ja
- ☐ Nein
- ☐ *Weiß nicht*
- ☐ *Keine Angabe*

(Nein, Weiß nicht, Keine Angabe) →*Weiter mit Frage E.5*

E.4.2 Waren Ihre Eltern Mitglied in einer Gewerkschaft, als Sie 15 Jahre alt waren?
Int.: Wenn Befragter unsicher ist: „In Ihrer Kindheit." **[e4_2]**

- ☐ Mutter
- ☐ Vater
- ☐ Beide
- ☐ Keiner von beiden
- ☐ *Weiß nicht*
- ☐ *Keine Angabe*

E.5 Haben Sie sich in den letzten 5 Jahren an einem Streik beteiligt? [e5]

- ☐ Ja
- ☐ Nein
- ☐ *Weiß nicht*
- ☐ *Keine Angabe*

E.6 Wie wichtig ist es Ihnen, …

1 Sehr wichtig	2	3	4	5 Gar nicht wichtig	*Weiß nicht*	*Keine Angabe*

• dass es Gewerkschaften gibt? **[e6_1]**	1	2	3	4	5	W	K
• dass es Tarifverträge gibt? **[e6_2]**	1	2	3	4	5	W	K

F Betriebsbezogene Daten

Wichtig für diese Befragung sind auch Angaben über Ihr berufliches Umfeld.

F.1 Wie schätzen Sie (im Großen und Ganzen) das Betriebsklima in Ihrem Betrieb ein? [f1]

1 Sehr gut	2	3	4	5 Sehr schlecht	*Weiß nicht*	*Keine Angabe*

F.2 In welchem Wirtschaftszweig/welcher Branche/welchem Dienstleistungsbereich ist der Betrieb bzw. die Einrichtung überwiegend tätig?
Bitte geben Sie die genaue Bezeichnung an, z.B. nicht „Industrie", sondern „Elektroindustrie"; nicht „Handel", sondern „Einzelhandel"; nicht „öffentlicher Dienst", sondern „Krankenhaus". [f2]

____

F.3 Wie viele Beschäftigte hat der Betrieb in etwa?
Der lokale Betrieb ist gemeint, nicht der Gesamtkonzern.
Int.: Kategorien vorlesen, falls der Interviewpartner unsicher ist. **[f3]**

- ☐ Unter 5

- ☐ 5 bis unter 50
- ☐ 50 bis unter 200
- ☐ 200 bis unter 500
- ☐ Über 500
- ☐ *Weiß nicht*
- ☐ *Keine Angabe*

F.5 Wird Ihr Betrieb vom Eigentümer oder von angestellten Managern geführt?
Int.: Mehrfachnennung möglich

- ☐ Durch Eigentümer oder Familienmitglied geführt **[f5_1]**
- ☐ Durch angestellte Manager geführt **[f5_2]**
- ☐ *Weiß nicht* **[f5_3]**
- ☐ *Keine Angabe* **[f5_4]**

F.6 Wie beurteilen Sie die wirtschaftliche Lage ihres Betriebes? [f6]

1 Sehr gut	**2**	**3**	**4**	**5** Sehr schlecht	*Weiß nicht*	*Keine Angabe*

F.7 Wie beurteilen Sie die wirtschaftliche Lage der Branche ihres Betriebes? [f7]

1 Sehr gut	**2**	**3**	**4**	**5** Sehr schlecht	*Weiß nicht*	*Keine Angabe*

G Berufstätigkeit + soziale Herkunft

Ich komme nun zu ein paar Angaben, die ihre Berufstätigkeit und ihre Herkunft betreffen.

G.1 Seit wann sind Sie bei ihrem jetzigen Arbeitgeber beschäftigt?

Monat _______ **[g1_m]** ☐ *Weiß nicht*

Jahr _______ **[g1_j]** ☐ *Keine Angabe*

G.2 Welche berufliche Tätigkeit üben Sie derzeit hauptsächlich aus?
Wie lautet Ihre genaue Berufsbezeichnung? [g2]
Bitte geben Sie die genaue Tätigkeitsbezeichnung an, also z.B. nicht „kaufmännische Angestellte", sondern: „Speditionskauffrau", nicht „Arbeiter", sondern: „Maschinenschlosser". Wenn Sie Beamter sind, geben Sie bitte Ihre Amtsbezeichnung an, z.B. „Polizeimeister", oder „Studienrat". Wenn Sie Auszubildender sind, geben Sie bitte Ihren Ausbildungsberuf an.

____

G.3 Ich komme jetzt zu Ihrer beruflichen Stellung.
Sind Sie Arbeiter/in, Angestellte/r oder Beamter/Beamtin? [g3]

☐ Arbeiter/in **[g3_1]** → *Falls ja: Arbeiterstatus abfragen und dann weiter mit Frage G.4*

- ☐ ungelernte/r Arbeiter/in
- ☐ angelernte/r Arbeiter/in
- ☐ Gelernte und Facharbeiter/in
- ☐ Vorarbeiter/in, Kolonnenführer/in
- ☐ Meister/in, Polier/in, Brigadier/in

☐ Angestellte/r **[g3_2]**

→ *Falls ja: Angestelltenstatus abfragen und dann weiter mit Frage G.4*

- ☐ mit ausführender Tätigkeit nach allgemeinen Anweisung (z. B. Verkäufer/in, Kontorist/in, Datentypist/in)
- ☐ mit einer qualifizierten Tätigkeit, die Sie nach Anweisung erledigen (z. B. Sachbearbeiter/in, Buchhalter/in, technische/r Zeichner/in, Pflegekraft)
- ☐ mit eigenständiger Leistung in verantwortlicher Tätigkeit bzw. mit Fachverantwortung für Personal (z.B. wissenschaftliche/r Mitarbeiter/in, Prokurist/in, Abteilungsleiter/in bzw. Meister/in im Angestelltenverhältnis)
- ☐ mit umfassenden Führungsaufgaben und Entscheidungsbefugnissen (z. B. Direktor/in, Geschäftsführer/in, Mitglied des Vorstandes)

☐ Beamte/ Richter/ Berufssoldat **[g3_3]**

→ *Falls ja: Dienstgrad abfragen und dann weiter mit Frage G.4*

- ☐ Beamte im einfachen Dienst (bis einschl. Oberamtsmeister)
- ☐ Beamte im mittleren Dienst (vom Assistenten bis einschl. Hauptsekretär/ Amtsinspektor)
- ☐ Beamte im gehobenen Dienst (vom Inspektor bis einschl. Oberamtmann/ Oberamtsrat)
- ☐ Beamte im höheren Dienst (vom Regierungsrat aufwärts)

G.4 Als Sie 15 Jahre alt waren, welche berufliche Stellung hatte Ihr Vater damals? War er Arbeiter, Angestellter, Beamter, Selbstständiger oder nichts davon? [g4]

☐ Arbeiter **[g4_1]**

→ *Filter*

- ☐ ungelernter Arbeiter
- ☐ angelernter Arbeiter
- ☐ Gelernter und Facharbeiter
- ☐ Vorarbeiter, Kolonnenführer
- ☐ Meister, Polier, Brigadier

☐ Angestellter **[g4_2]**

→ *Filter*

- ☐ mit ausführender Tätigkeit nach allgemeinen Anweisung (z. B. Verkäufer, Kontorist, Datentypist)

- ☐ mit einer qualifizierten Tätigkeit, die er nach Anweisung erledigte (z. B. Sachbearbeiter, Buchhalter, technischer Zeichner)
- ☐ mit eigenständiger Leistung in verantwortlicher Tätigkeit bzw. mit Fachverantwortung für Personal (z.B. wissenschaftlicher Mitarbeiter, Prokurist, Abteilungsleiter bzw. Meister im Angestelltenverhältnis)
- ☐ mit umfassenden Führungsaufgaben und Entscheidungsbefugnissen (z. B. Direktor, Geschäftsführer, Mitglied des Vorstandes)

☐ Beamter/ Richter/ Berufssoldat **[g4_3]** → *Filter*

- ☐ Beamter im einfachen Dienst (bis einschl. Oberamtsmeister)
- ☐ Beamter im mittleren Dienst (vom Assistenten bis einschl. Hauptsekretär, Amtsinspektor)
- ☐ Beamter im gehobenen Dienst (vom Inspektor bis einschl. Oberamtmann/ Oberamtsrat)
- ☐ Beamter im höheren Dienst (vom Rat aufwärts)

☐ Selbstständiger **[g4_4]** → *Filter*

- ☐ Selbständiger Landwirt
- ☐ Kleinerer Selbständiger (bis 9 Mitarbeiter)
- ☐ Mittlerer Selbständiger (10 bis 49 Mitarbeiter)
- ☐ Größerer Selbständiger (ab 50 Mitarbeitern)
- ☐ Freie Berufe, selbst. Akademiker

☐ Anders/nicht Erwerbstätig **[g4_5]** → *Filter*

- ☐ Hausmann
- ☐ Arbeitslos
- ☐ Nicht erwerbstätig
- ☐ Vater tot
- ☐ Sonstiges

G.5 Und welche berufliche Stellung hatte Ihre Mutter zum damaligen Zeitpunkt? War Sie Arbeiterin, Angestellte, Beamtin, Selbstständige, Hausfrau oder nichts davon? [g5]

☐ Arbeiterin **[g5_1]** → *Filter*

- ☐ ungelernte Arbeiterin
- ☐ angelernte Arbeiterin
- ☐ Gelernte und Facharbeiterin
- ☐ Vorarbeiterin, Kolonnenführerin
- ☐ Meisterin, Polierin, Brigadier

☐ Angestellte **[g5_2]** → *Filter*

- ☐ mit ausführender Tätigkeit nach allgemeinen Anweisung (z. B. Verkäufer/in, Kontorist/in, Datentypist/in)
- ☐ mit einer qualifizierten Tätigkeit, die ich nach Anweisung erledige (z. B. Sachbearbeiter/in, Buchhalter/in, technische/r Zeichner/in, Pflegekraft)
- ☐ mit eigenständiger Leistung in verantwortlicher Tätigkeit bzw. mit Fachverantwortung für Personal (z.B. wissenschaftliche/r Mitarbeiter/in, Prokurist/in, Abteilungsleiter/in bzw. Meister/in im Angestelltenverhältnis)
- ☐ mit umfassenden Führungsaufgaben und Entscheidungsbefugnissen (z. B. Direktor/in, Geschäftsführer/in, Mitglied des Vorstandes)

☐ Beamtin/ Richterin/ Berufssoldatin **[g5_3]** → *Filter*

- ☐ Beamtin im einfachen Dienst (bis einschl. Oberamtsmeisterin)
- ☐ Beamtin im mittleren Dienst (von Assistentin bis einschl. Hauptsekretärin/ Amtsinspektorin)
- ☐ Beamtin im gehobenen Dienst (von Inspektorin bis einschl. Oberamtfrau/ Oberamtsrätin)
- ☐ Beamtin im höheren Dienst (von Regierungsrätin aufwärts)

☐ Selbstständige **[g5_4]** → *Filter*

- ☐ Selbständige Landwirtin
- ☐ Kleinere Selbständige (bis 9 Mitarbeiter)
- ☐ Mittlere Selbständige (10 bis 49 Mitarbeiter)
- ☐ Größere Selbständige (ab 50 Mitarbeitern)
- ☐ Freie Berufe, selbst. Akademikerin

☐ Andere/nicht Erwerbstätige/Hausfrau **[g5_5]** → *Filter*

- ☐ Hausfrau
- ☐ Arbeitslos
- ☐ Mutter tot
- ☐ Mutter unbekannt
- ☐ Sonstiges

H Arbeitskonditionen

Ich habe nun ein paar Fragen zu Ihren derzeitigen Arbeitsbedingungen.

H.1 Sind Sie momentan als Zeit- oder Leiharbeiter beschäftigt? [h1]

☐ Ja
☐ Nein
☐ *Weiß nicht*
☐ *Keine Angabe*

H.2.1 Haben Sie in Ihrem Entgelt leistungsabhängige Anteile (z.B. Prämien, Akkord, Bonus)? [h2_1]

☐ Ja
☐ Nein
☐ *Weiß nicht*
☐ *Keine Angabe*

H.2.2 Werden Sie nach Tarif bezahlt? [h2_2]

☐ Ja
☐ Nein
☐ *Weiß nicht*
☐ *Keine Angabe*

H.3 Unterliegt Ihr Betrieb der Tarifbindung?
Int.: Auf Nachfrage erklären:Es gibt Betriebe, die nicht an einen Tarifvertrag gebunden sind, die aber ihre Arbeitnehmer in Anlehnung an den Tarifvertrag entlohnen.

☐ Ja
☐ Nein
☐ *Weiß nicht*
☐ *Keine Angabe*

H.4 Haben Sie einen unbefristeten oder befristeten Arbeitsvertrag? [h4]

☐ Unbefristeter Arbeitsvertrag
☐ Befristeter Arbeitsvertrag
☐ Kein Arbeitsvertrag
☐ *Weiß nicht*
☐ *Keine Angabe*

H.5 Sind Sie derzeit von Kurzarbeit betroffen? [h5]

☐ Ja
☐ Nein
☐ *Weiß nicht*
☐ *Keine Angabe*

H.6 Wie viele Stunden arbeiten Sie pro Woche im Durchschnitt, inklusive Überstunden? [h6]

______,______
(Bitte auf halbe Stunde genau) ☐ *Weiß nicht*

☐*Keine Angabe*

H.6.1 Leisten Sie manchmal Überstunden? [h6_1]

☐ Ja
☐ Nein
☐ *Weiß nicht*
☐ *Keine Angabe*

(Nein, Weiß nicht, Keine Angabe) → *Weiter mit Frage H.7*

H.6.2 Wie zufrieden sind Sie mit der Überstundenregelung? [h6_2]

1 Sehr zufrieden	**2**	**3**	**4**	**5** Sehr unzufrieden	*Weiß nicht*	*Keine Angabe*

H.7 Wie oft haben Sie das Gefühl, dass Ihre Berufstätigkeit Ihr Privatleben beeinträchtigt? [h7]

1 Immer	**2** Oft	**3** Manchmal	**4** Selten	**5** Nie	*Weiß nicht*	*Keine Angabe*

H.8 Was ist Ihnen wichtiger? Die Flexibilität der Arbeitszeit oder die Höhe der Entlohnung? [h8]

1 Flexibilität der Arbeitszeit	**2**	**3**	**4**	**5** Höhe der Entlohnung	*Weiß nicht*	*Keine Angabe*

I Werte und Einstellungen

Ein weiterer bedeutender Aspekt sind Ihre persönlichen Einstellungen, beispielsweise zu Ihrer Arbeit.

I.1.1 Dazu lese ich Ihnen nun einige Aspekte zur Arbeit vor. Sagen Sie mir bitte zunächst, wie zufrieden sind Sie mit diesen Aspekten sind.
Random: zufällige Reihenfolge der Items

1 Sehr zufrieden	**2**	**3**	**4**	**5** Sehr unzufrieden	*Weiß nicht*	*Keine Angabe*

• Arbeitsplatzsicherheit **[i1_1_3]**	1	2	3	4	5	W	K
• Flexibilität der Arbeitszeit **[i1_1_1]**	1	2	3	4	5	W	K

• Nützlichkeit für andere **[i1_1_6]**	1	2	3	4	5	W	K
• Weiterbildungsmöglichkeit **[i1_1_5]**	1	2	3	4	5	W	K
• Aufstiegsmöglichkeiten **[i1_1_4]**	1	2	3	4	5	W	K
• Einkommen **[i1_1_2]**	1	2	3	4	5	W	K
• Arbeitsinhalte **[i1_1_7]**	1	2	3	4	5	W	K

I.1.2 Wie wichtig sind Ihnen folgende Aspekten Ihrer Beschäftigung?
Random: zufällige Reihenfolge der Items

1 Sehr wichtig	**2**	**3**	**4**	**5** Gar nicht wichtig	*Weiß nicht*	*Keine Angabe*

• Arbeitsplatzsicherheit **[i1_2_3]**	1	2	3	4	5	W	K
• Flexibilität der Arbeitszeit **[i1_2_1]**	1	2	3	4	5	W	K
• Nützlichkeit für andere **[i1_2_6]**	1	2	3	4	5	W	K
• Weiterbildungsmöglichkeit **[i1_2_5]**	1	2	3	4	5	W	K
• Aufstiegsmöglichkeiten **[i1_2_4]**	1	2	3	4	5	W	K
• Einkommen **[i1_2_2]**	1	2	3	4	5	W	K
• Arbeitsinhalte **[i1_2_7]**	1	2	3	4	5	W	K

I.2 Wenn Sie jetzt eine Arbeit suchen würden: ist oder wäre es für Sie sehr leicht oder sehr schwierig, eine geeignete Stelle zu finden? [i2]

1 Sehr leicht	**2**	**3**	**4**	**5** Sehr schwierig	*Weiß nicht*	*Keine Angabe*

I.3 Inwieweit stimmen Sie folgenden Aussagen zu?
Random: zufällige Reihenfolge der Items

1 Stimme voll und ganz zu	**2**	**3**	**4**	**5** Stimme gar nicht zu	*Weiß nicht*	*Keine Angabe*

• Ich übernehme gerne Verantwortung im Beruf. **[i3_1]**	1	2	3	4	5	W	K
• Es hat sich im Arbeitsleben für mich als gut erwiesen, selbst Entscheidungen zu treffen, anstatt mich auf das Schicksal zu verlassen. **[i3_2]**	1	2	3	4	5	W	K

• Bei Problemen und Widerständen im Arbeitsleben finde ich in der Regel Mittel und Wege, um mich durchzusetzen. **[i3_3]**	1	2	3	4	5	W	K
• Erfolg im Job ist oft weniger von Leistung, sondern vielmehr vom Glück abhängig. [i3_4]	1	2	3	4	5	W	K
• Ich habe auf der Arbeit häufig das Gefühl, dass ich wenig Einfluss darauf habe, was mit mir geschieht. **[i3_5]**	1	2	3	4	5	W	K
• Bei wichtigen arbeitsrelevanten Entscheidungen orientiere ich mich oft am Verhalten anderer. **[i3_6]**	1	2	3	4	5	W	K

I.4 Jeder Mensch hat bestimmte Vorstellungen, die sein Leben und sein Verhalten bestimmen. Wenn Sie einmal daran denken, was Sie in Ihrem Leben eigentlich anstreben: Wie wichtig sind dann die folgenden Dinge für Sie persönlich?
Random: zufällige Reihenfolge der Items

1 Sehr wichtig	**2**	**3**	**4**	**5** Gar nicht wichtig	*Weiß nicht*	*Keine Angabe*

• Fleißig und ehrgeizig sein **[i4_1]**	1	2	3	4	5	W	K
• Einen hohen Lebensstandard haben **[i4_2]**	1	2	3	4	5	W	K
• Macht und Einfluss haben **[i4_3]**	1	2	3	4	5	W	K
• Nach Sicherheit streben **[i4_4]**	1	2	3	4	5	W	K
• Sozial Benachteiligten und gesellschaftlichen Randgruppen helfen **[i4_5]**	1	2	3	4	5	W	K
• Gesetz und Ordnung respektieren **[i4_6]**	1	2	3	4	5	W	K
• Andere Meinungen tolerieren **[i4_7]**	1	2	3	4	5	W	K
• Sich selbst verwirklichen **[i4_8]**	1	2	3	4	5	W	K
• Die guten Dinge des Lebens in vollen Zügen genießen **[i4_9]**	1	2	3	4	5	W	K
• An Gott glauben **[i4_10]**	1	2	3	4	5	W	K

I.5 Wie stark interessieren Sie sich für Politik? [i5]

1 Sehr stark	**2**	**3**	**4**	**5** Gar nicht	*Weiß nicht*	*Keine Angabe*

I.6 Welche Partei würden Sie wählen, wenn am Sonntag Wahlen wären?
Doppelnennung möglich, aber nicht aktiv anbieten **[i6o]**

- ☐ CDU/CSU **[i6_1]**
- ☐ SPD **[i6_2]**
- ☐ FDP **[i6_3]**
- ☐ Die Linke **[i6_4]**
- ☐ Bündnis 90/Die Grünen **[i6_5]**
- ☐ NPD **[i6_6]**
- ☐ Andere: ____________________ **[i6_7]**
- ☐ Keine **[i6_8]**
- ☐ *Weiß nicht* **[i6_9]**
- ☐ *Keine Angabe* **[i6_10]**

J Persönliche Daten

J.1 Geschlecht
Bitte, wenn möglich, eigenständig vom Interviewer eintragen **[j1]**

- ☐ männlich
- ☐ weiblich

J.2 Wie ist Ihr Familienstand? Sind Sie… [j2]

- ☐ verheiratet, mit Ehepartner zusammenlebend? →*Weiter mit Frage J.3*
- ☐ verheiratet, dauernd getrennt lebend?
- ☐ ledig?
- ☐ geschieden?
- ☐ verwitwet?
- ☐ *Weiß nicht*
- ☐ *Keine Angabe*

J.2.1 Leben Sie derzeit in einer festen Partnerschaft? [j2_1]

- ☐ Ja
- ☐ Nein
- ☐ *Weiß nicht*
- ☐ *Keine Angabe*

(Nein, Weiß nicht, Keine Angabe) →*Weiter mit Frage J.3*

J.2.2 Wohnt Ihr Partner/Ihre Partnerin mit im Haushalt? [j2_2]

- ☐ Ja
- ☐ Nein
- ☐ *Weiß nicht*
- ☐ *Keine Angabe*

J.3 Wie viele Personen leben, Sie eingeschlossen, in Ihrem Haushalt? [j3]

Anzahl _______

- ☐ *Weiß nicht*
- ☐ *Keine Angabe*

→*Bei Antwort = 1 oder Antwort = 2 + verheiratet oder Partner im Haushalt: weiter mit J.5*

J.4 Leben Kinder in Ihrem Haushalt? Falls ja, wann wurden diese geboren? [j4a]

1. Kind _________________ (Geburtsjahr) **[j4_1]**

2. Kind _________________ (Geburtsjahr) **[j4_2]**

3. Kind _________________ (Geburtsjahr) **[j4_3]**

4. Kind ________________ (Geburtsjahr) **[j4_4]**

5. Kind ________________ (Geburtsjahr) **[j4_5]**

..... ☐ *Weiß nicht*

☐ *Keine Angabe*

J.5 Für wie viele Personen sind Sie darüber hinaus <u>finanziell</u> verantwortlich (z.B. pflegebedürftige Verwandte, nicht im Haushalt lebende Kinder)? [j5]

Anzahl _______ ☐ *Weiß nicht*

☐ *Keine Angabe*

J.6 Sind Sie <u>zeitlich</u> in die Pflege von Angehörigen oder Freunden eingebunden? [j6]

- ☐ Ja
- ☐ Nein
- ☐ *Weiß nicht*
- ☐ *Keine Angabe*

J.7.1 Haben Sie die deutsche Staatsangehörigkeit? [j7_1]

- ☐ Ja
- ☐ Nein
- ☐ *Weiß nicht*
- ☐ *Keine Angabe*

J.7.2 Wurden Sie in Deutschland geboren? [j7_2]

- ☐ Ja
- ☐ Nein
- ☐ *Weiß nicht*
- ☐ *Keine Angabe*

J.7.3 Sind beide Elternteile in Deutschland geboren? [j7_3]

- ☐ Ja, beide
- ☐ Ein Elternteil
- ☐ Nein, beide nicht
- ☐ *Weiß nicht*
- ☐ *Keine Angabe*

J.8 Haben Sie einen Schulabschluss? [j8]

- ☐ Ja
- ☐ Nein }
- ☐ *Weiß nicht* }

☐ *Keine Angabe* →*Weiter mit Frage J.9*

J.8.1 Welches ist Ihr höchster allgemeiner Schulabschluss? [j8_1]

☐ Haupt-(Volks-)schulabschluss
☐ Abschluss der allgemeinbildenden polytechnischen Oberschule der ehemaligen DDR
☐ Realschulabschluss (Mittlere Reife) oder gleichwertiger Abschluss
☐ Fachhochschulreife
☐ Allgemeine oder fachgebundene Hochschulreife (Abitur)
☐ *Weiß nicht*
☐ *Keine Angabe*

J.9 Welche Ausbildungsabschlüsse haben Sie?
Mehrfachantworten zulassen

☐ Kein formaler Ausbildungsabschluss vorhanden **[j9_1]**
☐ Lehre **[j9_2]**
☐ Berufsfachschule, Handelsschule **[j9_3]**
☐ Schule des Gesundheitswesens **[j9_4]**
☐ Fachschule [z.B. Meister- oder Technikerschule) **[j9_5]**
☐ Beamtenausbildung **[j9_6]**
☐ Fachhochschule **[j9_7]**
☐ Universität/Technische/sonstige Hochschule **[j9_8]**
☐ *Weiß nicht* **[j9_9]**
☐ *Keine Angabe* **[j9_10]**

J.10 Wie hoch ist Ihr persönliches monatliches Nettoerwerbseinkommen ungefähr? [j10]

Falls der Befragte von sich aus den genauen Betrag nennt, bitte hier eintragen: _________ €

Falls Betrag genannt wird
→ *weiter mit J.11*
Falls Betrag nicht genannt wird
→ *weiter mit J.10.1*

J.10.1 Liegt es über oder unter 1500 €? [j10_1]

☐ Über 1500 € →*Weiter mit Frage J.10.3*
☐ Unter/bis zu 1500 € →*Weiter mit Frage J.10.2*
☐ *Weiß nicht*
☐ *Keine Angabe*

J.10.2 Liegt es über oder unter 750€? [j10_2]

☐ Über 750 € →*Weiter mit Frage J.11*
☐ Unter/bis zu 750 € →*Weiter mit Frage J.11*
☐ *Weiß nicht*
☐ *Keine Angabe*

J.10.3 Liegt es über oder unter 2500€? [j10_3]

- ☐ Über 2500 € →*Weiter mit Frage J.10.4.*
- ☐ Unter/bis zu 2500 € →*Weiter mit Frage J.11*
- ☐ *Weiß nicht*
- ☐ *Keine Angabe*

J.10.4 Liegt es über oder unter 4000€? [j10_4]

- ☐ Über 4000 €
- ☐ Unter/bis zu 4000 €
- ☐ *Weiß nicht*
- ☐ *Keine Angabe*

J.11 Welches Nettoeinkommen steht Ihrem Haushalt insgesamt pro Monat ungefähr zur Verfügung? Zusätzlich zu Ihrem Einkommen auch das Einkommen des Partners, Mieteinnahmen usw. [j11]

Falls der Befragte von sich aus den genauen Betrag nennt, bitte hier eintragen: _________ €

Falls Betrag genannt wird: →*Ende*
Falls Betrag nicht genannt wird →*weiter mit J.11.1*

J.11.1 Liegt es über oder unter 1500 €? [j11_1]

- ☐ Über 1500 € →*Weiter mit Frage J.11.3*
- ☐ Unter/bis zu 1500 € →*Weiter mit Frage J.11.2*
- ☐ *Weiß nicht*
- ☐ *Keine Angabe*

J.11.2 Liegt es über oder unter 750€? [j11_2]

- ☐ Über 750 € →*Ende*
- ☐ Unter/bis zu 750 € →*Ende*
- ☐ *Weiß nicht*
- ☐ *Keine Angabe*

J.11.3 Liegt es über oder unter 2500€? [j11_3]

- ☐ Über 2500 € →*Weiter mit Frage J.11.4*
- ☐ Unter/bis zu 2500 € →*Ende*
- ☐ *Weiß nicht*
- ☐ *Keine Angabe*

J.11.4 Liegt es über oder unter 4000€? [j11_4]

- ☐ Über 4000 €
- ☐ Unter/bis zu 4000 €
- ☐ *Weiß nicht*
- ☐ *Keine Angabe*

Vielen Dank für Ihre Teilnahme an dieser Befragung!

Falls die Befragten an den Ergebnissen der Untersuchung interessiert sind, bitte auf folgende Homepage verweisen: http://www.zfw.tu-dortmund.de/erwartungsmuster.

Ebenfalls bei edition sigma – eine Auswahl

– bitte beachten Sie auch die folgende Seite –

FSC
www.fsc.org
MIX
Papier | Fördert
gute Waldnutzung
FSC® C083411

Kolibri 360 GmbH
Ferdinand-Jühlke-Straße 7
99095 Erfurt, Deutschland
produktsicherheit@kolibri360.de